간추린 진보와 빈곤

간추린 진보와 빈곤

헨리 조지 지음 / A. W. 매드슨 편집
김 윤 상 옮김

경북대학교출판부

수정번역판을 내면서

이 책은 19세기 미국의 토지사상가 헨리 조지의 명저 『진보와 빈곤』의 핵심을 추려 낸 것이다. 1989년에 처음 출간된 번역본을 23년 만에 다시 다듬어 내는 감회가 새롭다.

1980년대는 우리 사회의 각종 모순에 대한 해결책을 열정적으로 찾던 시대였고 특히 책이 출간된 시점에는 부동산 값이 폭등하여 대다수 국민이 극심한 고통을 겪고 있었다. 당시의 문제의식과 사회상황을 담은 첫 번역 서문이 책의 말미에 실려 있다. 이런 배경 속에서 이 책이 예상 밖으로 좋은 반응을 얻었는데, 그 정황을 유시민 씨의 『청춘의 독서』에서도 엿볼 수 있다.

> 그 무렵에 말로만 들었던 책, 헨리 조지의 『진보와 빈곤』을 읽었다. 아쉽게도 완역본이 아니라 발췌 번역한 축약본이었고 … 내가 20대에 마지막으로 읽은 고전이었다. … 처음 읽었을 때나 지금이나 변함없이, 내게 『진보와 빈곤』은 꿈을 일깨우는 책이다. 조지는 황량한 사막 한가운데, 혹시 있을지도 모르는 푸른 오아시스를 보여주었다. 삭막한 대도시에서 길을 잃은 사람들의 가슴에 망각해버렸던 이상을 되살리고 열정을 불러일으켰다. 『진보와 빈곤』은 과학 기술이 고도로 발전한 오늘날에도 민중의 삶이 이렇게 힘들고 팍팍한 이유를, 그 숨겨진 비밀을 밝혀주는 책이다.

오늘날은 부동산 문제가 과거보다 덜 심각하다고 생각하는 분도 계실지 모르겠다. 그러나 부동산이 잠잠했던 1990년대에 '부동산 투기의 시대는 지나갔다'고 진단하는 사람이 많았으나 죽었다던 부동산이 노무현 정부 때 다시 고개를 들어 우리 모두가 고생하였고 그 후유증으로 '하우스 푸어'라는 말이 유행하고 있다. 또 최근 전 세계에 엄청난 충격을 주고 있는 미국발 금융위기, 유럽발 재정위기의 뿌리에 부동산 투기가 있다는 점도 잘 알려져 있다. 토지 등의 자연물을 인공물과 구분하지 않고 재산 증식의 대상으로 방치하면 언제라도 상식의 역습에 의해 사회가 위기에 빠질 수 있다는 생생한 증거다.

역자는 1997년에 완역본도 출판하였지만 이 책은 분량이 많지 않고 짧은 시간에 원본의 정수를 맛볼 수 있다는 점에서 나름대로 수요가 꾸준히 있어 왔다. 1989년에 처음 출판되고 2003년에 수정본이 출판되었다가 각 출판사의 사정으로 절판된 지 여러 해 되었는데, 이를 아쉬워했던 모든 분들과 복간의 기쁨을 나누고 싶다. 아울러, 고전의 진가를 이해하고 복간을 흔쾌히 맡아 준 성북대학교출판부 관계자 여러분께 감사드린다.

복간을 맞아, 헨리 조지의 토지사상을 오늘날 우리의 입장에서 새롭게 해석하는 역자의 글을 책 말미에 실어 두었다. 관심 있는 독자에게 도움이 되기를 기대한다.

2012년 여름

역자

편집자 서문

헨리 조지의 『진보와 빈곤』은 오랫동안 경제, 사회 문제의 연구에 대한 커다란 공적의 하나로 인정되어 온 책이다. 이 책은 1879년에 처음 나온 이래 판을 거듭하여 발행되었으며 15개 국어로 번역되었고 지금까지의 발행 부수는 수백만 부에 달한다. 이 책은 인류의 사상에 많은 영향을 끼쳐 왔다. 이 책의 내용은 과거에나 오늘날에나 타당하며 세계 어느 나라에서도 적용할 수 있는 원리를 담고 있다.

이 책은 시간 여유가 충분하지 못한 학생이나 일반 독자를 위해 원저를 간략하게 그러나 의미가 훼손되지 않도록 간추린 것이다.

『진보와 빈곤』 원저는 모두 10편, 45장으로 구성되어 있는데, 이 책에서는 편으로 나누지 않고 장의 수도 줄였다. 그리고 내용의 순서를 일부 변경하였고 장의 제목을 새로 붙였다. 또 전체에 걸쳐 소제목을 삽입하였고 구두점을 현대적 용법에 맞도록 일부 수정하였으며 원저자가 든 예 중에서 오늘날의 상황에 맞지 않으면서 적절히 수정하기도 어려운 것은 생략하였다.

이와 같은 작업을 위해 우리 편집진은 장시간의 신중한 검토와 판단의 과정을 거쳤다. 편집진은 원저의 기본 원리를 분명하게 드러내도록 하는 데 신경을 가장 많이 썼다. 그러나 원저의 상당한 부분을 생략하지 않을 수 없었기 때문에 원저를 잘 알고 있는 분들은 좋은 문구가 생략된 것을 아쉬워할 것으로 생각한다. 신구의 독자들께서 편집진의 노력을 이해하고 이 책을 수용해 준다면 우리 작업에 충분한 보상이 될 것이다.

본인은 책임편집인으로서, 블런델V.H. Blundell과 스터빙스P.R. Stubbings 두 분께 감사드린다. 두 분은 본인의 동료이자 이 책의 공동편집인으로서 이 책이 나오는 모든 과정에서 충고와 협조를 아끼지 않았다.

매드슨(A. W. Madsen)
4 Great Smith Street
London, S. W. I.
July 1953

차례

제1장

우리 시대의 큰 수수께끼

증기와 전기의 활용, 개선된 생산공정과 노동절약적 기계의 도입, 고도의 분업과 거대한 생산규모, 놀라운 유통시설 등으로 인해 노동의 효율성이 대폭 높아졌다.

사람들은 이러한 노동절약적 발명으로 인해 고된 일이 줄고 노동자의 형편이 개선될 것으로 기대했고 또 부의 생산력이 엄청나게 증대됨에 따라 빈곤이 일소될 것으로 기대하였다. 이는 자연스러운 기대라고 할 수 있다.

프랭클린Benjamin Franklin, 1706-1790, 미국의 정치가, 철학자, 과학자이나 프리스틀리Joshep Priestley, 1733-1804, 영국의 목사, 화학자 같은 사람이라 하더라도 증기선이 범선을 대체하고, 기차가 마차를 대체하고, 수확기가 낫을 대체하고, 탈곡기가 도리깨를 대체하리라고 예견할 수 있었을까? 또 지구상의 사람과 가축을 모두 합한 것보다 더 큰 힘을 내면서 시키는 대로 사람의 욕구를 충족시켜 주는 엔진의 고동소리를 들을 수 있었을까? 또 숲 속의 나무가 사람이 손을 거의 대지 않는데도 문짝, 문틀, 창문가리개, 상자, 술통 등의 목제품으로 변하는 장면을 상상할 수 있었을까? 또 과거의 구두공이 구두창을 붙이는 것보다 더 적은 노동으로 장화나 구두가 상자떼기로 생산되는 공장은?

또 여공 한 사람이 지켜보는 가운데, 과거에 수백 명의 건장한 직조공이 수직기로 짜던 것보다 더 빠르게 목화가 천으로 변해 나오는 공장은? 또 대형 샤프트와 거대한 닻을 만드는 증기 해머나 작은 손목시계를 만드는 정교한 기구는? 바위를 뚫는 다이아몬드 드릴이나 고래기름을 대체하는 석유는? 또 개선된 유통 · 통신시설로 인해 노동이 대폭 절약된다는 사실, 예를 들어 호주에서 도축한 양의 고기를 영국에서 싱싱하게 먹을 수 있다든지, 오후에 런던 은행이 발송한 주문이 같은 날 오전에 샌프란시스코에서 처리될 수 있다는 사실을 이해할 수 있었을까? 그들이 만일 이러한 수많은 발전을 예견했다면 인류의 사회상황이 어떻게 되리라고 추리를 했을까?

사실 이 정도는 추리라고 할 것도 없다. 그들은 발전의 결과로 나타날 사회상황을 마치 눈으로 보는 것처럼 예상했을 것이고, 마치 사막의 목마른 카라반이 바로 눈앞에 살랑거리는 수풀과 반짝이는 샘물을 언덕 위에서 바라볼 때처럼 심장의 고동이 뛰고 신경이 전율했을 것이다. 새로운 힘에 의해 사회가 근본에서부터 개선됨으로써 극빈층도 전혀 부족함을 느낄 수 없고 최하층도 생활물자의 결핍에서 해방될 것이라고 그들은 상상의 눈으로 내다보았을 것이다. 지식의 마술램프에서 나온 노예가 과거의 저주받은 노동을 대신하고 무쇠와 강철로 된 근육이 극빈 노동자의 인생에 휴일을 주며 그에 따라 고상하고 격조 높은 문화가 자랄 것이라고 내다보았을 것이다.

그들은 또 물질의 풍요에 따른 당연한 귀결로 도덕 수준이 높아지고 인류가 꿈꾸어 온 황금시대가 이룩될 것이라고 내다보았을 것이다. 어린이들이 굶주림으로 못 크는 일이 없고 노인이 물자 부족으로 시달리는 일이 없으며 젊은이들은 열심히 일하는 한편 찬란한 별빛 아래서 술잔을 기울인다! 악은 사라지고 불화는 조화로 변한다! 모든 것이 풍족한 곳에 어찌 탐욕이 있을 것인가? 빈곤이 사라진 세상에, 빈곤 또는 빈곤에 대한 두려움의 산물인 악이나 죄나 무지나 잔인함이 어찌 존재할 수 있을까? 모든 사람이 자유인인데 누가 굽실거리며 살 것인가? 모든 사람이 평등한 곳에 어찌 압제자가 있을 것인가?

이러한 세상은 놀라운 시대를 예고하는 갖가지 발전에서 생긴 희망이요 꿈이었다. 이러한 희망과 꿈은 많은 사람들의 마음속 깊숙이 자리잡으면서 시대의 사조를 바꾸고 새로운 신조를 형성하고 기본적인 관념을 변화시킬 수 있었다.

그러나 현실은 실망의 연속이었다. 꼬리를 무는 발견과 발명도 휴식이 절실히 필요한 계층의 고된 일을 덜어 주지 않았고 빈민에게 생활의 여유를 주지도 않았다. 그러나 사람들은 이 실패에는 이런저런 다른 원인이 있었다고들 생각했기 때문에 위와 같은 새로운 희망은 아직까지 줄어들지 않고 있다. 그 어려움은 극복될 수 있다고 보았으며 또 시간이 지남에 따라 반드시 극복될 것으로 믿었다.

그러나 이제는 분명한 현실을 직시하지 않을 수 없다. 문명세계의 모든 곳에서 들려오는 소식은 불황, 비자발적 실업, 자본의 낭비, 기업인의 자금 부족, 노동자 계층의 빈곤과 불안이다. 대규모 군대를 유지하는 나라에 불황이 있는가 하면 군대의 규모가 미미한 나라에도 불황이 있다. 보호무역을 실시하는 나라에 불황이 있는가 하면 무역이 거의 자유로운 나라에도 불황이 있다. 독재정부가 지배하는 나라에 불황이 있는가 하면 정치권력이 전적으로 국민의 손에 있는 나라에도 불황이 있다. 지폐를 사용하는 나라에 불황이 있는가 하면 금, 은을 화폐로 삼는 나라에도 불황이 있다. 따라서 우리는 이 모든 현상의 밑바닥에 있는 어떤 공통의 원인을 찾아내어야만 한다.

우리가 불황이라고 묶어서 이야기하는 각종 현상은, 물질적 진보에 항상 수반하며 물질적 진보가 진전될수록 더욱 뚜렷이 나타나는 어떤 현상이 심화된 상태를 의미한다. 이런 점을 생각하면 불황에 어떤 공통의 원인이 있다는 것, 그리고 그 원인은 물질적 진보 그 자체이거나 또는 그와 밀접하게 연관된 무엇이라고 쉽게 추론할 수 있다.

노동자가 높은 임금을 얻기 위해 이민 가고 자본이 높은 이자를 얻기 위해 흘러들어 가는 곳은 물질적 진보가 아직 초기 단계에 있는 새로운 나라이다. 그러나 물질적 진보가 후기 단계에 이른 오래된 나라에서는 굉장한 풍요 속에서 빈곤이 널리 존재한다. 생산과 유통의 방식이 아직 거칠고 비능률적이며, 부의 증가가 아직 대단하지 못하여 어느 계층도 안락하고 사치스럽게 살지 못하며, 가장 좋은 집이라 해도 오두막 수준이고, 옷감이나 종이의 질이 보잘것없고, 부자도 매일 열심히 일해야 사는 나라에 한번 가 보라. 거기에는 큰 부자도 없지만 동시에 거지도 없다. 사치스러움도 없지만 동시에 절대빈곤도 없다. 놀면서 편안하게 살거나 매우 잘 사는 사람도 없지만 동시에 누구든지 생계는 꾸릴 수 있고 또 일할 능력과 의사만 있다면 궁핍에 대한 두려움으로 고통받지 않는다.

그러나 사회의 발전이 모든 문명사회가 지향하는 쪽으로 이루어지고 물질적 진보의 규모가 커지면, 예를 들어 주거밀도가 높아지고 다른 지역과의 관계가 긴밀해지고 노동절약적인 기계가 많이 이용되어 생산과 교환의 경제성이 높아지고 그에 따라 총량 및 일인당 부가 증대되면, 빈곤도 심각해진다. 일부 계층의 생활은 무한정으로 개선되고 편리해지지만 나머지 사람들은 생계를 꾸려 나가기도 힘들게 된다. 기차가 생기면 부랑자도 생겨나고 물질적 진보가 이루어지면 고급스러운 주택, 상품으로 가득 찬 창고, 거대한 교회가 생기는 한편 빈민구호소와 감옥도 틀림없이 생기게 마련이다.

이러한 사실, 즉 어느 사회에서든 물질적 진보가 지향하는 상태에 도달하면 빈곤과 그 부수현상도 나타난다는 굉장한 사실을 통해 우리는, 위에서 본 비와 같이 진보가 일정한 단계에 이른 곳마다 발생하는 사회문제는 어느 지역의 특수한 사정에 기인하는 것이 아니라 진보 그 자체에 어떤 식으로든 배태되어 있음을 알 수 있다.

이처럼 진보에 빈곤이 수반하는 현상은 우리 시대의 큰 수수께끼이다. 이 핵심적인 사실로부터 세계를 괴롭히는 산업문제, 사회문제, 정치문제가 발생하며 또 정치, 종교, 교육이 이를 해결하려고 무진 애를 써도 성과를 얻지 못하고 있다. 이것은 진보와 자립을 위해 노력하는 국가의 미래에 먹구름을 드리우는 근원이 된다. 이것은 스핑크스가 인류 문명에 던지는 수수께끼이며 이를 풀지 못하면 문명은 멸망하고 말 것이다. 현대의 진보가 이룩하는 모든 부가 소수에게 집중되고 사치를 조장하여 가진 자와 못 가진 자와의 차이를 더욱 뚜렷하게 한다면 이것은 진정한 진보라 할 수 없고 또 이러한 진보는 오래가지도 못한다.

이 문제는 너무나 중요하여 모든 분야에서 주목을 받고 있지만, 모든 사실을 충분히 설명해 주면서 동시에 간단명료한 대책까지 제시해 주는 답은 아직도 나오지 않고 있다. 이는 지금까지 경제불황을 설명하려는 수많은 시도가 있었다는 사실로도 알 수 있다. 이러한 시도는 상식선의 관념에서부터 과학적 이론에 이르기까지 각양각색이며 같은 이론을 주장하는 사람들 간에도 구체적인 현실문제에 대해서는 서로 다른 견해를 보이는 등 의견의 무정부상태를 나타내고 있다.

지금까지 나온 견해를 보면 자본과 노동 간에는 충돌이 불가피하다는 견해, 기계가 악이라는 견해, 경쟁을 제한하고 이자를 없애야 한다는 견해, 화폐를 발행하여 부를 증대시킬 수 있다는 견해, 자본 공급과 일자리 마련을 정부의 의무로 해야 한다는 견해 등이 있었다. 이런 견해는 고통을 예민하게 느끼고 부조리를 예리하게 의식하는 상당수 사람들에게 급속히 퍼지고 있다. 이러한 견해는 정치권력의 궁극적인 원천인 국민대중을 자칫 사이비 지도자 내지 선동가의 지배하에 둘 위험성을 안고 있다. 그러나 이러한 견해에 효과적으로 대처하려면 정치경제학 이론에 부합하면서 일반 대중의 마음을 사로잡을 수 있는 해답을 내놓아야 한다.

이 일은 정치경제학이 담당하지 않을 수 없다. 정치경제학은 도그마의 집합체가 아니라 사실의 집합체에 대한 설명이기 때문이다. 정치경제학은 일정한 범위의 현상을 대상으로 하여 상호관계를 추적하고 인과관계를 밝히는 학문이다. 정치경제학은 자연과학과 연구대상이 다를 뿐 방법에서는 같다. 정치경제학은 확고한 기반에서 출발한다. 정치경제학은 최고의 인성을 받는 진실에서부터 논리를 연역한다. 이 진실은 우리 모두가 인정하는 공리이다. 우리는 일상생활에서 사고하거나 행동하면서 늘 이 공리에 기초를 두고 있다. 이 공리는 물체는 최저저항선을 따라 움직이려 한다고 하는 물리학의 법칙을 형이상학적으로 표현한 것에 불과하다. 즉 사람은 최소의 노력으로 욕구를 충족하려 한다는 것이다. 정치경제학은 이와 같이 확실한 근거에서 출발하며 논리도 분명한 방법을 통해 전개된다. 이러한 의미에서 정치경제학은 기하학과 같이 엄밀성을 가진 과학이라고 할 수 있다. 기하학은 공간에 관해 비슷한 성격의 공리에서 출발하여 비슷한 방법으로 결론을 얻으며 옳게 도출된 결론은 그 자체로 명백하다. 비록 다른 과학과는 달리 정치경제학에서는 인공적으로 조성된 조건하에서 이론을 검증하지는 못하지만 갖가지 상황이 존재하는 사회를 비교해 보거나 효과가 알려져 있는 요인을 상상을 통해 분리, 통합, 추가, 제거해 봄으로써 거의 비슷한 정도의 검증을 행할 수 있다.

오늘날의 정치경제학은 부의 증가 속에 빈곤이 계속 존재하는 현실을 인간의 심층적 인식에 부합하도록 설명해 주지 못한다. 정치경제학에서 의문의 여지가 없는 진실이라고 가르치는 것도 상호 일관성이 없이 따로 놀고 있다. 현재의 정치경제학은 일반인의 사고를 발전시켜 주지 못하고 있다. 그 원인은 정치경제학 자체의 무능력에 기인하는 것이 아니라 그 전제를 설정하는 어떤 단계에 결함이 있거나 그 해석에서 어떤 요인을 제대로 보지 못하는 데 있는 것으로 생각된다. 그런데 권위를 존중하다 보면 이러한 잘못이 제대로 밝혀지지 않는 수가 있으므로 이 책에서는 기존의 어느 학설도 당연한 것으로 인정하지 말자. 또 어떠한 논점도 피해 가지 않고 어떠한 결론이 나더라도 위축되지 않고 오로지 진실만을 추구하기로 하자. 우리가 도출하는 결론이 우리가 알고 있는 기존 관념과 배치되더라도 움츠리지 말자. 그 결론이 오랫동안 현명하고 자연스럽다고 받아들여 온 제도를 부정하더라도 되돌아서지 말자.

제2장

용어 정의의 중요성

우선 이 책에서 사용하는 용어의 의미를 확실하게 해 두자. 용어를 확실하게 해두지 않으면 추론 과정에서 모호성과 불명확성이 필연적으로 발생하기 때문이다.

경제학에서 사용되는 '부', '자본', '지대', '임금' 등과 같은 용어에는 일상 대화에서보다 더 확실한 의미를 부여할 필요가 있다. 그러나 유감스럽게도 정치경제학에서마저 이들 용어의 공통적인 정의가 제대로 되어 있지 않기 때문에 사람에 따라 다른 의미로 쓰는 경우가 있으며 같은 사람이라도 때에 따라 다른 의미로 사용하는 경우가 있다.

이 책에서는 중요한 용어를 쓰게 되면 그 의미를 분명하게 정의하고 반드시 정의된 대로 사용할 것이다. 독자들도 용어의 정의를 분명하게 이해하고 기억해 주기를 바란다. 그렇게 하지 않으면 오해할 염려가 있기 때문이다. 또 이 책에서는, 용어를 자의적으로 정의하거나 새로 만드는 것이 편리하더라도, 그렇게 하지 않겠다. 용어는 가능한 한 일상 용례에 맞도록 사용하겠으며 단지 생각을 명료하게 표현하기 위해 용어의 의미를 확정 짓기만 하겠다.

우선 '임금'과 '자본'이라는 용어의 의미를 확실하게 해 보자. '임금'은 경제학자들에 의해 상당히 확실하게 정의가 되어 있으나 '자본'은 정치경제학에서 모호한 점이 있어 몇 가지 검토가 필요하다.

경제학적 의미의 임금

일상 대화에서 '임금'이라는 용어는 고용된 사람이 서비스를 제공하고 받는 대가를 의미한다. 우리는 흔히 '임금을 위해 일하는 사람'과 '자신을 위해 일하는 사람'을 구별하기도 한다. 때로는 임금의 의미를 더 좁게 사용하여 육체노동에 대한 대가만을 의미하기도 한다. 또 전문직, 관리직, 사무직이 받는 대가를 임금이라고 하지 않고 수수료, 수임료, 봉급 등으로 부르기도 한다.

즉 일상 대화에서 '임금'이라는 용어는 보통 육체노동에 고용된 사람들이 받는 대가를 의미한다. 그러나 정치경제학에서의 '임금'은 더 넓은 의미로서 인간의 노동에 대한 모든 대가를 의미한다. 정치경제학에서 생산의 3요소는 토지, 노동, 자본이고 생산물 중에서 노동이라는 생산요소에 배분되는 부분을 임금이라고 하기 때문이다.

이와 같이 부를 생산하는 모든 인적 노력을 노동이라 하고 임금은 생산물 중 노동에 배분되는 부분으로서 인적 노력에 대한 모든 대가를 포함한다.

그러므로 정치경제학에서 임금이라는 용어는 노동의 종류나 고용주의 존재 여부와 관계없이 사용된다. 즉 임금은 노동의 대가이며 자본 사용의 대가나 토지 사용의 대가와 구별된다.

자신의 소비를 위해 토지를 경작하는 사람은 그 생산물 중에서 자신의 임금을 얻는데 이것은 자기 자본을 사용하거나 자기 토지를 사용하더라도 사실상 이자소득과 지대소득이 발생하는 것과 같다. 사냥꾼의 임금은 사냥한 짐승이고 어부의 임금은 잡은 물고기가 된다. 사금채취자가 찾아낸 금은 고용된 탄광부가 고용주로부터 받는 것과 같은 성질의 임금이다.

아담 스미스Adam Smith가 지적했듯이 소매상인이 버는 높은 이윤에는 자본에 대한 대가라기보다 노동에 대한 대가라고 할 수 있는 부분 즉 임금이 상당히 많이 포함되어 있다. 간단히 말하자면 부의 생산에 있어 인적 노력의 결과 또는 대가로 받는 것은 모두 임금이라는 것이다.

임금에 관해 주목해 둘 사실은 우선 이 정도이지만 마음 속에 분명히 새겨두어야 한다. 경제학 관계 저작에서 임금은 대체로 이러한 의미로 정의되지만 때로는 이 정의가 무시되는 수가 있기 때문이다.

자본에 대한 정의의 불일치

자본의 개념에는 모호한 점이 많고 용어를 과학적으로 정의하기가 더 어렵다. 일상 대화에서는 가치를 가진 것 또는 소득을 발생시키는 것을 통칭하여 막연히 자본이라고 부르고 있으며, 경제학자들도 자본이라는 용어를 다양하게 사용하기 때문에, 이 용어의 의미가 확정되어 있다고 보기 어렵다.

몇몇 저명한 학자의 정의를 비교해 보자.

아담 스미스는 "어느 개인의 자본은 그가 소유하는 물자 중 소득을 낳을 것으로 기대하는 부분"이라고 정의하고 한 국가 또는 사회의 자본은 다음과 같은 것으로 구성된다고 하였다.『국부론』, 제2권 제1장

(1) 노동을 돕거나 절약시켜 주는 영업상의 기계와 도구

(2) 주택을 제외한 건물로서 영업의 수단으로 볼 수 있는 것. 예컨대 점포 농장의 건물 등

(3) 경작이나 재배를 위한 토지의 개량 부분

(4) 국민이 후천적으로 취득한 유용한 능력

(5) 화폐

(6) 생산자나 상인의 물자로서 판매 이윤의 획득을 기대하는 것

(7) 생산자나 상인의 수중에 있는 원료, 반제품 기타 생산물

(8) 생산자나 상인의 수중에 있는 완제품

그는 이 중 첫 네 가지는 고정자본, 나머지 네 가지는 유동자본이라고 불렀는데 이러한 구분은 우리의 논의에서는 별로 중요하지 않다.

리카도David Ricardo는 다음과 같이 정의한다.『정치경제학의 원리』, 제5장 "자본은 한 나라의 부 중에서 생산에 사용되는 부분으로서 노동에 필요한 음식, 옷가지, 도구, 원료, 기계 등을 말한다."

이 정의는 아담 스미스의 정의와 상당히 다르다. 아담 스미스는 후천적 능력, 생산자나 상인의 수중에 있는 단순한 기호물 또는 사치품도 자본에 포함시키는데 반해 리카도는 이를 제외한다. 아담 스미스는 소비자의 수중에 있는 음식, 옷가지를 제외하는 데 반해 리카도는 이를 포함시킨다.

매컬로크J.R. McCulloch는 자본을 다음과 같이 정의한다.아담 스미스의 『국부론』, 1838년판, 제2권 제1장의 주석 "한 국가의 자본은 국내 산업의 생산물로서 인간의 생존을 지원하거나 생산을 촉진하는 데에 직접적으로 사용될 수 있는 부분을 말한다." 이 정의는 리카도의 정의와 같은 계통이지만 더 넓은 의미를 지닌다.

이 정의에는 생산에 도움이 되지 않는 것은 모두 제외되는 반면 생산에 도움이 될 가능성만 있으면 실제 사용 여부나 사용의 가능성에 관계없이 모두 포함된다. 매컬로크의 표현에 의하면 오락용 마차를 끄는 말도 쟁기를 끄는 말과 마찬가지로 자본인데, 현재 오락용 마차를 끄는 말도 필요한 경우에는 쟁기를 끌 수 있기 때문이다.

존 스튜어트 밀John Stuart Mill도 리카도나 매컬로크와 같은 계통이지만, 자본을 판단하는 기준으로 실제 사용 여부 또는 사용 가능성이 아니라 결정된 용도를 들면서 다음과 같이 정의한다.『정치경제학 원리』, 제1권 제4장 "생산작업에 필요한 건물, 보호시설, 도구, 원료 등 생산적 노동에 제공되도록 결정된 물자와 생산과정 동안 노동자가 먹고 생활하도록 결정된 물자가 자본이다."

위에서 인용한 정의를 비교해 보면 대가들의 견해 차이를 충분히 알 수 있다.

자본을 정확한 용어로 사용하는 것과 관련된 어려움, 특히 경제학자의 저술에서보다는 정치적 또는 사회적 토론에서 더욱 분명히 나타나고 있는 어려움은 다음과 같은 두 가지 사실에 기인한다. 첫째로, 소유자인 개인에게는 분명히 자본이 되지만 사회적으로는 자본이라고 할 수 없는 물자가 있다는 사실이다. 둘째로, 같은 물자라 하더라도 물자의 용도에 따라 자본이 되기도 하고 안 되기도 한다는 사실이다.

이 점에 대해 조금만 주의를 기울이면 일반적으로 사용되는 용어로서의 자본이 의미하는 바를 명확하게 이해하는 데 별 어려움이 없을 것이다. 그렇게 되면 어떤 물자가 자본이냐 아니냐를 판단할 수 있고, 용어의 사용에서도 모호함이나 실수가 없게 된다.

생산의 요소

토지, 노동, 자본은 생산의 3요소이다. 자본이라는 용어가 토지, 노동과 대비되어 쓰인다는 사실을 생각하면 이 두 요소의 어느 쪽에도 포함되지 않는 것이 자본이라는 점을 쉽게 알 수 있다.

토지

토지라는 용어는 단지 물이나 공기와 구별되는 지구의 표면만이 아니라 인간 이외의 물질적 우주 전체를 의미한다. 사람이 자연과 접촉하고 자연을 사용하는 것은 토지를 통해서 가능하기 때문이다. 사실 사람의 신체도 이 토지에서 나온 것이다.

즉 토지라는 용어는 모든 자연의 물질, 힘, 기회를 포괄한다. 따라서 자연에 의해 무상으로 주어진 것은 자본으로 분류될 수 없다. 비옥한 평야, 풍부한 광맥, 동력을 일으키는 폭포 같은 것이 그 소유자에게 이익을 줄 수 있다는 점에서는 자본과 같지만 이를 자본에 포함시킨다면 토지와 자본 사이의 구분은 거기서 끝이며 그 구분이 무의미해진다.

노동

노동이라는 용어는 모든 인적 노력을 포함한다. 선천적이든 후천적이든 인력은 자본이 될 수 없다. 흔히 어떤 사람의 지식, 기술, 근면 등을 그의 자본이라고 부르기도 하지만 이것은 단지 비유적인 표현일 뿐 정확성을 기해야 하는 경우에는 피해야 할 용법이다. 개인의 자질이 우수하면 자본과 마찬가지로 그에게 더 많은 소득이 생기게 되고 또 사회적으로도 지식, 기술, 근면 등은 자본과 마찬가지로 사회의 생산을 증가시키는 효과를 갖지만 이러한 효과는 노동력의 증가라고 보아야지 자본이라고 볼 수는 없다.

자본

토지나 노동에 해당되는 것은 자본의 범주에서 제외되어야 한다. 그 결과 토지나 노동이 아닌 것으로서 이 두 가지 본원적 생산요소의 결합에 의해 생산된 것만이 남게 된다. 이 범주에 들지 않으면 자본이 아니며 또 '부'가 아닌 것은 자본이 아니다. 그런데 자본이라는 용어가 낳는 모호성은 부라는 포괄적인 용어의 모호성에 기인하는 경우가 많다.

'부'라는 용어

흔히 부라는 용어는 교환가치를 갖는 모든 물자를 지칭한다. 그러나 정치경제학에서의 부는 그 범위가 훨씬 좁다. 일상적으로 부라고 하는 물자 중에 집합적, 전체적 견지에서는 부에 해당되지 않는 것이 상당히 있기 때문이다. 이런 물자는 교환가치를 가지며 또 개인간의 관계에서 부를 취득할 수 있는 힘을 나타낸다는 점에서 보통 부라고 부르기도 한다. 그러나 이런 물자는 그 증감이 부의 총량에 영향을 주지 않기 때문에 진정한 부라고 할 수 없다. 그 예로는 증권, 저당증권, 약속어음, 은행권 등 부의 이전에 관한 약속을 들 수 있다. 또 노예의 경우, 노예의 가격은 노예가 벌어들이는 것을 주인이 차지할 수 있는 힘을 반영할 뿐이라는 점에서 역시 이런 예에 속한다. 토지 내지 자연의 경우도, 그 값은 특정인에게 배타적 사용권을 인정하는 결과로 생기는 것이며 사용자에 의해 생산된 부의 일부를 소유자가 취득할 수 있는 힘을 나타낼 뿐이므로 역시 이런 예에 속한다.

증권, 저당증권, 약속어음, 은행권 등은 그 금액을 받을 사람과 함께 지불할 사람도 있기 때문에 이들이 증가한다고 해서 사회적 부가 증가하는 것은 아니다. 마찬가지로 국민의 일부가 노예가 된다고 하더라도 주인이 얻는 부는 노예가 잃는 부와 같으므로 국민 전체의 부는 증가하지 않는다.

토지의 가치가 증가하더라도 지주의 소득은 토지임차인 또는 토지매입자의 부담에 의해 생기는 것이므로 사회적 부가 증가하는 것이 아니다. 이런 상대적인 부는 일상 생활에서나 법률 등에서 진정한 부와 혼동되어 쓰이고 있다. 하지만 이러한 부는 물자를 파괴하거나 소비할 필요도 없이 종이 한 장에 잉크 몇 방울만 쓰면 완전히 소멸될 수 있는 성질의 부이다.

즉 정치경제학적으로는 교환가치를 갖는 물자가 모두 부에 해당되는 것은 아니다. 그 생산이 사회의 부를 증가시키고 그 소멸이 사회의 부를 감소시키는 것만이 부이다. 이런 것이 무엇인지 그리고 그 성질은 어떤 것인지를 생각해 보면 부를 정의하는 데 전혀 어려움이 없을 것이다.

부의 성질

사회의 부가 증가한다는 것은 유형적인 물자 또는 실질적인 가치(상대적인 가치가 아님)를 가지는 물자가 증가한다는 것을 의미한다. 건물, 가축, 도구, 기계, 농업이나 광업의 생산물, 공업제품, 선박, 마차, 가구 등이 바로 그런 것이다. 이런 물자가 증가하면 부가 증가하고, 감소하면 부도 감소하며 이런 물자를 인구에 비해 가장 많이 가지고 있는 나라가 가장 부유한 나라이다. 이러한 물자에 공통된 점은 이것들이 인간의 사용 또는 만족을 위해 인간의 노동에 의해 가공된 자연물 또는 생산물이며, 그 가치는 이러한 물자를 생산하는 데 평균적으로 필요한 노동량에 의해 결정된다는 것이다.

부의 정의

이와 같이 정치경제학에서 사용되는 용어로서의 부는 인간이 욕구를 만족시키기 위해 채취, 이동, 결합, 분리, 기타의 노력으로 변화시킨 자연의 생산물을 의미한다. 다른 식으로 표현하자면, 부는 인간의 욕구에 봉사하기 위해 인간노동의 힘을 축적하는 방식으로, 태양열이 축적되어 석탄이 되듯이, 물질에 가해진 노동력을 말한다.

노동이 인간의 욕구를 직접 충족시키는 경우도 있기 때문에 부를 위해서만 노동을 하는 것은 아니다. 그러나 부는 소위 생산적 노동, 즉 원료에 가치를 부여하는 노동의 목적이자 결과이다. 인간의 노동 없이 자연이 인간에게 부여한 것이 부가 될 수 없고, 욕구를 충족시키는 힘을 가지는 유형적인 생산물이 나오지 않으면 노동을 하더라도 부가 되지 않는다.

자본이란 특정한 용도를 가진 부를 의미하기 때문에 부의 정의에 들지 않는 것은 자본이 될 수 없다. 이 점을 분명히 이해하여 마음에 새겨 두면 논리 전개에서 빠지기 쉬운 모든 오류, 일반인의 사고를 흐리게 하고 때로는 예리한 사상가까지도 모순에 빠지게 할 수 있는 오류를 피할 수 있다.

자본과 부

모든 자본은 부이지만 모든 부가 자본인 것은 아니다. 자본은 부의 일부분이며, 부 중에서 생산을 지원하는 용도를 가진 부만을 의미한다. 이제 흔히 쓰이는 자본이라는 용어에 경계를 지워 그 일반적인 개념을 분명하게 한정하려고 한다.

정치경제학을 전혀 공부한 적이 없는 사람이라고 해도 일반적인 이해력만 있다면 특정 시기의 특정 사회에 존재하는 여러 형태의 부를 현장에서 볼 경우에 그것이 자본인지 아닌지를 판별하는 데 어려움이 없을 것이다.

농부가 수확한 곡물 중 판매용, 종자용, 임금 지불용 곡물은 자본이고 자기 가족 소비용 곡물은 자본이 아니다. 의류생산자가 판매용으로 만든 옷은 자본이고 자기가 입으려고 만든 옷은 자본이 아니다. 호텔이나 음식점 주인의 음식은 자본이지만 주부가 만든 음식은 자본이 아니다. 제련업자, 주물업자, 철물상인이 가지고 있는 쇠는 자본이라고 보지만 여가용 요트에 쓰이는 밸러스트안전장치용 철물는 자본이 아니다. 공장의 직기는 자본이지만 자기 옷을 짜는 여인의 직기는 자본이 아니다. 건물도 임대용, 상업용, 생산용으로 쓰이면 자본이고 자기 가족 거주용이라면 자본이 아니다.

이제 우리는 앞서 인용하였듯이 "어느 개인의 자본은 그가 소유하는 물자 중 소득을 낳을 것으로 기대하는 부분"이라고 아담 스미스가 정의한 대로 자본을 이해할 수 있다. 앞에서 소개한 바와 같이 아담 스미스가 열거한 자본의 여러 항목 중 '국민이 후천적으로 취득한 유용한 능력'을 빼고 '화폐'의 내용을 약간 수정한다면 이보다 더 나은 목록을 제시하기 어려울 것이다.

어떤 도구를 자본의 한 품목으로 보느냐 아니면 단순히 부의 한 품목으로 보느냐 하는 것은 그 사용이 교환을 목적으로 하느냐 아니냐에 달려 있다. 철도, 통신 선로, 극장, 호텔 등의 건설에 사용되는 부는 교환의 한 과정에 있는 것으로 이해할 수 있는데, 그 교환이 당장 실현되지는 않는다고 해도 점차적으로 또 많은 사람들과 교환이 발생할 것이기 때문이다. 이러한 교환에서의 소비자는 철도, 전보 선로, 극장, 호텔의 주인이 아니라 그 시설을 때때로 사용하게 되는 일반 사람들이다.

부의 교환 가능성

생산의 의미를 물건의 제작에만 국한시킨다면 너무 좁은 의미가 된다.

생산에는 단순히 물건을 제작하는 행위뿐만 아니라 물건을 소비자에게 배분하는 행위도 포함된다. 도매상인이나 소매상인도 그들의 물자, 즉 자본이 생산에 제공되기 때문에 공장주나 농부와 마찬가지로 생산자이다. 그러나 자본의 기능에 대해서는 여기에서 상세히 논하는 것보다 다음으로 미루는 것이 더 좋겠다.

여기서 흔히 잊기 쉬운 점 하나를 강조하고 싶다. 그것은 정치경제학에서 쓰이는 부, 자본, 임금 등과 같은 용어는 일반성을 가진 용어라는 점이다. 이들 용어가 나타내는 대상의 전체가 인정되거나 부정되어야만 그 일반성이 인정 또는 부정될 수 있다. 이 점을 분명히 인식하지 않으면 사고에 혼란이 생기고 오류가 진리로 통하게 된다. 부는 일반성을 가진 용어이며 특히 부의 개념은 교환가능성을 포함한다는 점을 분명히 알아야 한다. 따라서 어떤 부를 일정량 소유하고 있으면 이와 대등하게 교환할 수 있는 다른 부를 잠재적으로 소유하는 것이 되며 또 논리적으로 보아 자본도 소유하는 것이 된다.

제3장

임금과 자본

부의 증가에도 불구하고 빈곤이 계속되는 원인은 임금을 최저수준에 머물도록 하는 원인과 동일하다. 따라서 우리가 추구하는 문제를 다음과 같이 요약할 수 있다.

생산력의 증가에도 불구하고 왜 임금은 생존을 겨우 유지할 수 있는 최저선에 머무는 경향이 있는가?

이 의문에 대해 학계에서는 임금은 노동자의 수와 자본의 양 간의 비율에 의해 고정되어 있으며 자본의 양이 증가하면 노동자 수도 따라서 증가하기 때문에 임금은 생존을 겨우 유지할 수 있는 정도에 계속 머무는 경향을 갖는다고 설명한다.

이에 대해 저자는 다음과 같은 명제를 증명해 보이려고 한다.

임금은 자본에서 나오는 것이 아니라 실제로는 노동의 생산물로부터 나오며, 임금은 그 노동의 대가로 지불된다.(주: 여기에서는 논의를 단순하게 하기 위해 물자의 생산에 투입된 노동에만 한정하며 서비스 노동에 대해서는 일단 보류해 두기로 한다.)

임금이 자본으로부터 나온다는 학설에서도 자본은 생산물에서 그 대가를 받는다고 하기 때문에 위의 두 명제 사이에는 일견 별 차이가 없어 보이기도 한다. 그러나 실제로 이 둘 사이에는 대단히 중대한 차이가 있으며 그 차이에 의해 서로 다른 결론이 나온다. 임금이 노동의 생산물에서가 아니라 바로 자본에서 나온다고 하는 학설은 임금이 자본과 노동 간의 비율에 의해 결정된다고 하는 견해의 근거가 되며, 또 산업은 자본의 제약을 받기 때문에 자본의 축적이 노동의 고용에 선행되어야 한다는 견해의 근거가 된다. 이러한 부류의 견해를 더 소개하면 다음과 같다. 자본의 증가는 고용을 증가시키거나 그 증가를 가능하게 한다. 유동자본을 고정자본으로 전환하면 고용의 유지에 필요한 기금이 줄어든다. 고임금보다 저임금하에서 고용이 더 많이 이루어질 수 있다. 공업보다 농업에 투입된 자본이 더 많은 고용을 이룰 수 있다. 이윤의 크기는 임금의 크기에 반비례하므로 이윤은 노동자의 생존비용에 따라 달라진다. 이와 같은 견해는 모두, 노동의 유지와 임금 지불은 생산이 있기 이전에 자본이 존재하기 때문에 가능하다는 학설에 직접 또는 간접으로 근거를 두고 있다.

그런데 이 학설이 오류라는 사실, 오히려 그 반대로 노동의 유지와 노동에 대한 보상은 자본과 무관하며 임금은 노동생산물로부터 직접 나온다는 사실이 입증된다면 위의 여러 견해는 근거가 없어져서 무너지고 말 것이다. 또 임금에 배분되는 총액이 고정된 것이며 따라서 개별 노동자의 임금은 노동자 수가 증가할수록 줄어든다는 믿음에 근거를 두고 있는 갖가지 동속적인 견해도 무너지고 말 것이다.

모든 사회에 공통되는 원리

모든 경제학 추론에서 확실히 해야 하는 근본적인 진리는 고도의 선진사회도 초기단계 사회의 발전된 형태에 지나지 않는다는 점이다. 단순한 사회에서 명백히 나타나는 어떤 원리는, 분업이나 정교한 도구와 수단의 사용으로 인해 형성된 복잡한 사회에서도, 다소 덜 분명하게 보일 수는 있어도, 원리 자체가 타당하지 않거나 반대의 내용을 갖는 것은 아니다.

증기 동력으로 움직이는 방아라고 해도, 그 장치가 정교하고 움직임이 복잡하기는 하지만, 곡물을 찧는다는 점에서는 옛날 강바닥에서는 주워 쓰던 돌절구나 마찬가지이다. 그 도구를 쓰는 사람이 증기기관에 불을 지피고 엔진을 움직이고 돌을 고르고 자루에 상표를 인쇄하고 장부에 기장을 한다고 해도 선사시대에 돌절구를 쓰던 사람과 결국 같은 목적, 즉 음식을 만들기 위한 곡물을 마련한다는 목적을 수행하는 것에 지나지 않는다.

따라서 현대의 복잡한 생산 공정을 단순화시켜 보면 고도의 분업과 정교한 생산·교환 기구에 참여하는 사람의 일도 결국 나무에 올라가서 과일을 따거나 썰물에 맞춰 바닷가에서 조개를 잡던 원시시대 사람의 일과 다를 바 없다. 즉 자신의 힘을 사용하여 자연으로부터 욕구를 충족시키려고 하는 노력이라는 것이다. 이런 점을 분명히 이해하고 또 사회의 모든 생산은 각 개인의 욕구를 충족시키기 위해 모두가 협동하는 것이라는 점을 생각하면, 각자가 자기 노력에 대해 받는 보상은 원시인이 그랬던 것과 같이 노력의 결과로 자연으로부터 얻는 것이라는 사실을 알 수 있다.

예를 들어 보자. 아주 단순한 사회에서 각 개인은 스스로 미끼를 마련하고 스스로 물고기를 잡는다. 시간이 지나면 분업의 이익을 알게 되어 한 사람은 미끼를 마련하고 다른 사람은 물고기를 잡게 되지만 미끼를 마련하는 사람도 실제로 물고기를 잡는 사람과 같은 정도로 생산에 기여한다. 어선의 유리함을 알게 되면 모두 물고기를 잡으러 나가기보다 일부는 남아서 어선을 제조·수리하게 되는데 이때 어선을 제조·수리하는 사람들도 어부나 마찬가지로 고기잡이에 기여하는 셈이고 어부들이 귀항한 후 이 사람들이 먹는 물고기는 그 자신의 노동의 산물임이 분명하다. 이와 같이 분업이 잘 이루어지면 욕구의 충족을 위해 모든 사람이 직접 자연을 상대로 일을 하기보다는 일부는 고기를 잡고 일부는 사냥을 하고 일부는 딸기를 따고 일부는 과일을 채취하고 일부는 집을 짓고 일부는 옷을 만들게 되는데, 각자의 직접 생산물을 다른 사람의 직접 생산물과 교환한다면 결국 자기가 소비하는 물건의 생산에 자기 노동을 가하는 것과 같은 결과가 된다. 모든 사람은 자신의 힘을 사용하여 자신의 욕구를 충족시키는 셈이며 그의 보수는 자신이 실제로 생산한 것이라고 하겠다.

임금이 나타내는 것

단순한 사회에서 분명하게 나타나는 이러한 원리가 소위 문명사회라고 하는 복잡한 사회에서도 적용된다고 하면, 노동과 상품이 교환되는 모든 경우에 생산이 소비에 앞서 이루어진다는 점을 명백하게 알 수 있다. 임금이란 노동이 벌어들인 것 또는 노동이 생산한 것이지 자본의 일부를 미리 받는 것이 아니다. 임금을 화폐로 받는 경우에도 부의 증가에 기여한 자기 노동의 대가로 부 중에서 일정량을 인출할 수 있는 일종의 증서를 받는 것과 같다. 노동자는 그 증서를 가지고 자신의 욕구에 맞는 형태의 부를 조달할 뿐이다. 노동의 대가로 받는 증서나 그 증서를 사용하여 얻는 어떤 형태의 부도 자신의 노동력 유지를 위해 자본의 일부를 미리 받는 것이라고는 할 수 없다. 오히려 그 반대로 임금은 자신의 노동이 증가시킨 부의 일부인 것이다.

이러한 원리에 입각해서 보면 영국의 템스 강가의 선박회사에서 선박 엔진의 설계도를 제도하는 사람은 캘리포니아에서 농사를 짓는 사람이나 남미의 라플라타La Plata 평원에서 가축을 기르는 사람처럼 빵과 고기를 생산하는 셈이라는 사실을 알게 된다. 또 이 사람은 오스트레일리아에서 양털을 깎거나 스코틀랜드의 페이즐리Paisley에서 직물을 짜는 사람처럼 자신의 옷을 생산하는 셈이라는 사실을 알게 된다. 또 미국 네바다 주의 컴스탁Comstock 은광에서 은광석을 캐는 경우에도 많은 단계의 교환과정을 통하면 실제로 평야에서 곡물을 수확하는 것과 같은 결과를 얻는다. 북극 빙원에서 고래를 잡는 것, 미국 버지니아 주에서 담뱃잎을 따는 것, 온두라스에서 커피 열매를 거두는 것, 하와이에서 사탕수수를 수확하는 것, 미국의 조지아 주에서 목화를 따거나 영국의 맨체스터나 미국의 로웰Lowell에서 목화를 가공하는 것, 오스트레일리아의 하츠 마운튼Hartz Mountains에서 어린이용 나무 장난감을 만드는 것, 이 모든 것이 다 마찬가지이다.

제4장

임금의 원천

임금이 자본으로부터 나온다고 하면 임금이라는 용어는 경제학적 의미를 상실하고 일상적인 좁은 의미를 갖게 된다. 노동자가 자가노동을 하고 노동의 직접 생산물을 노동의 대가로 취득하는 경우에는 임금이 자본으로부터 나오는 것이 아니라 노동 생산의 직접적인 결과에서 나온다는 사실이 명백하기 때문이다.

예를 들어 내가 새의 알이나 야생의 딸기를 채취하는 일에 노동을 투입하는 경우에는 알이나 딸기가 나의 임금이 된다. 이런 경우에는 누구도 임금이 자본으로부터 나온다고 하지 않을 것이다. 내가 가죽으로 구두를 만든다고 하면 노동이 가해짐에 따라 가치가 증대되며 구두를 완성했을 때 나는 자본, 즉 원래의 가죽을 소유할 뿐만 아니라 가죽과 완성품 간의 가치 차이만큼을 더 소유하게 된다. 이렇게 추가된 가치, 즉 임금이 어떻게 자본으로부터 나온 것이라고 할 수 있을까?

아담 스미스도 방금 예로 든 단순한 경우에 임금이 노동의 생산물이라는 점을 인정하였다. 그는 "노동생산물에는 천연원료의 가치와 노동임금이 포함되어 있다. 토지의 사유와 자본의 축적이 있기 이전의 원시상태에서는 노동생산물이 모두 노동자에게 귀속되었다. 생산물을 나누어 가질 지주나 고용주가 없기 때문이다"라고 지적하였다.『국부론』, 제1권 제8장 그런데 아담 스미스는 단순한 생산양식에서 분명히 나타나는 이 원리를 복잡한 생산양식을 이해하는 단서로 사용하지 않고 그만 제쳐 놓고 말았다. 그는 "유럽에서는 평균적으로 한 사람의 독립적인 고용주가 20인의 노동자를 고용하고 있다"라고 하면서 고용주가 자신의 자본 중에서 노동자의 임금을 지불한다는 관점에서 논리를 전개한다.

현물 임금을 받을 경우

그러나 우리는 아담 스미스가 제쳐 놓은 단서를 사용하여 한 걸음씩 논리를 진행시켜서 생산양식이 단순한 경우에 분명하게 드러나는 사실관계가 생산양식이 복잡할 경우에는 과연 타당하지 않은지를 검토해 보자.

노동생산물이 모두 노동자에게 귀속되는 원시상태보다 조금 복잡한 경우로서 타인에게 고용되어 노동하거나, 타인의 자본을 사용하여 노동하고 그 직접 생산물과 같은 종류의 물자를 임금으로 받는 경우를 생각해 보자. 이때에도 자가노동의 경우와 마찬가지로 임금은 노동생산물에서 나올 뿐 자본에서 나오는 것이 아님은 분명하다.

알이나 딸기를 채취하기 위해 또는 구두를 만들기 위해 다른 사람을 고용하고 그 사람이 생산한 알, 딸기, 구두를 임금으로 지불한다면 임금의 원천이 노동이라는 데에 아무런 의문이 있을 수 없다.

생산물의 일정 비율을 임금으로 받을 경우

위에서보다 조금 복잡한 경우로는, 임금 계산은 노동의 직접 생산물로 하지만 실제 지불은 같은 가치를 갖는 다른 것으로 하는 경우를 들 수 있다. 예를 들어 미국의 고래잡이 관습에서는 임금을 일정액으로 정하지 않고 어획량의 일정 비율로 정하고 있는데 선장이 12 내지 16분의 1, 사환이 300분의 1을 받는 식이다. 어로를 마치고 뉴베드포드나 샌프란시스코에 입항하는 포경선에는 승무원의 임금, 선주의 이윤, 어로작업에 소비된 물자에 대한 대가가 실려 있다. 여기에서도 임금, 즉 승무원이 받는 고래 기름이나 고래뼈는 자본에서 나온 것이 아니라 노동생산물의 일부라는 사실이 명백히 나타나지 않는가? 이러한 사실은 승무원이 기름이나 뼈와 같은 현물 대신에 편의상 그 시장가치에 해당되는 돈을 받는다고 해도 달라지지 않는다. 이 돈은 기름이나 뼈와 같은 실질임금과 동등한 것이기 때문이다. 따라서 이러한 지불방식을 취하더라도 자본이 임금으로 선불되는 것은 아니다.

고용주가 임금을 지불할 경우

언제나 생산은 임금의 어머니이다. 생산이 없으면 임금은 존재하지도 않고 존재할 수도 없다. 임금은 노동의 생산물에서 나올 뿐 자본에서 선불되는 것이 아니다. 이것은 어떤 경우를 분석해 보더라도 진실이다. 노동은 항상 임금에 선행하기 때문이다. 이 점은 노동자가 고용주로부터 임금을 받든 자가노동을 하든 마찬가지이다. 두 경우 모두 인간의 노력이 있어야만 그에 대한 보상도 있다. 임금이 일당이건, 주급이건, 월급이건, 연봉이건 간에 노동자가 고용주의 이익을 위해 먼저 노동을 제공했기 때문에 고용주가 임금을 지급하는 것이다. 간혹 개인적 서비스에 대한 보수가 서비스에 앞서 선불되는 수도 있지만 이것은 자선이거나 서비스의 이행을 담보하려는 것이라고 할 수 있다.

자본이라는 용어의 혼란

'임금은 자본으로부터 나온다'는 명제의 타당성은 자본에 의해 노동력이 유지되지 않으면 사람이 일을 할 수 없다는 견해에 근거를 둔다. 그러나 이 견해는 노동이 언제나 임금에 선행한다는 사실을 무시하고 있다. 노동자가 일을 하기 위해서는 음식, 옷 등이 필요하며 생산노동자가 소비하는 음식, 옷 등이 자본에 속하므로 노동의 투입에 자본의 소비가 필요하다는 견해가 옳은 것으로 착각하기 쉽다.

이러한 견해를 옳다고 인정한다면, 산업은 자본에 의해 제약되고 노동에 대한 수요는 자본의 공급에 의존하며 임금은 일자리를 원하는 노동자의 수와 노동자를 고용하는 데 배정할 수 있는 자본의 양 사이의 비율에 의해 정해진다는 추론이 뒤따르게 된다.

이 추론은 자본이라는 용어를 두 가지 서로 다른 의미로 사용하는 오류를 범하고 있다. 생산적 노동에 자본이 필요하다고 할 때의 자본은 의식주를 충당하는 모든 물자를 의미한다. 반면에 여기에서 도출되는 결론에서는 자본이라는 용어가 제대로 사용된다. 즉 고용주의 수중에 있는 부로서 욕구의 즉시적 만족이 아니라 더 많은 부의 획득에 사용되는 부를 의미한다.

노동의 투입에 자본의 소비가 필요하다는 견해는 틀린 것이다. 노동자가 아침 식사를 하고 옷을 입어야 일을 할 수 있다는 명제를 인정한다고 해서 고용주가 그 아침 식사와 옷을 먼저 주어야만 일을 할 수 있다고 추론할 수는 없다. 실제로는 노동자가 스스로의 아침 식사와 옷을 마련하는 것이 일반적이며 고용주가 미리 임금을 주어야만(물론 때에 따라서는 고용주가 선불해 주는 경우도 있겠지만) 노동이 시작되는 것은 아니다.

언제나 노동이 임금에 선행한다

오늘날 문명세계에서 일자리를 구하는 실업자 중에 임금을 미리 받지 않으면 일하지 않겠다고 하는 사람은 별로 없을 것이다. 대부분의 실업자는 월말에 임금을 받는 조건에도 틀림없이 일을 하려고 할 것이다. 또 주급이 보편화된 사회의 경우, 임금을 주말에 준다면 일하지 않겠다고 하는 노동자도 거의 없을 것이다. 더구나 하루의 일과 후에, 극단적으로는 다음 식사 때에, 임금을 준다고 해서 일을 하지 않으려고 하는 노동자는 한 사람도 없을 것이다. 임금이 지불되는 때가 정확히 언제이냐 하는 것은 그리 중요한 문제가 아니다. 여기서 강조하는 점은 지불 시점이 일을 한 후라는 것이다.

그러므로 임금의 지불은 항상 노동의 사전 제공이 있었음을 의미한다. 그렇다면 노동의 사전 제공이란 무슨 뜻인가? 그것은 분명히 부의 생산을 의미하며 생산된 부가 교환용 또는 생산용이라면 자본이 된다. 그러므로 임금의 지불은 임금을 대가로 하는 노동에 의해 생산이 먼저 이루어지는 것을 전제로 한다. 일반적으로 고용주는 일정한 몫을 이윤으로 취하기 때문에 고용주의 입장에서 보면 임금이란 노동으로부터 받은 부의 일부를 노동자에게 되돌려 주는 것이다. 또 노동자의 입장에서 보면 임금은 자신이 이미 생산한 부의 일부를 되돌려 받는 것에 불과하다. 이와 같이 임금으로 지불되는 가치는 노동에 의해 창출된 가치와 교환되는 것인데 임금이 어떻게 자본에서부터 나온다고 할 수 있겠는가? 노동과 임금의 교환에 있어 고용주는 언제나 자기 자본에서 임금을 지불하기에 전에 노동이 창출한 자본을 먼저 얻게 되는데 고용주의 자본이 어떻게 일시적으로라도 줄어들 수 있겠는가?(주: 여기에서 자본을 생산하는 노동에만 국한시켜 검토하는 것은 논의의 단순화에 그 목적이 있다. 노동은 언제나 부와 서비스를 생산한다. 부는 자본이 될 수도 있고 안 될 수도 있으며 서비스는 일이 잘못되면 아무런 결과를 내지 못하는 수도 있다. 구두닦이가 구두를 닦는 경우처럼 노동의 목적이 단순히 고용주의 만족을 위한 것이라면 임금은 자본에서 나오는 것이 아니라 고용주의 부에서 나오는 것이다. 이때의 부는 재생산 목적에 투입된 것이 아니라 개인적 만족을 위한 소비에 투입된 것이다. 설혹 이때의 임금이 자본에서부터 나온 것으로 본다고 하더라도 그 자본은 진정한 자본의 범주에서 벗어나 소유자의 만속을 위한 부의 범주로 옮겨 간 것이다. 이는 마치 담배 가게 주인이 판매용 담배 중에서 자기가 피울 목적으로 몇 대를 자기 주머니에 넣는 것과 같다고 하겠다.)

제조업자와 그의 자본

노동자를 고용하는 제조업자의 경우를 예로 들어 보자. 이 제조업자는 원료를 가공하여 완제품을 만드는 일, 예를 들면 목화를 옷으로, 쇠를 철물로, 가죽을 구두로 변화시키는 일에 종사하는 자로서 노동자에게 정기적으로, 예컨대 일주일에 한 번씩 임금을 준다고 하자. 그리고 이 사람은 일주일의 작업을 시작하기 전인 월요일 아침에 자기 자본의 정확한 재고(예를 들면 건물, 기계, 원료, 수중의 현금, 이미 생산한 완제품 재고 등)를 파악해 두었다고 하자.

설명을 단순하게 하기 위해 이 사람은 주중에는 물건을 거래하지 않으며 토요일에 작업을 끝낸 후 노동자에게 임금을 지불하고 자본의 재고를 챙겨 본다고 하자. 주말에 그의 현금은 임금을 지불했기 때문에 줄어들었을 것이고 원료 등도 줄어들었을 것이며 건물이나 기계도 작업에 의해 소모되었을 것이다. 그러나 그가 사업을 그런대로 잘 했다면 완제품의 가치는 위와 같은 감소액을 훨씬 초과할 것이고 전체적으로 자본이 증가되었을 것이다. 이것으로 보아도 그가 노동에 지불한 임금은 자기의 자본이나 타인의 자본에서 끌어온 것이 아니라는 사실이 밝혀진다. 즉 임금은 자본에서가 아니라 노동에 의해 창출된 가치에서 나온다는 것이다.

생산 도중에 임금을 지불하는 경우

노동의 목적물이 완성되기 이전에 임금이 지불되는 경우(예를 들면 농업에서처럼 수확을 하기 몇 달 전에 땅을 갈고 씨를 뿌려야 하는 경우 또는 건물, 선박, 철도, 운하 등을 건설하는 경우)에 그 소유자는 임금 지불에 지출된 자본이 당장 대가를 가져온다고 기대할 수 없고 상당 기간 때로는 수년 동안 임금을 미리 지출해야 한다. 이런 경우를 보고 임금이 자본으로부터 나온다고 말하는 사람도 있을 것이다. 그러나 이것이 정말로 자본의 선불에 해당될까? 또 이 경우 정말로 자본의 양이 줄어드는 것일까? 또 최소한 이 경우는 산업이 자본에 의해 제약되며 자본이 없다면 이러한 사업이 수행될 수 없는 경우라고 할 것인가?

그렇다면 다음을 보자.

노동의 제공이 임금 지불에 선행하며 노동의 제공은 가치가 창출되었음을 의미하기 때문에 고용주는 어떤 가치를 지출하기에 앞서 그 가치를 미리 취득한다. 가치는 생산의 모든 단계에서 노동의 즉각적인 결과로 창출되며 따라서 노동이 종사하는 생산과정이 아무리 길더라도 노동은 임금을 받기 전에 부를 증가시킨다.

선박 건조의 예

이 사실을 설명하기 위해 선박을 예로 들어 보자. 선박은 완성된 생산물이다. 그러나 하나의 생산자가 단번에 완성한 것이 아니기 때문에 완제품의 가치를 창출하는 과정을 몇 단계로 나누어 볼 수 있다. 선박이 완성단계에 이르렀을 때 선박을 각 부분으로 구분하기는 어렵겠지만 각 자재의 가치는 구분할 수 있다. 그런데 각 자재의 가치는 여러 단계를 거쳐서 발생하였으며 따라서 완성된 선박의 가치가 발생하기까지의 과정을 여러 단계로 나누어 볼 수 있다. 그리고 각 단계마다 창출된 가치, 즉 추가된 자본이 어느 정도인지를 평가할 수도 있다.

선박의 건조를 완전히 끝내는 데에는 1년 또는 수년이 소요될 수도 있지만 가치의 창출은 선박의 건조가 시작된 후 매일 매시 계속된다. 선박을 완성하기 전에 지불한 임금이라고 해도 사업주의 자본이나 사회의 자본을 축낸 것이 아니다. 건조 도중에 있는 선박도 가치를 가지며 임금은 이 가치에서 나온 것이기 때문이다. 사업주는 건조 도중의 선박을 거래할 경우에도 이윤을 기대할 수 있으므로 이러한 임금 지불을 자본의 선불이라고 할 수 없다.

농업의 예

농업에서는 가치의 창출이 수확기에 한꺼번에 이루어지는 것이 아니라 수확을 포함하는 전체 과정 동안 단계적으로 이루어진다는 점이 명백하다. 이 과정에서 임금을 지불한다고 해도 농민의 자본이 줄어든다고 할 수 없다. 이 사실은 수확 전에 농지를 매각하거나 임대할 경우에 확실하게 드러난다. 갈아 놓은 밭은 갈기 전보다 값이 더 나가고 파종한 밭은 갈기만 한 밭보다 값이 더 나가기 때문이다.

수확 전에도 가치가 창출된다는 사실은 밭에서 자라고 있는 작물을 매각할 경우나 농민이 직접 수확하지 않고 수확 장비를 가진 사람에게 작물을 매각할 경우에도 확실하게 드러난다. 아직 열매를 수확할 만큼 오래되지 않은 과수원이나 포도밭도 나무의 나이에 따라 가격이 다르다. 말, 소, 양처럼 커 가면서 가치가 불어나는 경우에도 마찬가지이다. 생산의 도중과 같이 일반적으로 거래가 잘 이루어지지 않는 시점에는 이 사실이 다소 불확실해 보일지 모르지만 이때에도 노동이 있으면 가치도 그에 따라 분명히 증가한다. 따라서 임금의 지불에 앞서 노동의 제공이 있을 경우에는 자본이 노동에 의해 발생하여 노동자에서 고용주로 이전할 뿐 고용주에서 노동자에게 이전되는 것이 아니다.

현재의 소비와 과거의 생산

그러나 아직도 의문이 말끔히 가신 것은 아니다. 밭을 가는 사람이 밭고랑을 음식으로 먹을 수 없고, 제작 중인 증기엔진이 엔진기술자가 입는 옷감을 짜는 직기에 동력을 공급할 수 없다. 존 스튜어트 밀의 지적대로 "국민에게 현재 필요한 물자는 현재 노동의 생산물이 아니라 과거 노동의 생산물로 충당한다"는 점을 망각한 것은 아닐까? 또 포셋 여사Dame Millicent Garrett Fawcett, 1847-1929, 영국의 경제학자도 "파종한 곡물이 빵으로 변하기까지 수개월이 소요되며 따라서 노동자는 자신이 생산하려고 하는 물자가 아니라 자신 또는 타인이 이미 생산한 부, 즉 자본으로 살아나갈 수 있다"『초보자를 위한 정치경제학』, 제3장고 하였는데 이를 망각한 것은 아닐까?

그러나 잘 분석해 보면 이 명제에는 모순이 있는 것으로 나타난다. 이 명제는 노동생산물이 저축되지 않으면 노동이 행해질 수 없다는 것 그리고 생산자에 앞서 생산물이 존재한다는 것을 의미한다. 이 명제가 그럴듯하게 여겨지는 것은 우리 사고의 혼동 때문이다.

저자가 보기로는 현재의 노동이 과거의 노동생산물에 의해 유지되어야 한다는 이 명제는 오후의 노동은 점심 식사의 도움이 있어야만 된다든지 토끼고기를 먹으려면 토끼를 사냥하고 요리해야만 한다든지 하는 의미에서만 타당하다. 그런데 이 명제를 바탕으로 한 다음 단계의 추론에서 이 명제는 그와 다른 의미로 사용된다. 생존에 필요한 부를 즉시 산출하는 작업이 아닌 작업을 할 경우에는 노동자를 작업기간 동안 지원할 수 있는 생존물자가 먼저 있어야 한다는 견해가 타당한지를 아래에서 검토해 보자.

어떤 신세계에 백 명의 사람이 아무런 물자도 없이 상륙하여 농사를 짓는다고 하자. 이때 농사를 시작하기 전에 한 해 동안 필요한 물자를 축적해 두어야 할까? 그렇지 않다. 물고기, 짐승, 야생 열매 등이 풍부하여 백 명 중 일부만으로도 전체가 필요로 하는 일용 물자를 충분히 조달할 수 있으며 이들은 훗날의 수확을 얻기 위해 일하는 사람들에게 자신이 마련한 일용 물자를 빌려줌으로써 상호의 이익을 도모하게 될 것이다.

사회의 생존 방식

이러한 원리는 모든 경우에 다 적용된다. 생활필수품이 아니거나 즉시 사용될 수 없는 물자를 생산함에 있어서, 그 생산이 진행되는 동안 노동자의 생활에 소요되는 부가 사전에 생산되어 있어야 할 필요는 없다. 물지 교환이 가능한 지역 내의 어니에선가 노농자의 생활물자를 같은 시기에 생산하고 노동에 의해 추후 생산될 것과 교환하겠다는 의사만 있으면 충분하다.

실제로 정상적인 상태라면 소비가 같은 시기의 생산물로 충당되는 것이 사실이지 않을까?

여기에 사치스럽게 사는 어느 한량이 있다고 하자. 이 한량은 아버지의 유산을 물려받아 안전한 정부 채권에 투자해 두고 아무런 생산적인 일을 하지 않고 살아간다고 하자. 그렇다면 그의 생활 물자는 실질적으로 볼 때 과거에 축적된 부에서 나오는 것일까, 아니면 현재의 타인 노동에서부터 나오는 것일까? 그의 식탁에는 새로 낳은 계란, 며칠 전에 만든 버터, 아침에 짠 우유, 어제만 해도 바다에서 헤엄치던 물고기, 푸주간에서 조금 전에 배달되어 요리한 고기, 밭에서 금방 뽑은 채소, 과수원에서 갓 따온 과일 등이 놓여 있다. 간단히 말해서 생산에 종사하는 노동자의 손을 최근에 떠나오지 않은 것은 거의 없으며, 포도주 등과 같은 예를 제외한다면 생산기간이 장기인 것도 거의 없다. 이때 노동자의 범위에는 최초의 생산에 참여한 사람 외에 운반, 교환에 종사한 사람도 포함된다. 이 사람이 아버지에게서 받은 것은 실제로는 전혀 부라고 할 수 없고 단지 다른 사람이 생산한 부를 자기 것으로 할 수 있는 힘일 뿐이다. 그리고 이 한량의 생활 물자는 같은 시기의 생산에서 나온 것이다.

런던에는 지구상의 같은 면적의 어느 곳보다 많은 부가 존재한다. 그러나 런던에서 생산노동이 완전히 중지된다면 불과 몇 시간 안 되어 사망자가 나오기 시작하고 몇 주 또는 길어야 몇 달 후에는 아무도 살아남지 못할 것이다. 그것은 티투스Titus, 로마 황제, 재위 79-81가 예루살렘의 주위에 둘러쳤던 것과 같은 성벽 정도가 아니다. 이런 성벽만 해도 한 도시의 물자 조달을 막을 수 있을 터인데, 생산노동의 완전 중지는 모든 가정을 이러한 벽으로 둘러치는 것과 같은 결과를 가져온다. 노동의 완전 중지가 몰고 올 결과를 생각해 보면 사람이 '손에서 입으로' 먹고산다는 말이 실감나며 한 지역의 빵은 그 지역의 매일매일의 노동에 의해 공급된다는 점을 알 수 있다.

증기엔진을 생산하는 노동자가 빵, 고기, 옷, 집 등을 구할 수 있도록 하는 교환 과정에는 수없이 많은 교환 단계가 있지만 결국 이를 축소하면 양쪽의 노동자가 노동을 서로 교환하는 셈이라는 사실을 알 수 있다. 엔진 생산에 노동을 투입하도록 하는 동인은 빵, 고기 등을 생산하는 사람들 또는 이 사람들에게 필요한 물자를 생산하는 다른 사람들의 엔진에 대한 수요이다. 기술자가 엔진 생산에 전념할 수 있는 이유는 바로 이러한 수요가 있기 때문이다. 뒤집어서 이야기하면 빵, 고기 등에 대한 기술자의 수요가 있기 때문에 다른 사람이 식품 생산에 전념할 수 있다는 것이다. 이리하여 노동이 실제로는 엔진을 생산한다고 하더라도 사실상 그 임금으로 구매할 수 있는 다른 물자를 생산하는 것이나 마찬가지가 된다.

이를 하나의 원리로 표현한다면 다음과 같다.

소비 수요가 생산에서 노동이 투입될 방향을 결정한다.

이 원리는 더 이상의 설명이 필요 없을 정도로 단순 명확하다. 이 원리에 비추어 보면 지금까지 다루어 온 주제의 복잡성이 해소되며, 단순한 생산 · 교환 관계를 가진 초기 사회의 고찰을 통해 노동의 목적물과 노동의 대가에 대해 이해한 것이 복잡한 현대적 생산에서도 타당하다는 결론에 이르게 된다. 어느 경우에나 노동은 노동자의 욕구를 충족하기 위한 것이고, 또 세분화된 분업 체제 속에서 각자는 자신에게 직접 필요한 물자 생산의 작은 일부분을 담당하거나 때로는 전혀 무관한 생산에 종사하더라도, 다른 사람에게 필요한 물자를 생산함으로써 결국 자신이 원하는 물자 생산에 다른 사람의 노동이 투입되도록 하는 셈이다. 즉 실질적으로 각 노동자는 원하는 물자를 스스로 생산하는 것과 같다.

같은 이치로 밭을 가는 노동자는, 밭을 간 다음 씨를 뿌려야 하고 씨를 뿌린 후에도 수확을 하려면 몇 날이 지나야 하지만, 밭을 갈면서도 실제로 그의 음식이나 임금을 생산하고 있는 것이다. 밭갈이는 농사의 일부에 불과하지만 수확이나 마찬가지로 생산에서 빠질 수 없는 한 부분이기 때문이다. 밭갈이는 곡물 생산의 한 단계로서 미래의 곡물 수확에 기여한다는 점에서, 밭을 가는 노동자가 얻는 생활물자와 임금은 기존의 부와는 무관한 것이 된다.

이것은 단지 이론상으로만 타당한 것이 아니라 실질적으로 또 문자 그대로 타당하다. 밭을 갈아야 할 시기에 갈지 않는다고 가정해 보자. 그러면 수확기까지 기다릴 것도 없이 물자 부족 현상이 분명히 나타나지 않겠는가? 밭갈이를 하지 않는다면 은행이나, 기계제작소나, 공장에서 그 영향이 느껴지지 않겠는가? 방직업도 밭갈이와 마찬가지로 중지되지 않을까? 이것은 흉년이 든 직후에 나타나는 결과와 같을 것이다. 이러한 사실을 인정한다면, 밭을 가는 사람은 실제로 자신의 생존물자를 생산하고 있는 셈이며 또 자신의 노동과 교환할 물자를 그 기간 동안 사실상 취득하는 셈이 아닐까?

제5장

자본의 기능

자본은 부를 생산하는 노동의 힘을 다음과 같이 증대시킨다.

(1) 노동의 능률을 높여 준다. 예를 들면 손 대신에 삽을 사용하여 조개를 더 쉽게 잡는 경우, 노를 젓는 대신 기관에 석탄을 때어 배를 움직이는 경우

(2) 노동이 자연의 재생산력을 이용할 수 있도록 해 준다. 예를 들면 씨를 심어 더 많은 옥수수를 수확하거나 가축을 길러 수를 늘리는 경우

(3) 분업을 가능하게 해준다. 분업을 하면 한편으로는 개인의 특수 능력의 이용, 기술의 습득, 인력낭비의 감소를 통해 인적 생산요소의 능률성이 높아지고, 다른 한편으로는 다양한 토양, 기후, 입지의 이점을 살려서 그 자연조건에 가장 적합한 부를 생산함으로써 자연적 생산요소를 최대로 이용할 수 있게 된다.

자본은 산업을 제약하지 않으며 산업에 대한 유일한 제약은 자연 물자에 대한 접근의 제약이다. 다만 자본도 도구 사용과 노동 분업을 제약함으로써 산업의 형태와 생산성을 제약할 수는 있다.

자본이 산업의 형태를 제약할 수 있다는 사실은 분명하다. 공장이 없으면 공장 생산이 없고, 재봉틀이 없으면 재봉이 없고, 쟁기가 없으면 쟁기 밭갈이가 있을 수 없고, 교환 과정에 투자된 자본이 없으면 각종 교환 관련 산업이 있을 수 없다.

또 생산도구가 없으면 산업의 생산성이 제약된다는 사실도 분명하다. 농부가 자본이 없어 쟁기 대신 삽을, 수확기 대신 낫을, 탈곡기 대신 도리깨를 쓴다면, 또 기계공이 쇠를 끊는 데 끌을 쓰고 방직공이 수직기를 쓴다면 산업의 생산성은 자본의 도움을 받아 현대적 최신 도구를 사용하는 경우에 비해 10분의 1도 되기 어려울 것이다. 또 자본이 없다면 노동의 분업도 지극히 초보적인 단계에 머물고 말 것이다. 또한 분업을 가능하도록 해 주는 교환의 경우에도 생산물의 일부를 계속적으로 재고용 또는 유통용으로 공급하지 못한다면 교환의 범위는 가까운 동네에서 벗어날 수 없을 것이다.

문명사회의 주민이 자신의 노동을 자기 주변이나 먼 지방의 노동과 교환할 수 있으려면 상품이 창고에, 상점에, 수송 중인 선박에, 화물열차에 존재해야 한다. 대도시의 시민이 수돗물 한 컵을 마시려면 저수지의 방대한 물과 장거리 수도관이 있어야 하는 것과 같다.

물론 자본의 결핍이 노동생산성 증대에 대한 유일한 장애가 되는 경우가 없는 것은 아니다. 그러나 이런 경우는 특별한 사고가 발생했을 때 또는 특수한 과도기에나 존재할 뿐이다. 전쟁, 대화재, 자연재해 등으로 자본이 소멸되거나 또는 사람들이 미개척지에 갓 도착했을 때 정도가 그러한 경우라고 하겠다. 그러나 전쟁으로 폐허가 된 도시에서 자본이 빠른 시일 내에 복구되는 예나, 새로운 개척지 마을에서 자본의 생산이 급속히 이루어지는 예를 우리는 많이 보아 왔다.

새로 형성되는 마을에서는 생산과 교환의 양식이 단순한 경우가 많은데 이것이 자본의 부족에만 기인한다고 보면 잘못이다. 자본이 많이 필요하지 않은 생산과 교환의 양식은 그 자체로는 세련되지 못하고 비능률적이기는 하지만 그 마을의 사정을 감안한다면 실제로는 가장 효과적인 양식이 될 수도 있다. 양모나 목화를 옷으로 가공하는 최신 시설을 갖춘 거대한 공장은 많은 양의 생산이 필요한 경우에만 효과적이다. 작은 마을에 필요한 옷은 약간의 노동과 수직기 정도로도 충분히 생산할 수 있다. 불과 2, 3인의 승객을 수송하는 데는 증기선보다는 노 젓는 배가 제격이다. 밀가루 몇 부대 정도는 철도보다 마차로 운반할 때 비용이 더 적게 든다. 한적한 마을에 많은 상품재고를 두는 것은 자본의 낭비일 뿐이다.

일반적으로 말해서, 자본으로 사용될 부는 마을 주민의 지식 수준, 관습, 안전성, 인구밀도 등에 가장 어울리는 생산과 교환의 장치에 필요한 정도만 있으면 족한 것이다.

임금과 자본 – 그 일반적 결론

우리가 여기에서 전개하는 논의의 목적은 상호 모순된 견해가 많았던 문제를 해결하는 데 있다. 자본이 무엇이며 그 역할은 무엇인가를 이해하는 과정에서 이제 우리는 그 최초이자 중요한 한 단계를 거친 셈이다.

지금까지 우리는 임금이나 노동자의 생존이 자본의 선불에 의한 것이 아니라는 점, 자본의 기능은 도구나 종자 등을 통해 그리고 교환에 필요한 부를 통해 생산에서 노동을 지원하는 것이라는 점을 보았다.

우리는 논리적인 필연에 의해 중대한 결론에 도달하였다. 이 결론은 이를 확인하는 데 드는 고통을 충분히 정당화할 수 있을 정도로 중대한 결론이다. 임금이 자본에서가 아니라 노동생산물에서 나온다면, 빈곤을 없애기 위해서는 자본의 증가가 필요하다든지 노동자의 수를 제한해야 한다든지 작업능률을 높여야 한다든지 하는 처방은, 이 처방이 정치경제학 교수들이 내놓은 것이라고 하더라도, 폐기되어야만 하기 때문이다.

개별 노동자가 진실로 노동을 통해 자신의 임금의 원천이 되는 기금을 창출한다면 노동자가 증가한다고 해서 임금이 줄어들 이유가 없다. 노동자의 수가 많아질수록 노동의 능률성이 분명히 증가하므로 다른 조건이 동일하다면 임금은 노동자의 수와 더불어 오히려 증가해야 한다. 그런데 이 '다른 조건이 동일하다면'이라는 전제가 있기 때문에 우리의 논의를 진행하기 전에 한 가지 문제에 대해 더 고찰할 필요가 있다. 그 문제란 '인구증가에 의해 자연의 이용이 늘어나면 자연의 생산력이 줄어드는 경향이 있는가?'이다.

제6장

인구와 생존물자

맬서스Thomas Robert Malthus, 1766-1834, 영국의 경제학자는 『인구론』에서 인구는 생존물자보다 더 빨리 증가하는 경향이 있다는 원리를 제시하였다. 그가 제시한 원리는 "북아메리카 식민지에서 나타난 바와 같이 인구의 자연증가는 적어도 25년마다 두 배가 되는 기하적, 즉 등비수열적 증가를 나타내는 반면에 지구에서 생산되는 인간의 생존물자는 산업 조건이 가장 유리한 경우에도 25년마다 동일한 양이 증가하는 산술적, 즉 등차수열적 증가를 초과할 수 없다"는 것이다. 그리하여 맬서스의 소박한 논리는 다음과 같이 진행된다.

> 이 두 가지 증가율의 차이는 매우 충격적인 결과를 빚는다. 영국의 인구를 1천1백만 명이라고 하고 현재의 생산이 이 인구를 그런대로 먹여 살릴 수 있는 수준이라고 하자. 첫 25년 동안 인구는 2천2백만 명이 되고 식품도 2배가 되므로 생존물자는 인구증가를 감당해 낼 수 있다. 그러나 그 다음 25년 동안 인구는 4천4백만 명이 되지만 생존물자는 겨우 3천3백만 명을 유지할 수 있는 정도에 불과

하게 된다. 또 그 다음 25년이 지나면 인구는 8천8백만 명이 되고 생존물자는 인구의 반을 지탱할 수 있는 정도에 그치게 된다. 그리하여 1세기가 지나면 인구는 1억 7천6백만 명이 되지만 생존물자는 5천5백만 명분밖에 생산되지 않고 나머지 1억 2천1백만 명에게 돌아갈 생존물자는 존재하지 않는다. 이러한 사정이 영국에만 나타난다면 몰라도 전 세계에 공통적으로 나타난다면 이민은 해결책이 될 수 없다. 현재 세계의 인구가 1억 명이라고 할 때 그 숫자는 1, 2, 4, 8, 16, 32, 64, 128, 256 … 과 같이 증가하고 생존물자는 1, 2, 3, 4, 5, 6, 7, 8, 9 … 와 같이 증가한다. 이렇게 해서 2세기가 지나면 인구 : 생존물자의 비는 256 : 9 가 되고 3세기가 지나면 4,096 : 13이 되며 2천 년이 지난 후의 결과는 계산하기도 어려울 정도가 된다.

그러나 생존물자의 한도를 넘는 규모의 인구가 존재할 수 없기 때문에 이러한 결과가 실제로 나타날 수는 없다. 따라서 맬서스의 결론은 인구의 무한증가 경향은 인간의 출산력에 대한 도덕적 절제 또는 사망률을 높이는 여러 요인에 의해 억제될 수밖에 없다는 것이고 결국 세상은 악하고 비참하게 된다는 것이다. 그는 출산을 막는 요인을 예방적 억제요인, 사망률을 높이는 요인을 적극적 억제요인이라고 지칭했다.

기하적 증가율과 산술적 증가율이라는 가정에 오류가 있지만 이를 굳이 강조할 필요는 없다. 왜냐하면 맬서스의 원리에는 이러한 가정이 꼭 필요한 것이 아니며, 원리의 핵심은 단지 인구증가가 식품생산 증가보다 빠르다는 것이기 때문이다. 따라서 맬서스의 원리를 내용상 강력하고 또 반박이 가장 적게 제기될 형태로 표현하자면 다음과 같다. '인구는 지속적으로 증가하는 경향이 있고 생존물자도 고정된 것이 아니라 가변적이기는 하지만, 인구를 억제하지 않으면 결국에는 인구가 생존물자의 한계에 압박을 가하여 생존의 확보가 점점 더 어렵게 된다. 이리하여 출산을 억제하는 외부적 원인이 없고 또 절제도 이루어지지 않을 경우에는 필연적으로 물자부족 현상이 나타나고 그로 인해 인구 규모는 생존물자의 한계 내에 머물게 된다.'

사실로부터의 추론

맬서스의 이론은 인구가 계속 증가하면 결국 지구의 식량 조달 능력을 초과하게 된다고 하는 수학적인 이치에 근거를 두고 있어 그럴듯해 보인다. 또 그의 이론은 어떤 자연의 장벽을 통해 종 사이에 견제가 이루어지는 동식물의 세계에서 비유를 찾을 수 있다는 점에서도 역시 그럴듯해 보인다. 뿐만 아니라 인구가 조밀한 지역에 빈곤과 악과 궁핍이 많고, 인구가 증가하는 가운데 발생하는 물질적 진보는 가난을 덜어 주지 못하며, 신생국가에는 인구가 급속히 증가하지만 인구가 조밀하게 정착해 있는 국가에서는 빈곤 계층의 사망률이 높아 인구증가가 둔화된다는 사실들이 맬서스의 이론을 뒷받침해 주는 것으로 보인다.

맬서스의 이론은 위와 같은 현실을 설명해 주는 하나의 일반 원리이며, 임금이 자본으로부터 나온다는 학설 및 이 학설에서 파생되는 기타 원리와 조화를 이루고 있다. 이 학설은 노동자 수가 증가하면 자본을 지금보다 더 잘게 나누어야 하므로 임금이 하락한다는 것이며, 맬서스의 이론은 인구가 증가하면 생존물자를 더 잘게 나누어야 하므로 빈곤이 나타난다는 것이다. 여기에서 자본과 생존물자, 노동자 수와 인구를 각각 같은 것으로 보면 두 명제는 내용에서나 형식에서나 동일한 것이 된다.

맬서스의 입장은 리카도의 지대이론에 의해 더욱 강화되었다. 이 지대이론에 의하면, 인구증가에 따라 생산성이 낮은 토지로 경작지가 확대되거나 종전에 사용되던 토지에서 열등한 생산점으로 투입이 증가됨으로써 결국 지대가 상승한다는 것이다. 이와 같이 세 이론이 결합함으로써 맬서스 이론은 더욱 탄탄한 이론으로 자리 잡게 되었다. 앞서 나온 임금의 원리나 그 뒤에 나온 지대의 원리는 맬서스의 일반 원리의 특수한 경우에 해당되는 것으로 보이며, 인구의 증가와 더불어 나타나는 임금하락과 지대상승은 생존물자에 대한 인구의 압력이 표현되는 한 방식인 것으로 보인다.

임금의 원리와 상호 보강관계에 있는 맬서스의 이론은, 적어도 역사가 오래된 나라에서는, 노동자 계층에 널리 퍼져 있는 지배적인 생각과 잘 들어맞는다. 기술자나 기계공의 입장에서는 저임금과 실업이 인구 압력으로 인한 경쟁 탓으로 보인다. 또 누추한 빈민가에서 보면 사람이 너무 많다는 사실보다 더 분명한 사실이 무엇이 있을 것인가?

부유층을 면죄해 주는 맬서스 이론

그러나 맬서스 이론이 성공한 큰 이유는 그것이 기존 이익을 위협하거나 강자의 이익을 적대시하지 않으며, 오히려 재산의 힘을 휘두르면서 사상을 지배하는 계층을 위로하고 안심시켜 준다는 데 있다. 일부의 사람이 세상의 좋은 것을 독점할 수 있는 특권이 사라져 가는 시대에 맬서스의 이론은 이 특권을 구조해 주러 나온 것같이 보인다. 궁핍과 빈곤의 원인이 정치제도에 있다고 하면 그러한 제도를 취하는 어느 정부도 존속할 수 없을 텐데 맬서스의 이론은 궁핍과 빈곤을 자연적인 원인에 돌리고 있다.

맬서스의 『인구론』은 인간의 평등에 관한 원리를 주창하는 윌리엄 고드윈William Godwin, 1756-1836, 영국의 저술가의 『정치적 정의에 관한 연구』에 대한 응답으로 나온 작품이며, 현존하는 불평등의 책임이 인간의 제도에 있는 것이 아니라 하느님의 법칙에 있다고 함으로써 불평등을 정당화하려는 의도를 가진 책이다. 사실 맬서스의 이론은 새로운 내용이 아니었다. 그보다 거의 40년 전에 이미 월리스Robert Wallace, 1697-1771, 스코틀랜드 장로파 목사. 대표작 『인류, 자연, 섭리에 대한 전망』(1762)가 '부의 평등한 분배에 관한 정의의 요청'이라는 문제를 검토하면서 과도한 인구증가의 위험성을 지적한 바 있기 때문이다. 그러나 맬서스의 이론이 나온 시기는 프랑스 혁명에 의해 기존의 사회체제에 대해 의문이 제기되고 기성 권력층은 이를 매우 두려워하는 시기였기 때문에 그들에게는 맬서스의 이론이 특히 고마운 것이 되었다.

빈곤이 불가피하다는 견해

그 당시나 지금이나 맬서스의 이론은 빈곤이 불가피하다고 함으로써 개혁에 대한 요구를 얼버무리며 양심의 추궁으로부터 이기심을 보호하는 효과를 갖는다. 이 이론에 의하면 빈곤, 궁핍, 굶주림이 개인적 탐욕이나 사회제도의 모순에 기인하는 것이 아니라, 중력의 법칙처럼 이의를 제기할 수 없는 일반 법칙의 필연적인 결과이기 때문이다. 그리하여 힘있는 계층의 이익을 저해하는 어떠한 개혁도 별 의미가 없는 것이 된다. 사람이 지구에 빽빽하게 들어차는 것을 막기 위해 잉여인구를 제거하는 방법은 도덕적으로 허용될 수 없기 때문에 결국 개인이나 사회가 빈곤을 없애기 위해 할 수 있는 일은 교육의 효과에 의지하거나 절제의 필요성을 설교하는 것밖에는 없다.

맬서스의 원리는 지식인들에게서 어떤 형태로든 거의 일치된 지지를 받았으며 대부분의 당대 문헌에 이 원리가 여러 모습으로 나타나 있다. 경제학자나 정치인, 역사가나 박물학자, 사회과학계나 노동조합, 종교인이나 유물론자, 엄격한 보수주의자나 최급진주의자를 막론하고 이 원리를 지지했다. 맬서스의 이름조차 모르는 사람도 그리고 그의 이론이 어떤 것인지 전혀 모르는 사람도 이 원리를 지지했고 습관적으로 이 원리에 근거를 두고 논리를 전개하곤 했다.

맬서스의 이론과 상반되는 사실

『인구론』의 주된 내용은 실제로 보면 맬서스 자신이 이 책에서 전개하는 이론을 스스로 논박하는 내용이라고 할 수 있다. 맬서스가 소위 인구에 대한 적극적 억제요인을 논의하는 부분을 보면 그가 인구과잉에서 생기는 결과라고 들고 있는 예가 실제로는 다른 원인에서 나오는 것이기 때문이다. 맬서스는 악과 궁핍으로 인해 결혼이 줄고 수명이 단축됨으로써 인구증가가 억제된다고 하면서 여러 경우를 들어 설명하고 있다. 그러나 어느 경우도 인구의 증가에 따른 생존물자 필요량의 증가가 생산력의 증가를 상회하는 것이 악과 궁핍의 발생 원인이라는 점을 보여 주지 못한다. 맬서스가 제시한 모든 경우에 악과 궁핍의 원인은 반사회적인 무지와 탐욕, 나쁜 정부, 정의롭지 못한 법률, 파괴적인 전쟁에 있는 것으로 나타난다.

그 진정한 원인은 맬서스 이후의 어느 누구도 보여 주지 못했다. 동서고금을 모두 살펴보아도 빈곤과 궁핍의 원인이 인구증가의 압력이라는 점을 입증할 수 없다. 인구증가에 내포되어 있다고 하는 위험성은 아직 한 번도 나타난 적이 없다. 인류를 괴롭혀 왔다고 하는 그러한 악은 잠시도 나타난 적이 없다. 인구가 생존물자의 한계를 넘어서는 경향이 있다니! 그렇다면 수백만 년 동안 인류가 지구상에 살아왔는데 어떻게 해서 현 인구는 얼마 되지 않는가? 또 과거 인류가 살았던 지역 중에서 이제 사람이 살지 않는 곳이 많은 이유는 무엇인가?

아프리카를 보면 의문의 여지가 없다. 현재 북아프리카에는 고대에 살았던 인구에 비해 극히 적은 인구가 살고 있다. 나일 강 계곡에는 한때 현재보다 많은 인구가 살고 있었고 사하라의 남쪽 지역 인구 역시 과거보다 증가했다고 볼 수 없는데, 이러한 인구감소 또는 저인구의 원인은 분명히 노예 거래에 있다.

맬서스의 이론은 인구는 자연적으로 생존물자를 초과하는 경향이 있다는 일반적 법칙을 제시한다. 이러한 법칙이 타당하다면 인구가 어느 정도의 밀도에 이르는 곳이면 어디에서나 이 법칙이 다른 자연법칙처럼 분명하게 드러나야만 한다. 그러나 고대, 유태, 이집트, 힌두, 중국 그 밖에 인구가 밀집하여 살았던 어느 곳의 교리와 경전에도 맬서스 식의 금욕적 절제를 요구한 경우가 없다. 오히려 여러 세기의 지혜나 세계의 종교는 언제나 그와 반대되는 내용의 시민적 또는 종교적 의무를 가르쳐 왔다.

그렇다면 이제 좀 더 구체적인 논의를 진행해 보자. 흔히 인구과잉의 예로 거론되는 것이 옳지 않다는 사실이 드러날 것이다.

인도의 빈곤

먼 옛날부터 인도의 노동 계층은 수탈과 압박 아래 절망적인 상태로 살아왔다. 오랜 세월 동안 토지 경작자는, 권력자가 토지 생산물을 수탈해 가더라도 식량과 종자만 남는다면 그나마 행복하게 여길 정도였다. 어느 곳에서도 자본이 안전하게 축적될 여지가 없었고 생산에 도움을 줄 만큼 자본이 사용될 수도 없었다. 국민으로부터 짜낼 수 있는 부는 도처에 출몰하던 강도떼의 두목이나 다름없는 군주 또는 그 패거리들이 모두 가져가서 사치와 향락으로 낭비하였다. 이때 종교는 정교하고 무시무시한 미신으로 타락해 버려, 마치 물리력으로 인간의 신체를 휘어잡듯이, 인간의 마음을 부당하게 휘어잡고 있었다. 이러한 상황에서는 지배자의 치장과 사치를 위한 기술 이외에는 아무것도 발달할 수 없었다. 왕이 타는 코끼리는 탁월한 장인이 세공한 금장식으로 번쩍였고 왕권을 상징하는 양산은 보석으로 찬란하였다. 그러나 농부가 쓰는 쟁기는 나무를 대충 깎아 만들었을 뿐이었다. 왕의 후궁들은 바람결처럼 부드러운 모슬린 천으로 몸을 휘감았으나 기술사의 노구는 너무나 보잘것없었으며 물자의 교환은 매우 미미한 정도였다.

정부의 부패로 인한 기근

동인도회사의 목사였던 윌리엄 테넌트Rev. William Tennant는 『인구론』이 간행되기 2년 전인 1796년에 쓴 『인도의 재창조』 제1권 제39절에서 다음과 같이 기술하였다.

힌두교 지역의 토지가 대단히 비옥하다는 것을 생각할 때 기근이 자주 생긴다는 것은 의외의 일이다. 이러한 기근은 토양이나 기후의 불리함에 기인하는 것이 분명히 아니다. 기근이라는 악의 원인은 정치에서 찾을 수 있으며 조금만 유의해서 보면 정부의 탐욕과 수탈이 그 원인임을 쉽게 알 수 있다. 근면이나 저축에 대한 자극이 없기 때문에 사람들은 겨우 먹고살 만큼만 농사를 짓고 따라서 흉년이 들면 곧 기근이 발생하게 된다.

무굴Mogul, 16세기에 인도를 침입했던 몽고족 정부는 인도의 왕족과 귀족의 안전을 완전하게 보장해 준 일이 없으며 백성들에게는 더 말할 것이 없었다. 계속해서 폭동, 봉기, 반란, 처벌이 있었는데 이러한 사정으로 인해 상업이나 기술이 발달할 수 없었으며 농사도 체계적으로 지을 수 없었다. 무굴 정부가 와해되자 사태는 더욱 악화되었다. 무정부 상태는 폭정보다 더 못하기 때문이다. 회교도 정부는 너무나 지독해서 유럽인이 개입할 필요도 없이 자체의 부패로 인해 무너졌다. 그 후 도처에서 군웅이 할거하여 폭정을 일삼았는데 반란을 일으켜 지배권을 잡은 이들은 자신의 욕심에 따라 백성을 한정 없이 수탈하였다. 정부에 바치는 물자는 일 년에 두 차례씩 도적떼나 다름없는 군대가 걷어 갔으며 도시나 산촌이나 할 것 없이 불쌍한 백성을 사냥하듯이 다룬 후에 마을을 파괴하였고 그들의 변덕을 만족시키거나 탐욕을 채울 수 있는 것은 무엇이든 빼어 갔다. 백성 중에 자기 마을의 신체와 재산을 지키려고 하는 사람에게는 무서운 보복을 가했다. 이들의 저항이 멈출 때까지 소총과 야포로 포위 공격을 하고 생존자는 노예로 팔고 마을은 불태워 버렸다. 더러는 두려움을 무릅쓰고 마을에 돌아와 무엇인가 주워갈 것이라도 남았는지 보는 사람도 있었지만 보이는 것이라곤 연기 나는 폐허뿐이었으며 그 후로는 마을의 무서운 적막을 깨뜨리는 자는 아무도 없었다. 괴로움을 겪지 않은 자는 회교도 지배층뿐이었다. 이러한 상황은 힌두교 지역에서도 역시 마찬가지였다.

초기 영국 지배 시대

이처럼 무자비한 수탈이 있으면 인구가 아무리 적어도 그리고 설사 에덴동산에서라고 하더라도 궁핍과 기근이 불가피할 것이다. 그런데 이후 영국이 인도를 지배한 초기에도 더욱 강해진 군사력의 뒷받침을 받아 전과 비슷한 상황이 계속되었다. 머콜리Lord Thomas Babington Macaulay, 1800-1859, 영국의 역사가, 저술가, 정치가는 클라이브Lord Robert Clive, 1725-1774, 영국의 정치가, 장군. 인도 정복군을 지휘함에 관한 글에서 당시의 상황을 다음과 같이 묘사하였다.

> 캘커타에서는 3백만의 인구가 극도로 비참한 생활을 하는 가운데 거대한 부가 급속히 축적되었다. 이들은 오랫동안 전제정치하에서 살았지만 지금처럼 비참한 때는 없었다. 이들이 보기로는 동인도회사의 새끼손가락이 수라자 다울라Surajah Dowlah, 18세기 벵골의 압제자의 허리보다 굵었다. … 회사는 인간에 의한 전제정부가 아니라 차라리 악귀의 정부와 같았다. … 이들은 비참한 생활을 인내했다. 그러나 때로는, 미라다족Mahratta, 인도 서부, 중부의 호선석 민속이 침입했을 때 조상이 그랬듯이, 백인을 피해 도망치기도 했다. 영국인 여행자가 가마를 타고 마을을 지나면 미리 이 소식을 전해 들은 주민이 모두 도망쳐서 마을이 텅텅 비기도 했다.

머콜리가 다룬 이 공포 상황에 대해 버크Edmund Burke, 1729-1797, 영국의 정치가, 저술가. 미국, 아일랜드, 인도 식민지의 해방을 지지함도 유려하고 힘찬 문장으로 조명하였다. "전 국토가 비열무비한 인간들의 무절제한 탐욕에 휘둘리고 빈곤에 찌든 백성은 잔인한 고문에 의해 몇 푼 안 되는 재산마저 빼앗겨, 한때 인구가 많았던 지역도 사막으로 변해 버리고 말았다."

기근의 계속

그러나 영국 지배 초기의 무법성은 그 후 상당 기간 자제되었고 영국은 강력한 통치력으로 인도 국민에게 로마제국보다 나은 평화를 마련해 주었다. 영국법의 원칙이 정교한 법제도와 법률가들에 의해 인도에 확대 적용되었으며 미천한 사람들에게까지 영국 자유민의 권리가 보장되었다. 전 국토에는 철도가 놓이고 대규모 관개사업이 실시되었다. 그러나 기근은 더 자주 발생하였고, 그 강도와 범위는 커지기만 했다.

그렇다면 이것은 맬서스의 이론을 잘 증명해 주는 예가 될 수 있지 않을까? 생존물자가 아무리 증가하더라도 인구가 계속적으로 압박을 가하는 예가 아닐까? 바로 맬서스가 주장한 대로, 과잉인구를 덜어 내는 한 방법이 사라지면 새로운 방법이 생기게 마련이고 또 인구증가가 금욕적 절제에 의해 억제되지 않는다면 전쟁과 기근에 의해 억제된다는 것을 보여 주지 않는가? 지금까지는 이러한 견해가 정통적인 것으로 인정되어 왔다. 그러나 기근은 생존물자에 관한 자연의 한계를 인구가 압박하기 때문에 생기는 것은 아니다.

궁핍과 기근의 원인을 토지의 생존물자 생산력에 대한 인구의 압력에서 찾으려는 견해는 너무나 피상적이다. 토지 경작자가 소규모 자본이라도 자기 것으로 할 수 있다면 재투자와 신투자를 통해서 더 많은 인구를 충분히 부양할 수 있을 것이다. 인도에는 경작되지 않고 있는 넓은 지역이 있고 개발되지 않은 광물자원이 풍부하므로 인도는 아직도 그리고 앞으로 상당한 기간 동안에도, 토지의 생존물자 공급능력이 한계에 이르지 않았음은 물론이고 토지이용 증가에 따른 생산력 감소가 시작되는 시점에 이르지도 않았다. 따라서 인도에서의 빈곤의 진정한 원인은 과거나 현재나 인간의 탐욕이지 자연의 인색함이 아니다.

아일랜드의 진실

아일랜드는 유럽 국가 중에서 인구과잉 현상이 가장 많이 나타난 나라이다. 아일랜드 농민들의 극심한 가난, 기근, 외국으로의 이민 등은 맬서스의 이론을 문명세계에 대해 계속적으로 증명해 보였다. 이론에 의해 형성된 편견이 사람으로 하여금 진정한 사실을 보지 못하게 하는 예로 이보다 더 좋은 것이 있을지 의문이다. 자연적 생산력과 생산기술로 국민을 안락하게 부양하지 못할 정도로 아일랜드의 인구가 많았던 적은 없었다. 이것은 누구나 쉽게 알 수 있는 진실이다. 인구가 가장 많았던 시기인 1840년에서 1845년 사이에 아일랜드에는 약 8백만을 약간 상회하는 인구가 있었다. 그러나 그 대다수는 형편없는 오두막집에서 걸레조각이나 다름없는 옷을 입고 감자를 주식으로 삼으며 겨우겨우 생존을 유지해 나가고 있었다. 그러다가 감자에 돌림병이 들자 수천 명이 굶어 죽은 적도 있었다.

이들이 비참한 생활을 하고 한 가지 작물의 흉년만으로도 혹심한 굶주림에 시달려야 하는 원인이 토지가 이들 인구를 부양할 만한 생산력이 없다는 데에 있는가? 그렇지 않다. 그 원인은 백성의 생산물을 무자비하게 수탈하는 데 있다. 그래서 인도처럼 자연이 풍요로운 곳에서도 사람들이 굶주림에 내몰리는 것이다. 아일랜드에서는 강도 같은 세금쟁이가 전국을 약탈하고 백성을 고문한 사실은 없었지만 대신 무자비한 지주들이 농민을 비슷한 정도로 수탈하였다. 지주들은 국토를 나누어 그들의 전유물로 삼았으며 같은 국토에 사는 다른 사람의 권리는 조금도 고려하지 않았다.

원인은 인구과잉이 아니라 수탈

감자돌림병이 창궐하기 이전에는 8백만 아일랜드 국민이 어떤 생산조건하에서 생활했던가를 보자. 대부분의 농지가 소작이었고 소작료는 매우 높았다. 소작인은 농지개량 허가를 얻는다고 해도 농지를 개량할 엄두를 내지 못했다. 농지를 개량하면 소작료가 따라서 올라 버리기 때문이었다. 이렇게 해서 노동은 가장 비능률적이고 소모적인 방식으로 이루어졌다. 노동생산물을 약간이라도 보호해 준다면 계속해서 생산에 투입될 수 있는 노동이 아무 쓸모도 없이 방치되었다.

그러나 이런 상황에서도 아일랜드에서는 8백만 인구에 충분한 생산이 이루어졌다. 아일랜드는 인구가 가장 많았을 때에도 식량을 수출할 수 있었다. 기근이 생겼을 때에도 굶는 사람이 즐비한 도로를 따라서 그리고 시체가 쌓여 있는 구덩이를 지나서 수출용 식량과 고기와 버터와 치즈를 실은 수레가 줄지어 이동하고 있었다. 그런데 식품이 수출되어도 그 대가는 제대로 돌아오지 않았다. 아일랜드 사람들의 입장에서 식량이 수출되는 것은 태워 버리거나 바다에 던져 넣거나 아예 생산을 안 한 것과 다름없었다. 이 수출은 교환이 아니라 부재지주에게 바치는 일방적 희생이었다. 이는 생산에 아무런 기여도 하지 않은 자가 실제 생산자로부터 쥐어짜 내는 것이었다.

식품이 그 생산자에게 돌아갔다면, 토지 경작자가 자신의 노동으로 생산한 부를 소유하고 사용할 수 있었다면, 그리고 생산물이 보호되어 산업생산이 촉진되고 절약적인 생산방법이 도입되었다면 아일랜드에 살았던 어떤 규모의 인구도 풍족하고 안락하게 살기에 충분했을 것이다. 또 감자돌림병이 왔더라도 아무런 식량부족 현상 없이 지나갈 수 있었을 것이다. 아일랜드 사람들이 감자를 주식으로 삼게 된 것은 영국 경제학자들이 냉혹하게 표현한 "아일랜드 사람의 무분별" 때문이 아니었다. 아일랜드 사람이 다른 식품이 있는데도 감자를 주식으로 삼을 까닭이 없다. 미국에 이민한 아일랜드 사람들은 어려운 시기에 대비해서 재산을 저축하는 분별력을 분명히 보여 주었다. 그들이 감자를 주식으로 한 이유는 감자 이외의 것은 엄청난 소작료로 모두 박탈당했기 때문이다.

설혹 아일랜드에 바나나와 빵나무가 무성하더라도, 해안에서 자연비료를 풍부하게 채취할 수 있다고 하더라도, 또 열대처럼 태양열을 듬뿍 받아 토양이 기름지다고 하더라도 사회제도가 변하지 않는다면 빈곤과 굶주림은 계속될 것이다. 소작료가 너무 높아 풍년에도 소작인의 생산물 중에서 겨우 생존을 유지할 정도 이외의 물자를 모두 짜내어 가는 곳에서 극빈과 기아가 어찌 사라질 수 있을 것인가? 소작조건이 불안정하여 토질 개량의 엄두도 내지 못한 채 지력을 소모하는 방식으로 농사를 지으면서 빈곤하게 연명하는 곳이라면? 농민이 사실상 비참한 노예나 다름없어 다른 사람의 고갯짓 한 번에 보잘것없는 흙집마저 박탈당하고 집도 없이 굶주리며 떠돌이 생활을 하게 되며 야생의 과일 하나도 따먹을 수 없고 산토끼 한 마리도 잡아먹을 길이 없는 곳이라면?

인구가 아무리 적고 물자가 아무리 많이 생산된다고 해도 부의 생산자가 희망도 자존심도 의욕도 절약심도 가질 수 없는 곳이라면 극빈과 굶주림은 피할 수 없지 않을까? 부재지주가 토지 생산물의 4분의 1도 남겨 두지 않고 긁어 가버리는 곳이라면? 또 부재지주 이외에도 현지지주, 그들의 말과 사냥개, 대리인, 중개인, 마름을 먹여살려야 하고 또 이런 부당한 제도에 저항하면 경찰과 군대가 이를 눌러 버리는 곳이라면?

맬서스가 그의 이론에서 들고 있는 여러 사실에 대한 검토는 이것으로 끝내기로 한다. 아래에서 맬서스 이론을 지탱하는 비유를 검토해 보면 역시 맬서스 이론에 대한 회의가 생기지 않을 수 없다.

잘못된 비유

연어 한 쌍이 수년 동안 천적으로부터 잘 보호된다면 바다가 연어로 가득 찰 것이라든지, 토끼 한 쌍이 이와 비슷하게 보호된다면 곧 대륙을 뒤덮을 것이라든지, 많은 식물이 종자를 수백 개씩 퍼뜨린다든지, 어떤 곤충은 알을 수천 개씩 낳는다든지, 모든 생물은 생존물자의 한계를 압박하는 경향을 갖고 있으며 천적에 의해 억제되지 않으면 반드시 그 압박이 현실로 나타난다든지 하는 동식물계의 재생산력의 예는 인류도 생존물자를 압박하는 경향을 갖는다는 점을 보여 주는 비유로 계속해서 인용된다. 그리하여 인구가 다른 수단에 의해 억제되지 않는다면 인구증가는 필연적으로 저임금과 물자부족을 초래하고, 그 이후에도 인구가 계속 증가하면 사람들이 굶어 죽게 되어 인구가 생존물자의 한계 내에 머물게 된다고 한다.

이러한 비유가 옳은가? 사람이 섭취하는 식품은 동식물계에서 나오므로 동식물의 재생산력이 사람보다 크다면 생존물자의 증가는 인구증가보다 빠르다고 보아야 한다. 생존물자가 여러 배로, 때로는 수천 배, 수만 배, 수억 배로 불어난다면 고작 배수로 불어나는 인구가 최대한 증가하더라도 인구증가는 생존물자 증가를 넘어설 수 없다고 해야 하지 않는가?

모든 생물 중에서 인간은 식품을 공급해 주는 자연의 재생산력(인간의 출산력보다 훨씬 큼)에 영향을 줄 수 있는 유일한 생물이다. 짐승, 곤충, 새, 물고기는 단지 주어진 것만을 먹고 산다. 이런 생물이 증가하면 그 먹이의 양은 감소한다. 주어진 먹이가 한계에 이르면 새로운 먹이의 증가가 있어야만 생물의 수가 더 증가할 수 있다.

인간은 식품을 생산한다

그러나 사람은 다른 생물과 달라서 인구가 증가하면 식품도 증가한다. 사람 대신 곰이 유럽에서 북아메리카 대륙으로 이동했다고 해도 현재의 곰의 숫자는 콜럼버스가 대륙을 발견했을 때보다 더 많지 않을 것이다. 아니, 오히려 더 적을지도 모른다. 왜냐하면 곰이 이민해 왔다고 해서 곰의 먹이가 더 늘어나지도 않았을 것이고 또 곰의 생활조건이 더 개선되지도 않았을 것이며 오히려 그 반대의 가능성이 더 크기 때문이다. 그러나 사람의 경우, 미국에 국한시켜 말하면 과거 수십만에 불과했던 인구가 현재 수백만으로 늘어났으나 일인당 식품의 양은 과거보다 훨씬 늘어났다.

이로써 식품의 증가가 인구증가의 원인이 아니며 반대로 인구의 증가가 식품증가의 원인임을 알 수 있다. 즉 인구가 늘어났기 때문에 식품이 늘어났다는 것이다.

여기에 동물과 인간의 차이가 있다. 매나 사람이나 닭을 먹기는 일반이다. 그러나 매가 많으면 닭이 줄어들지만 사람이 많으면 닭이 늘어난다. 바다표범이나 사람이나 연어를 먹기는 일반이다. 바다표범이 연어 한 마리를 잡아먹으면 연어의 수는 한 마리 줄어들고 바다표범의 수가 일정 한도를 넘으면 연어의 수는 줄어들기 마련이다. 그러나 사람은 연어 알을 적당한 환경에 두어 연어의 수를 증가시킴으로써 잡아먹는 것보다 더 많은 연어를 키워 낼 수 있다. 이렇게 하면 인구가 아무리 증가하더라도 사람의 수는 연어의 공급량을 넘어설 수 없게 된다. 요약하자면, 동식물의 세계에서 생존물자의 한계는 동식물과 관계없이 존재하지만 인간에 있어서 생존물자의 한계는 토지, 공기, 물, 햇빛의 궁극적 한계를 초과하지만 않는다면 인간 자신에 의해 달라질 수 있다는 것이다. 사실이 이러하므로 하급 생물의 경우를 인간에 비유한 것은 명백히 잘못된 것이라고 하겠다.

지구상에 발 디딜 틈도 없을 만큼 인구가 늘어날 위험성은 빙하기의 도래나 태양의 소멸과도 같이 현재로서는 실제적인 관심의 대상이 될 수 없다. 이러한 상황이 발생할 가능성은 너무나 희박하지만, 맬서스의 이론은 이런 상황에서나 타당할 것이다. 그러나 잘 음미해 보면 이러한 희박한 가능성마저 사라지고 만다. 이것 역시 잘못된 비유에서 생긴 것이다. 동식물이 공간의 한계를 압박하는 경향이 있다고 해서 인간에게도 같은 경향이 있다고 할 수 없다.

인간과 동물의 또 다른 차이점

인간이 단지 진화가 많이 이루어진 동물에 불과하고 원숭이는 재주넘기를 습득한 인간의 먼 친척이고 돌고래도 일찍이 바다로 진출한 인간의

면 일가이며 또 이런 식으로 거슬러 올라가서 사람이 식물과도 동류이고 식물, 물고기, 새, 짐승과 동등하게 자연법칙의 적용을 받는다고 한다면 어떨까? 그렇더라도 인간은 다른 동물과 차이가 있다. 그 차이는 인간은 잘 먹을수록 욕구가 많아지고 어떤 경우에도 만족하지 않는 유일한 동물이라는 점이다. 인간 이외의 다른 생물의 욕구는 내용도 같고 양도 고정되어 있다. 오늘날의 소는 과거 인간이 처음 길들였을 때의 소와 같은 욕구를 갖고 있다. 오늘날 영국해협에서 쾌속 증기선 위를 맴도는 갈매기가 원하는 먹이와 보금자리는 시저의 함대가 영국 해안에 처음 상륙했을 때 그 위를 선회한 갈매기가 원하던 것과 차이가 없다. 인간을 제외한 모든 생물은 자연이 베푸는 물자가 아무리 풍부하더라도 그중에서 한정된 욕구를 충족시키는 데 필요한 것만을 취할 뿐이다. 이들 생물이 여분의 물자를 이용하는 방법은 번식을 많이 하는 길뿐이다.

그러나 인간은 그렇지 않다. 동물적 욕구가 충족되는 즉시 인간에게는 다른 욕구가 싹튼다. 인간도 짐승과 마찬가지로 먼저 음식을 원하고 다음에는 집을 원하고 그 다음에는 생식욕구가 일어난다. 그러나 여기에서부터 짐승과 다른 점이 나타난다. 짐승은 더 이상 나아가지 않지만 사람은 무한한 욕구 단계의 첫발을 내디딘 데 불과하다. 짐승은 이 단계에서 더 나아가는 법이 없으며 그 이상의 단계는 짐승과는 관련이 없고 짐승의 수준을 초월한다. 먹이가 많고 생활환경이 좋으면 동식물은 번식할 뿐이지만 사람은 발전한다. 동식물은 그 수가 증가하지만 인간은 필연적으로 더 높은 형태의 삶, 더 큰 힘을 가진 삶으로 나아간다.

맬서스의 논리적 오류

인구는 생존물자의 한계를 압박하는 경향이 있다고 하는 맬서스 이론의 바탕이 되는 추론은, 그 결론은 어떻든 간에 논리전개에 있어 부당한 가정을 근거로 하고 있다. 이를 논리학 용어로는 '매개념 부당 주연의 오류'라고 한다. 이 가정은 마치 아담이 자신의 첫 아기가 태어나서 몇 달 동안 성장하는 것을 보고 그 비율로 아기가 성장할 것이라고 짐작할 때처럼, 아주 엉뚱하다고 할 수는 없어도 논리가 맞지 않는다. 아기가 출생 시에 10파운드이고 8개월이 지나 20파운드가 되는 것을 보고 아담이 수학적으로 계산한다면(아담이 계산 능력이 있다고 가정함) 그 결과는 맬서스의 결론처럼 충격적인 것이 된다. 즉 이 아기가 열 살이 되면 몸무게가 황소와 같고 열두 살이 되면 코끼리만 해지고 서른 살에는 체중이 175,716,339,548톤이 된다. 그러나 아담이 아기가 엄청나게 성장하지 않을까 염려할 필요가 없듯이 우리도 생존물자에 대한 인구의 압력을 걱정할 필요가 없다.

출산율에 영향을 주는 요인

사람들이 새로운 땅에 이주하여 자연환경과 싸우느라고 지적인 생활을 하기 어려운 경우, 또는 오래된 나라의 극빈 계층이 풍요 속에서도 모든 것을 빼앗기고 동물적인 생활만을 영위하는 경우에는 출산율이 매우 높다. 반면에 부가 증가함에 따라 독립과 여가와 안락함을 즐기며 풍족하고 다양한 생활을 누리게 되면 출산율이 낮아진다.

저자는 이것이 진정한 인구법칙이라고 생각하는데, 그렇다면 인구증가 추세는 일정한 것이 아니라 환경이 험난하여 종속 유지가 위협받을 때에는 강하게 나타나는 반면, 높은 수준의 개인적 발전이 가능해지고 종족의 유지가 보장되는 경우에는 약하게 나타난다. 또 사람이 물자 부족을 겪을 위험성이 있다면 그것은 자연법칙 때문이 아니라 풍요 속에서도 사람들을 궁핍하게 만드는 잘못된 사회제도 때문이다.

자연이 인색하다는 주장

인구증가가 임금을 감소시키고 빈곤을 초래하는가 하는 의문은 결국 인구가 증가하면 추가 노동의 생산성이 떨어지는가 하는 의문과 같다. 맬서스의 이론에 의하면 자연에 대한 요구가 커지면 자연의 관대함이 줄어들기 때문에 노동투입이 두 배가 되어도 생산은 두 배가 되지 않는다. 그래서 인구증가는 필연적으로 임금을 줄이고 빈곤을 심화시키며 맬서스의 표현에 의하면 악과 궁핍이라는 결과를 낳는다.

존 스튜어트 밀도 다음과 같이 지적하였다.『정치경제학원리』, 제1권 제13장 제2절

> 문명 수준이 일정할 때, 인구가 많아지면 그전보다 물자가 풍족하지 못하게 된다. 인구과잉에 이와 같은 벌칙이 가해지는 것은 사회가 정의롭지 못해서가 아니라 자연이 인색하기 때문이다. 부가 정의롭지 않게 분배된다고 해서 이러한 문제가 심해지는 것은 아니며 단지 좀 일찍 감지될 수 있을 뿐이다. 인구증가로 인해 '입'이 생기면 그에 따라 '손'도 생긴다고 하는 말이 있지만 이는 무의미한 말이다. 새로 생기는 입은 기존의 입과 같은 양의 음식을 소비하지만 새로운 손은 기존의 손만큼 생산하지 못한다. 만약에 모든 생산수단이 사회의 공동재산이고 그 생산물을 사람들이 똑같이 나누어 가지며 산업의 활기나 생산력이 현재와 같은 정도라고 가정한다면 전체 인구가 대단히 안락하게 살 수 있을 것이다. 그러나 현재와 같은 관습이 유지된다면 20년 약간 넘는 기간이면 인구가 두 배로 불어날 것인데 그때 사람들의 사정이 어떻게 될까? 이 기간 동안 생산력이 유례없이 향상되지 않는다면 증가된 인구에게 식품을 공급하기 위해서는 지금보다 열등한 토지를 추가로 경작하면서 기존의 우등토지에도 노동을 더 투입하겠지만 수확은 상대적으로 적어지게 된다. 반면에 식품 수요는 늘어나므로 사회 속의 각 개인은 전보다 더 가난해진다. 인구가 계속 같은 비율로 늘어난다면 얼마 안 되어 각 개인의 몫은 생존의 최저선에 이를 것이고 곧이어 그 최저선에도

못 미치게 되어 드디어는 죽음에 이르게 된다.

그러나 저자는 이러한 주장을 부인한다. 저자가 보기에 진실은 이 주장과 정반대이다. 저자의 생각으로는 문명의 수준이 일정할 때 인구가 많아지면 인구가 적을 때보다 물자가 더 풍부하게 된다. 위의 이론에서 인구의 증가에 의해 발생한다고 하는 빈곤과 비참의 원인은 실은 자연의 인색이 아니라 사회의 불의에 있다고 생각한다. 인구증가로 생겨나는 새로운 입은 과거에 있던 입보다 더 많은 식품을 소비하지 않지만 새로운 손은 현재의 자연 질서 속에서 더 많은 물자를 생산해 낸다. 다른 조건이 동일할 경우 부의 공정한 분배가 이루어진다면 인구가 많을수록 개인에게 돌아가는 몫은 더 많아진다. 평등이 보장되는 상태에서 인구의 자연증가는 개인을 가난하게 하기는커녕 끊임없이 부유하게 만드는 경향이 있다.

우리가 추구해야 하는 문제는 인구가 어느 정도일 때 생존물자의 조달이 가능하냐가 아니라 인구가 어느 정도일 때 부의 생산력이 최대가 되느냐가 된다. 부의 생산력은 생존물자의 생산력과 같은 것이고 부의 소비 또는 부의 생산력의 소비는 생존물자의 소비와 같기 때문이다.

생산력이 최대가 되는 경우

이에 관해 추상적인 논리를 전개할 필요가 없다. 단순한 사실에 관한 문제이기 때문이다. 부의 상대적 생산력이 인구증가에 따라 줄어드는가?

이에 대한 해답은 너무 간단하여 단지 의문을 제기하는 것만으로도 족하다고 본다. 현대의 여러 나라에서 인구가 증가했지만 그 나라에서 부의 증가는 훨씬 더 빠르지 않았는가? 현재까지도 인구가 증가하고 있는 나라가 많이 있지만 그 나라에서 부가 더 빨리 증가하지 않았는가? 부가 비생산적인 용도(예컨대, 비싼 건물, 고급 가구, 사치스러운 마차, 동상, 미술품, 오락장, 요트 등)에 낭비되듯 사용되는 곳이 어디인가? 생산적 노동에 종사하지 않는 사람이 가장 많이 살면서도 잘 감당해 나가는 사회는 어디인가? 그곳은 인구가 희소한 곳이 아니라 인구가 조밀한 곳이 아닌가? 자본의 이동은 어디에서 어디로 이루어지는가? 자본은 인구가 조밀한 나라에서 희소한 나라로 이동하지 않는가?

이러한 사실은 우리가 눈을 돌리는 곳마다 명백히 나타난다. 문명이나 생산기술이나 정부 상태가 동일하다면 인구가 많은 나라가 언제나 부유하다.

부유한 나라는 자연이 풍족한 나라가 아니라 노동이 능률적으로 이루어지는 나라이다. 예를 들면 멕시코보다는 매사추세츠가, 브라질보다는 영국이 부유하다는 것이다. 다른 조건이 같다면, 생산물 중 고급품에 또는 비생산자 부양에 돌아갈 수 있는 비율이 가장 높은 나라는 인구가 조밀하여 자연의 능력이 심히 압박받고 있는 나라이다. 그리고 전쟁과 같은 재난이 있을 때 물자 소모를 가장 잘 견디어 낼 수 있는 나라 역시 이와 같이 자본이 넘치는 나라이다.

여러 나라를 비교해 보거나 한 나라의 여러 시점을 비교해 보면 진보하는 사회는 인구가 증가하는 사회이고 또 총량 및 일인당 소비가 증가하고 부의 축적이 증가하는 사회임이 명백히 드러난다. 따라서 어느 나라에서나 인구증가는 부의 평균적 생산량의 감소가 아니라 증가를 의미한다.

이처럼 간단한 사실을 보라. 문명의 한복판에서 발생하는 빈곤이 생산력의 약화에 기인하는 것이 아니라는 사실보다 더 분명한 사실이 있을까? 가난한 나라에서도 그 생산력이 충분히 발휘되기만 하면 최하층민에게 생존물자만이 아니라 고급품까지도 충분히 공급할 수 있다. 생산력이 풍부하고 부의 생산이 최대가 되는 사회에서 빈곤이 발생한다니! 이것이야말로 문명세계를 당황하게 하는 수수께끼이다. 또 이것이야말로 우리가 해명하려고 하는 대상이다. 빈곤의 원인이 생산력의 감소에 있다고 하는 맬서스의 이론은 이를 제대로 해명하지 못함이 분명하다.

제7장

부의 분배

지금까지의 추론에서 나온 결론은, 모든 노동자는 자신의 임금을 생산하며 노동자의 수가 증가하면 각 노동자의 임금도 증가한다는 것이다. 생산력의 대폭적인 증가에도 불구하고 대부분의 생산자가 얻는 대가가 생활에 필요한 최소한도에 그치는 원인이 자본의 부족 또는 노동에 대응하는 자연적 생산력의 제약에 있는 것이 아니라는 점은 이제 분명하게 드러났다. 따라서 그 원인은 부의 생산을 제약하는 법칙에서가 아니라 그 분배에 관한 법칙에서 찾지 않으면 안 된다. 이제 여기에 대해 검토해 보자.

한 사회의 총생산은 그 사회에서 생산되는 부의 합계를 말한다. 기존의 재고에 손대지 않는다면 모든 소비와 모는 소득은 이 총생산에서 나온다.

생산은 단순히 물건을 만드는 것만을 의미하는 것이 아니며 물건의 수송이나 교환에 의해 생긴 가치의 증가도 모두 포함한다. 순전히 농업 또는 공업에만 종사하는 사회와 마찬가지로 순전히 상업에만 종사하는 사회에서도 부의 생산이 이루어진다. 어느 경우에나 생산된 부의 일부는 자본으로, 일부는 노동으로, 일부는 토지소유자에게로 돌아간다. 생산된 부의 일부는 자본을 대치하기 위해 사용된다. 자본은 계속해서 소비되고 또 계속해서 대치된다. 그러나 자본이 일정 수준을 유지하는 것으로 가정하면 이 대치되는 부분에 대해서는 고려할 필요가 없다. 따라서 총생산이라는 개념은 생산된 부 중에서 생산과정에서 소모된 자본을 대치하는 부분을 제외한 초과부분만을 의미하며 이자는 자본이 대치 내지 유지된 후에 자본의 대가로 돌아가는 부분을 의미하기로 한다.

또 원시적인 단계를 지난 사회에서는 총생산의 일부를 조세로 징수하여 정부가 소비한다. 그러나 분배의 법칙을 검토하는 데 있어서는 이것도 고려할 필요가 없다. 조세가 아예 없는 것으로 간주해도 좋고 조세만큼 총생산이 축소된 것으로 생각해도 좋다. 또한 조세와 비슷한 힘을 가진 어떤 독점에 의해 총생산의 일부가 잠식되는 경우도 마찬가지로 생각할 수 있다. 일단 분배의 법칙을 찾아낸 후에 조세가 이러한 법칙에 어떤 영향을 미치는가에 대해 살펴보기로 한다.

지대, 임금, 이자

생산의 세 요소는 토지, 노동, 자본이고 총생산은 일차적으로 이 세 요소에 상응하는 부분으로 분배된다. 따라서 이 세 부분을 중복되지 않게 표현할 수 있는 용어 세 개가 필요하다. 지대는 이 중 첫 번째 부분, 즉 토지소유자에게 돌아가는 부분을 명확하게 표현한다. 임금은 이 중 두 번째 부분, 즉 노동의 대가가 되는 부분을 명확하게 표현한다. 그러나 자본의 대가라고 할 수 있는 세 번째 부분에 관해서는 수준급의 저작에서도 많은 모호함과 혼란이 나타난다.

일상적으로 사용되는 어휘 중에서 이자라는 어휘가 자본의 사용에 대한 대가라는 개념을 제일 비슷하게 표현한다. 일상용어로서의 이자는 자본의 사용과 유지에 투입된 모든 노동을 제외하고 순전히 자본만의 사용에 대한 대가를 의미한다.

이윤이라는 모호한 용어

일상의 대화에서 이윤이라는 어휘는 순수입이라는 의미와 거의 같게 사용된다. 이것은 지출을 초과하여 얻은 수입을 의미하며, 자본의 사용에 부수하는 위험에 대한 보상 외에 엄격하게 보면 지대나 임금에 해당되는 부분도 포함하는 경우가 많다. 따라서 이 어휘를 대폭 수술하지 않는 한 정치경제학에서 생산물 중 노동이나 토지소유자에게 돌아가는 부분과 구분하여 자본에 돌아가는 부분을 의미하는 용어로 사용하기 곤란하다.

아담 스미스는 약종상이나 소규모 소매상이 버는 높은 이윤은 자본의 대가인 이자가 아니라 실제로는 노동의 대가인 임금이라는 사실을 지적함으로써 임금 부분과 위험보상 부분이 이윤 속에 같이 들어 있음을 보여주었다. 그는 또 밀수나 목재업 등 위험률이 높은 업종에서 때때로 높은 이윤이 생기지만 이것은 위험에 대한 보상으로서 장기적으로 보면 평균적인 이자율과 비슷하거나 그보다 못하다는 점을 보여 주었다. 그 이후에 나온 저작에서도 이윤이라는 용어가 일상적인 의미(대체로 지대는 포함되지 않은 개념)로 사용된 경우가 많다. 이러한 저작을 보면 이윤에는 세 요소, 즉 기업 관리에 대한 임금, 위험에 대한 보상, 자본 사용에 대한 대가가 들어 있다.

이렇듯 이윤이라는 용어는 일상적인 의미에서나 정치경제학적인 의미에서나 생산의 세 요소에 대한 부의 분배 문제와 관련하여 사용하기에는 적절하지 않은 용어이다. 부가 지대, 임금, '이윤'으로 나누어진다고 하는 것은 마치 인류가 남자, 여자, 인간으로 나누어진다고 하는 것과 같다.

이 책에서는 이윤에 대해서 특별히 다룰 것이 없다. 우리는 총생산이 토지, 노동, 자본의 대가로 나누어지는 원리를 찾으려고 한다. 그런데 이윤이라고 하는 어휘는 이 세 부분 중 어느 하나에만 국한되지 않는다. 정치경제학에서 말하는 이윤은 위험에 대한 보상, 기업 관리에 대한 임금, 자본 사용에 대한 대가라는 세 부분으로 구성된다. 이 중 세 번째 것은, 자본의 사용에 대한 모든 대가를 포함하지만 그 밖의 것은 전혀 포함하지 않는 이자의 범주에 속한다. 기업 관리에 대한 임금은, 인간의 노력에 대한 모든 대가를 포함하지만 그 밖의 것은 포함하지 않는 임금의 범주에 속한다. 위험에 대한 보상은 어디에도 들어갈 곳이 없다. 위험이란 개인의 문제일 뿐 사회의 모든 거래를 종합해 보면 위험이란 것이 존재하지 않기 때문이다. 정치경제학적 정의에 따라 총생산 중 자본의 대가로 돌아가는 부분을 이자라는 용어로 부르기로 한다.

정의의 요약

이상을 요약하면 다음과 같다. 생산의 요소는 토지, 노동, 자본이다. 토지라는 용어는 자연이 제공하는 모든 기회와 힘을 의미한다. 노동이라는 용어는 인간의 모든 노력을 의미한다. 자본이라는 용어는 더 많은 부를 생산하기 위해 사용하는 모든 부를 의미한다. 총생산은 이 세 가지 요소에 대한 대가로 모두 분배된다. 자연의 기회를 사용하는 대가로 토지소유자에게 지불되는 부분은 지대라고 한다. 인간의 노력에 대한 대가가 되는 부분은 임금이라고 한다. 자본의 사용에 대한 대가가 되는 부분은 이자라고 한다. 이 세 용어는 상호 배타적이다. 어느 개인의 소득은 이 중 어느 하나 또는 둘 또는 세 가지 모두로 이루어진다. 그러나 분배에 관한 법칙을 찾기 위해서는 이들을 별도로 취급할 필요가 있다.

노동이 투입되기 위해서는 그 전에 반드시 토지가 존재해야 하고 자본이 생산되려면 노동이 선행되어야 한다. 자본은 노동의 결과이고 노동의 생산을 돕기 위해 노동에 의해 사용된다. 노동은 적극적이고 원초적인 힘이며 따라서 노동자는 자본의 사용자가 된다. 노동은 토지가 있어야만 실행될 수 있고 노동에 의해 부로 전환될 물자는 토지로부터 나온다. 토지는 노동의 선행조건이며 노동의 장소이고 노동에 필요한 원료이다. 세 요소의 자연스러운 순서는 토지, 노동, 자본의 순이 된다. 따라서 우리의 논의도 자본에서가 아니라 토지에서 시작해야 할 것이다.

제8장

지대의 법칙

경제학에서의 렌트rent라는 용어의 의미는 일상적인 의미와 다르다. 어떤 면에서는 그 경제학적 의미가 일상적인 의미보다 좁기도 하고, 또 어떤 면에서는 더 넓기도 하다.(rent라는 어휘는 보통 지대뿐만 아니라 임대료 전반을 의미하며 영어로 특별히 지대만을 표현하기 위해서 land rent라는 용어가 사용되기도 한다. 이런 이유로 인해 rent를 적절히 번역하기 어려워 여기에서는 rent를 '렌트'라고 표시하고 이 책의 다른 곳에서 사용되는 의미의 rent는 '지대'라고 번역하기로 한다. 현대 경제학에서는 rent를 단순한 임대료가 아닌 특별한 의미로 사용하고 있기도 하다. - 번역자)

좁게 쓰이는 경우는 다음과 같다. 일상 대화에서는 토지 또는 다른 자연 능력의 사용에 대해 지불하는 대가 이외에도 건물, 기계, 기타 고정 시설물의 사용에 대해 지불하는 대가도 일반적으로 렌트라고 부른다. 주택 렌트 또는 농장 렌트라고 할 때 순수 토지의 사용 대가와 토지개량물의 사용 대가가 구분되지 않는다. 그러나 경제학에서의 렌트는 인간의 노력에 의한 생산물의 사용에 대한 대가를 포함하지 않으며 따라서 주택, 농장 등의 사용 대가로 지불되는 액수 중에서 토지사용 대가만을 렌트, 즉 지대라고 한다. 건물이나 기타 토지개량물의 사용 대가는 이자이며 자본

사용 대가가 된다.

넓게 쓰이는 경우는 다음과 같다. 일상 대화에서는 소유자와 사용자가 다른 사람인 경우에만 렌트라는 용어를 사용한다. 그러나 경제학적 의미에서는 같은 사람이 소유자 겸 사용자라고 해도 렌트가 발생한다. 이때 소유자가 자기 토지를 다른 사람에게 임대할 경우에 얻을 수 있는 소득은 지대가 되며, 또 그 토지가 자기 소유가 아니고 다른 사람에게서 임차했다고 할 때 자기가 얻을 수 있는 소득이 자기 노동과 자본에 대한 대가가 된다.

지대는 또 토지의 매매가격으로 표시되기도 한다. 토지를 매매할 때 소유권, 즉 영구적 사용권에 대해 지불되는 액수는 지대를 매매 시점의 가치로 환원한 또는 자본화한 금액이 된다. 토지를 낮은 가격으로 사서 높은 가격으로 판다고 할 때 임금이나 이자에 의해 소득이 생기는 것이 아니라 지대의 상승에 의해 소득이 생긴다. 즉 지대는 생산된 부 중에서 자연 자원의 배타적 사용권이 그 소유자에게 가져다주는 몫을 말한다. 토지가 교환가치를 가지는 곳에는 언제나 경제학적 의미의 지대가 존재한다. 가치를 가지는 토지가 사용되는 곳에는 언제나 실제 지대가 발생한다. 토지가 가치를 가지지만 사용은 되지 않는 곳에서는 언제나 잠재 지대가 존재한다. 토지가 가치를 갖게 되는 이유는 바로 이 지대 발생 능력에 있다. 토지소유권이 아무런 이익을 주지 않는다면 그 토지는 가치를 갖지 않는다. 이 책에서 토지가치라는 용어는 순수 토지만의 가치를 의미하는 것으로 사용하며, 토지 이외에 개량물의 가치를 포함시키려고 할 때에는 반드시 이를 명시할 것이다.

지대의 발생

이와 같이 지대, 즉 토지가치는 토지의 생산성이나 효용으로 인해 발생하는 것이 아니다. 지대는 생산에 대한 어떤 도움이나 이익을 나타내는 것이 아니라 단지 생산의 결과 중 일부분을 취득할 수 있는 힘을 나타낼 뿐이다. 토지의 능력이 어느 정도이건 간에 누군가 토지를 사용하는 대가로 노동 또는 노동의 결과를 투입하지 않는다면 지대도 생기지 않고 가치도 발생하지 않는다. 그리고 그 사용자가 지불하려고 하는 대가는 당해 토지 자체의 능력에 의해 결정되는 것이 아니고 대가 없이 사용할 수 있는 다른 토지에 대한 상대적 능력에 의해 결정된다. 내가 우수한 토지를 소유하고 있다고 해도 대가 없이 사용할 수 있는 다른 우수한 토지가 있는 한 내 토지에서 지대가 생길 수 없고 가치도 발생하지 않는다. 그러나 다른 우수한 토지가 없어지고 대가 없이 사용할 수 있는 다른 토지가 비옥도나 위치나 기타의 관점에서 내 토지보다 못하다고 하면 내 토지는 가치를 가지기 시작하고 지대가 발생하기 시작한다. 그리고 내 토지의 생산성이 떨어지더라도 무상으로 사용할 수 있는 토지의 생산이 더 떨어진다면 내가 얻을 수 있는 지대, 즉 내 토지의 가치는 오히려 올라간다.

만일 어느 사회에서 사용 가능한 토지를 한 사람이 독점하고 있다면 이 사람은 토지사용의 대가나 조건을 자신이 원하는 대로 요구할 수 있을 것이다. 이 사람의 소유권을 인정한다면 사회의 다른 주민은 이 사람의 요구를 수락하거나 죽거나 다른 곳으로 이민 가거나 하는 수밖에 없다. 이러한 예는 많은 사회에서 존재해 왔다. 그러나 현대에 와서는 토지의 사적 소유가 인정되기는 하지만 토지소유자가 많기 때문에 어느 개인의 자의나 희망에 의해서만 사용가격이 정해지지는 않는다. 모든 토지소유자가 최고의 대가를 얻으려고 하지만 각자가 받을 수 있는 가격에는 한도가 있다. 이것이 토지의 시장가격 또는 시장지대이며 그 금액은 토지마다 시기마다 다르게 나타난다.

지대의 법칙

정치경제학 원리를 발견하려고 할 때 항상 가정하는 자유경쟁조건하에서 토지소유자가 얻을 수 있는 가격을 결정하는 관계를 지대의 법칙이라고 한다. 이 법칙을 확실하게 정립해 두면 임금이나 이자에 관한 법칙을 찾아내는 데 매우 유용하다. 부의 분배는 지대, 임금, 이자 간의 분할을 의미하므로 생산물 중 지대로 가는 부분이 확정되면 그 나머지가, 자본 사용이 없으면 임금이 되며 자본 사용이 있으면 임금과 이자가 되기 때문이다.

지대의 법칙은 흔히 '리카도의 지대 법칙'이라고 하는데 리카도가 이 법칙을 처음 주창한 것은 아니지만 그가 처음 이 법칙에 사회의 관심을 불러일으켰기 때문에 그렇게 부른다. 이 법칙은 다음과 같다.

어느 토지의 지대는, 사용되는 토지 중 생산성이 가장 낮은 토지에 동일한 투입을 했을 때 얻을 수 있는 생산을 초과하는 생산에 의해 결정된다.

이 단순한 문장에는 분명한 진리가 담겨 있다. 자유경쟁하에서는 노동과 자본의 투입에 필요한 대가의 최저액이 바로 노동과 자본이 받을 수 있는 최고액이 되기 때문이다. 그 결과 생산성이 높은 토지의 소유자는 임금과 자본에 대한 통상적인 보상에 필요한 정도를 초과하는 모든 생산물을 지대로 징수할 수 있게 된다. 이때 통상적인 보상이란, 사용되는 토지 중 생산성이 가장 낮은 토지(이 토지에서는 물론 지대가 발생하지 않음)에서 노동과 자본이 얻을 수 있는 정도의 보상을 말한다.

지대의 법칙을 다음과 같이 표현하면 이해가 더 쉬울지 모르겠다. 어느 자연적 생산요소의 소유권은 노동과 자본을 그 자연적 생산요소에 투입할 때 나오는 부의 일부를 차지할 수 있는 힘을 소유자에게 주는데 그 액수는, 생산성이 낮아 제약 없이 종사할 수 있는 업종에 동일한 양의 노동과 자본을 투입하여 얻을 수 있는 생산을 초과하는 부이다.

어느 쪽으로 표현하건 결과는 마찬가지이다. 토지를 사용하지 않고 노동과 자본을 투입할 수 있는 업종은 없기 때문이며, 또한 경작 등 토지사용은 언제나 그 수입이 최소가 될 상태까지, 즉 어느 용도로 사용된다고 하더라도 그 사용 대가가 발생하지 않을 상태까지 이루어지기 때문이다.

경쟁의 법칙으로부터의 연역

노동과 자본의 일부가 농업에, 나머지는 공업에 투입되는 사회를 예로 생각해 보자. 최열등지의 경작에서 나오는 평균 생산이 20이라고 하면 이 사회의 노동과 자본에 대한 평균적인 대가는 농업과 공업을 막론하고 20이 된다. 그런데 어떤 이유로 인해 공업에서의 대가가 15로 줄어들었다고 가정하자. 그러면 공업에 투입된 노동과 자본은 농업 쪽으로 이동할 것이다. 이러한 과정은 경작의 한계가 열등한 토지로 또는 같은 토지의 열등한 산출점으로 확장되거나, 공업생산이 감소되어 공업생산물의 상대적 가치가 상승하거나 또는 이러한 두 현상이 같이 일어나서 결국 두 업종에서의 노동과 자본에 대한 대가가 일치할 때까지 계속된다. 따라서 공업생산이 이루어질 수 있는 최종생산점(이 최종생산점은 15에서 20 사이가 될 것임)과 일치할 때까지 농업의 경작의 한계도 확장될 것이다. 이렇게 해서 지대는 경작의 한계 또는 최저생산점에서의 생산을 초과하는 부분이라는 말은 결국 지대는 동일한 양의 노동과 자본이 가장 생산성이 낮은 업종에서 얻을 수 있는 생산을 초과하는 부분이라는 말과 같은 의미가 된다.

즉 지대의 법칙이란 실제로 경쟁의 법칙에서 연역된 것에 불과하다. 또 임금과 이자는 공통의 수준으로 귀착되는 경향이 있으므로 지대의 법칙의 의미는 노동과 자본이, 사용되는 자연적 생산요소 중 가장 열등한 요소에 투입되었을 때의 생산보다 더 많은 부를 생산하면 그 초과부분은 모두 지대의 형태로 토지소유자에게 귀속된다고 하는 것이나 마찬가지이다. 이로부터 마치 간명한 기하학적 증명처럼 다음과 같은 원리가 도출된다. 즉 생산물이 지대와 임금으로만 나누어진다면 지대의 법칙은 바로 임금의 법칙이 되며, 생산물이 지대, 임금, 이자로 나누어진다면 지대의 법칙은 바로 임금 · 이자의 법칙이 된다.

임금과 이자에 대한 지대의 관계

노동과 자본의 투입에 의해 생산이 얼마나 나오건 간에 두 생산요소에 지불되는 임금과 이자는 노동과 자본이 지대를 지불하지 않고 사용할 수 있는 토지, 즉 사용되는 토지 중 생산성이 가장 낮은 토지에서 나오는 생산에 국한된다. 따라서 지대의 법칙은 곧 임금 · 이자의 법칙과 같다. 노동과 자본이 지대 없는 토지에 투입되어 얻을 수 있는 대가 이상의 생산은 모두 지대로서 토지소유자에게 귀속되면 결국 노동과 자본이 요구할 수 있는 대가도 지대 없는 토지에서의 생산액에 불과하게 된다.

이리하여 임금과 이자는 노동과 자본의 생산에 따라 정해지는 것이 아니라 지대를 공제하고 난 후의 잔액에 의해, 즉 무지대 토지에서의 대가 또는 사용되는 토지 중 가장 열등한 토지에서의 대가에 의해 정해진다. 그러므로 생산력이 아무리 높아지더라도 지대가 같은 정도로 높아진다면 임금과 이자는 올라갈 수 없다.

이러한 단순한 관계를 이해하고 나면 이전에는 설명이 안 되던 부분이 밝게 드러나고 무질서하게 보이던 여러 사실이 명백한 법칙 아래 정돈된다. 지대의 상승은 진보하는 나라에서 생산력이 증대됨에도 불구하고 임금과 이자가 상승하지 않는 이유를 설명하는 열쇠가 된다. 어느 사회에서든 생산된 부는 경작의 한계에 의해 결정되는 지대선rent line이라고 부를 수 있는 선에 의해 둘로 나누어진다. 지대선은 노동과 자본이 지대를 지불하지 않고 무상으로 사용할 수 있는 자연의 기회로부터 얻을 수 있는 대가를 말한다. 총생산 중 지대선 아래에 놓이는 부분은 임금과 이자가 되며 지대선 윗 부분은 모두 토지소유자에게 귀속된다.

제9장

임금의 법칙

임금의 법칙은 지금까지의 논의에서 이미 도출된 것이나 마찬가지다. 그러나 논리 전개의 타당성을 확인하고 다소 불분명한 부분을 제거하기 위해 새로운 출발점에서 시작하여 이 법칙을 찾아보기로 한다.

노동에 대한 모든 대가를 의미하는 임금은 개인에 따라 크기가 다르며 또 사회 조직이 고도화되면서 직업 간에도 상당한 차이가 있다. 그렇지만 모든 임금 간에 일반적인 관계가 성립하기 때문에 어느 시기 또는 어느 장소의 임금 수준이 더 높다 또는 낮다고 판단할 수 있는 분명한 기준이 있다. 그리고 이런 임금 수준의 상승과 하락에는 어떤 공통된 법칙이 적용된다. 그렇다면 이 법칙이란 무엇인가?

인간 행동의 근본원리는 최소의 노력으로 욕구를 충족하려고 한다는 것이다. 이 원리가 정치경제학에서 갖는 의의는 물리학에서 중력의 법칙이 갖는 의의와 같다. 이 원리에 의하면 동일한 조건에서 투입된 동일한 노력에 대한 보수는 경쟁과정을 통해 균일하게 된다. 모든 사람이 자가노동을 할 경우에는 임금의 균일화가 가격의 균일화에 의해 대체로 이루어진다. 또 자가노동자와 임금노동자 간에도 균일화 경향이 발생한다.

이 원리에 의할 때, 자유로운 상황에서 타인을 고용하려면 임금을 얼마나 지불해야 할까? 분명히 그 임금은 노동자가 자가노동을 할 때의 소득과 같게 될 것이다. 고용주가 노동자에게 자가노동 시의 소득 이상을 지불할 리가 없고(때로는 노동자에게 직업 전환에 드는 비용을 별도로 지불할 수는 있겠지만), 노동자도 그 이하를 받을 리가 없다. 어느 노동자가 이보다 더 많은 것을 요구한다면 경쟁을 통해 다른 사람이 고용되고 만다. 고용주가 이보다 더 낮은 임금을 제시한다면 노동자는 자가노동을 하는 것이 더 유리하므로 아무도 응하지 않을 것이다. 이와 같이 고용주가 아무리 적게 주려고 해도 또 노동자가 아무리 많이 받으려고 해도 임금은 자가노동의 가치에 의해 정해진다. 일시적으로 임금이 이 수준을 초과하거나 미달한다고 해도 이를 복귀시키려는 경향이 즉시 발생한다.

노동에 의한 산출은 노동 자체의 질에 의해서만 정해지지는 않는다. 투입노동이 일정해도 산출은 노동이 투입되는 자연의 생산력에 따라 차이가 난다. 그렇다면 최소의 노력으로 욕구를 충족한다는 원리에 의하면 임금은 노동에 개방된 자연, 즉 무상으로 사용할 수 있는 자연 중 가장 생산력이 높은 자연에서 나오는 생산과 일치한다고 하겠다.

임금의 결정 요인

같은 원리에 의해, 현재 상태에서 노동에 개방된 자연적 생산력의 최고점은 생산이 이루어질 수 있는 최저점이 된다. 이보다 더 좋은 자연이 개방되어 있다면 나쁜 자연에 노동을 투입하지 않을 것이기 때문이다. 이렇게 해서 고용주가 지불해야 하는 임금은 생산이 이루어질 수 있는 자연적 생산력의 최저점에 의해 정해지고 임금은 이 최저점의 변화에 따라 오르거나 내린다.

예를 들어 보자. 원시사회처럼 모든 사람이 사냥, 고기잡이, 농사에서 자가노동만을 하는 사회가 있다고 하자. 이 시대는 농사를 처음 시작하는 단계에 있고 농토는 모두 지력이 비슷해서 동일한 노력에 대해 동일한 수확이 나온다고 하자. 이때 임금(자가노동의 경우에도 임금은 존재함)은 노동생산물 전체이며 각 직업의 선호도나 안정성 등 여러 특성을 다 고려하면 각 직종의 평균임금은 서로 같아진다. 즉 같은 노력은 같은 결과를 낳는다. 또 다른 사람을 고용하려면 노동의 평균생산물 전체를 임금으로 지불해야만 한다.

생산의 한계

이로부터 어느 정도의 시간이 흘러서 경작이 확대되어 동질적인 토지 이외의 토지에서도 농사를 짓게 되었다고 하자. 그러면 임금은 전과는 달리 노동의 평균생산과 같지 않으며 이제 임금은 경작의 한계, 즉 최저산출점에서의 노동의 평균생산과 같게 된다. 사람은 최소의 노력으로 욕구를 충족하려 하므로 농사의 최저산출점에서의 산출은 사냥이나 고기잡이에서의 평균산출과 같지 않으면 안 된다(이러한 균일화 과정은 가격의 작용에 의해 이루어짐). 이제 노동은 같은 노력으로 같은 대가를 얻을 수 없으며 지력이 우수한 토지에서 농사를 짓는 사람은 그보다 못한 토지에서 같은 노력으로 농사를 짓는 사람보다 더 많은 생산을 하게 된다. 그러나 경작자가 우수한 토지에서 얻는 초과생산은 실제로는 지대이기 때문에 임금은 여전히 동일하다. 그리고 이 토지가 개인 소유라면 토지가치가 발생한다.

이러한 상황하에서 다른 사람을 고용할 때 지불하는 임금은 경작의 최저산출점에서의 노동생산만큼이면 된다. 이후 더 낮은 산출점으로 경작의 한계가 내려간다면 임금도 따라서 내려가며, 반대로 그 한계가 올라간다면 임금 역시 올라간다.

이제는 너무나 명백하고 너무나 보편적인 원리에서 연역된 임금의 법칙이 드러났다. 즉 임금의 법칙이란, 임금은 경작의 한계에 의해 정해지며 임금의 크기는 노동에 개방된 최고의 자연의 기회로부터 노동이 얻을 수 있는 생산에 의해 정해진다는 것이다. 그리고 이러한 법칙은 인간이 최소의 노력으로 욕구를 충족시키려 한다는 원리로부터 도출된 법칙이다.

여러 직업의 임금

단순한 상태의 사회에서부터 고도로 문명이 발달된 사회의 복잡한 현상으로 눈을 돌려 검토해 보아도 역시 같은 법칙이 적용된다는 사실을 알 수 있다.

이러한 사회에서 임금은 다양하게 나타나지만 임금 상호간에는, 정도의 차이는 있으나, 확정적이고 명백한 관계가 여전히 존재한다. 그러나 이러한 관계에 가변성이 없는 것은 아니다. 철학자가 어느 시기에는 최고의 기계기술자보다 몇 배의 수입을 강연을 통해 벌기도 하지만 어떤 시기에는 마부의 보수만큼도 받지 못하기도 한다. 또 어떤 직종은 대도시에서는 비교적 고임금을 받지만 신개척지에서는 비교적 낮은 임금을 받는 수도 있다. 임금의 차이가 관습이나 법에 의해 인위적인 영향을 받기도 하지만, 어떤 경우에도 해당되는 몇 가지 사정을 추출해 볼 수 있다.

아담 스미스는 직업 간에 임금의 차등을 낳는 중요한 원인을 다음과 같이 열거하고 있다.『국부론』, 제1권 제10장 제1절 첫째로 직업 자체에 대한 호감도, 둘째로 업무를 배우는 데 드는 노력과 비용, 셋째로 직업의 안정성, 넷째로 업무 수행자가 지녀야 할 신뢰성, 다섯째로 직업의 성공 가능성.(주: 이 다섯 번째 것은 이윤 중의 위험요소와도 비유될 수 있는 것이데 성공적인 변호사, 의사, 도급업자, 연기자 등의 고임금을 설명해 줄 수 있다.) 여기에서 직업 간 임금 차등이 생기는 원인을 자세하게 검토할 필요는 없겠다. 이미 아담 스미스나 그의 후학들이, 비록 그 핵심적인 법칙은 제대로 이해하지 못했지만, 잘 설명해 두었기 때문이다.

노동의 수요와 공급

서로 다른 직업의 임금은 노동의 수요와 공급의 차이에 의해 상대적으로 변한다고 하는 말은 전적으로 옳다. 여기에서 노동의 수요란 특정 서비스에 대한 사회 전체의 요구를 의미하며, 노동의 공급이란 현재의 조건하에서 특정 서비스의 수행에 충당할 수 있는 상대적인 노동량을 의미한다.

이것은 임금의 상대적인 차이를 설명할 수 있는 진리이기는 하지만 일반적인 임금률이 공급과 수요에 의해 결정된다고 할 수는 없다. 공급과 수요라는 용어는 상대적인 용어이기 때문이다. 노동의 공급이란 다른 노동과 또는 다른 노동의 생산물과 교환되기 위해 노동이 제공되는 것을 말하며, 노동의 수요란 노동과 교환되기 위해 다른 노동이 또는 다른 노동 생산물이 제공되는 것을 의미하기 때문이다. 이렇듯 공급은 즉 수요이고 수요는 즉 공급이며, 사회 전체를 두고 본다면 공급과 수요는 동행하는 관계에 있다. 노동과 관련하여 일반적으로 공급과 수요를 들먹이는 잘못은 노동의 수요가 자본에서 생긴다든지 노동의 수요가 노동이 아닌 다른 무엇이라고 오해하는 습관에 기인한다. 이 오해에 대해서는 앞에서 충분히 설명한 바 있다.

임금 변동은 상호의존적

직업 간의 임금 차이를 빚는 사정이 여러 가지이며 또 그러한 사정은 상호 관련 속에서 변화하지만(이러한 변화는 시대별 또는 장소별로 상대적인 차이가 있음), 어느 직업의 임금률이 다른 직업의 임금률에 의해 영향을 받는다는 점은 경험적으로나 이론적으로 명백한 사실이다. 이렇게 해서 가장 높은 임금층에서부터 가장 낮고 넓은 임금층으로까지 연결된다. 최하층에서는 수요되는 노동의 질이 거의 비슷하며 노동 투입의 자유성도 가장 크다. 어느 직업에 투입될 수 있는 노동의 양은, 다소간의 장벽은 있겠으나, 고정된 것이 아니기 때문이다. 기능공은 누구나 단순노동자가 될 수 있고 또 상당수의 단순노동자도 기능공이 될 수 있다. 모든 가게주인은 점원이 될 수 있고 또 상당수의 점원은 어렵지 않게 가게주인이 될 수 있다. 상당수의 농부는 적절한 유인이 있다면 사냥꾼, 광부, 어부, 선원이 될 수 있다. 그리고 상당수의 사냥꾼, 광부, 어부, 선원도 수요가 있다면 농사로 전업할 수 있다.

각 직업의 경계에는 직업 간의 이동이 가능한 사람들이 적절한 균형을 이루고 있기 때문에 약간의 변화만 생겨도 노동투입의 방향이 달라질 수 있다. 따라서 어느 직업의 노동 수요가 증가 또는 감소한다고 해도, 일시적인 현상을 제외하면, 그 직업의 임금이 다른 직업의 상대적 임금수준(이 수준은 직업의 선호도나 안정성 등 기존의 사정에 의해 결정됨)보다 높아지거나 낮아질 수 없다. 또 법률, 직업상의 독과점 제도, 신분제도 등에 의해 인위적인 장벽이 부과되는 경우에도, 우리의 경험에 비추어 보면 이러한 장벽이 어느 정도 간섭을 하기는 해도 임금의 균형을 깨지는 못한다. 이런 장벽은 하천의 보와 같아서 수위를 본래보다 높이기는 하지만 물이 넘치는 것을 막지는 못한다.

임금의 일반 법칙

임금 간의 관계는 각 직업의 상대적 수준을 결정하는 상황의 변화에 따라 달라질 수 있지만, 어떤 직업의 임금이든 궁극적으로 최하층 직업의 임금에 의존한다는 사실은 분명하다. 즉 최하층 직업의 임금률 상승, 하락에 의해 일반적인 임금률이 상승, 하락한다는 것이다.

다른 모든 직업의 임금률에 기초가 되는 이 일차적이고 기본적인 직업은 자연으로부터 부를 직접 획득하는 직업이다. 따라서 이 직업에서의 임금의 법칙은 일반적인 임금의 법칙이 된다. 그리고 이 직업에서의 임금은 노동이 투입되는 자연 중 생산력이 최저인 자연에서 노동이 생산할 수 있는 양에 의해 정해진다. 따라서 그 임금은 일반적으로 경작의 한계, 좀 더 정확하게 표현하자면 노동이 지대를 지불하지 않고 자유롭게 투입될 수 있는 자연적 생산력의 최고점에 의존한다.

여기에서 우리가 찾아 낸 임금의 법칙은 이미 지대의 법칙에서 도출했던 그 파생법칙과 같다.

임금은 생산의 한계 즉 지대를 지불할 필요 없이 개방된 자연 중 최고생산점에서 노동이 얻을 수 있는 생산에 의해 정해진다.

리카도의 지대의 법칙과 같이 그 파생법칙인 임금의 법칙도 자체 내에 증명이 들어 있으며 단순한 제시만으로 자명하게 이해되는 법칙이다. 이 법칙은 경제학의 기초가 되는 중심적인 원리, 즉 인간은 최소의 노력으로 욕구를 충족하려 한다고 하는 원리를 적용했을 뿐이기 때문이다. 평균적인 사람이라면 자가노동을 하여 벌 수 있는 것보다 더 적게 받고 고용주를 위해 일하려고 하지 않을 것이다. 또 이 사람은 고용되어 받을 수 있는 것보다 자가노동의 소득이 적다면 자가노동을 하지 않을 것이다. 따라서 노동의 자유로운 투입이 가능한 자연의 기회로부터 나오는 대가는 노동이 어느 곳에서나 받을 수 있는 임금을 결정한다. 다르게 말하면 지대선은 필연적으로 임금선의 측정수단이 된다는 것이다. 사실 널리 수용되고 있는 지대의 법칙은 임금의 법칙을 사전에, 그리고 대체로 무의식적으로 수용하여야만 인정될 수 있는 법칙이다. 어느 토지의 지대가 사용되는 토지 중 생산성이 가장 낮은 토지에서의 생산을 초과하는 부분이라는 점을 분명히 하려면, 토지의 소유자가 노동을 고용하기 위해 지불하는 임금은 그 노동이 한계토지에 투입될 때 나오는 생산과 같다는 사실에 대한 이해가 있어야 하기 때문이다.

총생산 중의 구성비로서의 임금

여기에서 사용하고 있는 임금이라는 단어는 임금의 절대량이 아니라 구성비proportion로서의 임금을 의미한다는 점을 우선 지적해 둔다. 임금이 하락하고 지대가 상승한다고 할 때 노동자가 임금으로 받는 부의 총액이 줄어든다는 의미가 아니라 총생산에서 차지하는 임금의 구성비가 줄어든다는 의미이다. 구성비가 줄어들더라도 그 절대량은 변동이 없거나 늘어날 경우도 있다. 경작의 한계가 가령 25라는 생산점에서 20이라는 생산점으로 내려간다면 모든 토지의 지대는 이 차이만큼 상승할 것이고 총생산 중 노동자에게 임금으로 돌아가는 몫은 그만큼 줄어들게 된다. 그러나 기술발달 또는 인구증가에 의한 경제성 증대에 따라 노동의 생산성이 높아져 20의 생산점에서 과거에 25의 생산점에서와 같은 생산이 이루어진다면 노동자는 종전과 같은 임금을 얻게 된다. 임금의 상대적 하락은 노동자의 생필품이나 편리품의 감소로 나타나는 것이 아니라 토지가치의 증대 그리고 토지소유자 계층의 소득 및 사치성 지출의 증가로 나타난다.

중력의 법칙을 모르는 사람도 물체가 땅으로 낙하한다는 사실을 알고 있듯이 정치경제학과 무관한 사람도 단순한 현상으로 나타나는 지대의 법칙을 알고 있다. 가령 어느 나라에서 자연의 기회가 개방되어 있고 노동자가 자가노동을 통해 현재의 임금보다 더 높은 소득을 올릴 수 있다면 이 나라의 일반적인 임금률이 상승할 것이라는 정도는 누구라도 이해할 수 있다.

아담 스미스도 토지가 개방되어 있는 곳에서 고임금이 생기는 원인을 알고 있었다. 다만 그는 이 사실의 중요성과 연관성을 제대로 이해하지 못했다. 그는 새 식민지가 흥성하는 원인이라는 부분에서『국부론』, 제4권 제7장 다음과 같이 설명한다. "모든 식민지 개척자는 자신이 경작할 수 있는 것보다 더 많은 토지를 취득한다. 그는 지대도 물지 않고 세금도 거의 내지 않으며 … 따라서 그는 사방에서 노동자를 모집하여 가장 후한 임금을 지불한다. 그러나 토지가 풍부하고 값이 싸기 때문에 노동자는 얼마 안 있어 고용주를 떠나 스스로 토지소유자가 된다. 그리고는 다시 후한 임금을 주고 노동자를 고용하며 이 노동자는 다시 같은 이유로 해서 고용주를 떠나게 된다."

아담 스미스 이래 정치경제학 연구에 몸 바친 학자들의 저서를 읽을 때마다 그들이 임금의 법칙에 가서는 비틀거리며 이를 제대로 인식하지 못하는 모습을 보게 된다. 그러나 사실 그들 중 일부는 임금의 법칙을 제대로 인식하고도 그로부터 도출될 현실적인 결론이 두려워서 이 법칙을 여러 곤란한 문제를 푸는 열쇠로 이용하지 않고 무시하거나 은폐해 버린 것이 아닌가 하는 인상을 지울 수 없다. 위대한 진리는 이를 거부하고 짓밟는 시대에 대해서는 평화의 언어가 아니라 칼이 된다!

제10장

자본에 대한 이자

자본의 양은 고정된 것이 아니며 다음과 같은 원인에 의해 증감될 수 있다.

(1) 자본의 생산에 투입되는 노동의 증감

(2) 부와 자본 간의 전환

자유경쟁 상태에서 자본사용 대가의 최고액은 자본사용으로 인해 생기는 생산증가 총액이고 최저액은 소모된 자본의 대체액(이때 순수한 대가는 0)이다. 대가가 그 최고액보다 조금이라도 높다면 자본 차입이 손실을 낳고 그 최저액보다 조금이라고 낮으면 자본의 현상유지가 안 될 것이기 때문이다.

자본을 이익이 나오도록 사용하는 힘은 노동의 힘이며 자본 자체만으로는 아무런 이익을 낼 수 없다. 인디언이 활과 화살을 쓰면 사슴을 매일 한 마리씩 잡을 수 있고 작대기와 돌로는 겨우 일주일에 한 마리쯤 잡는다고 할 때 활과 화살을 만든 사람이 그 사용 대가로 사슴 일곱 마리당 여섯 마리를 요구할 수는 없다. 또 모직공장의 생산이 같은 노동력으로 물레와 수직기를 사용하는 생산보다 많다고 해서 공장에 투자한 자본가가 그 차이를 전부 차지할 수는 없는 것이다.

자본은 노동에 의해 생산된다. 자본은 사실상 노동이 물질에 혼입 또는 적립된 것으로서 필요가 생기면 혼입된 노동이 다시 방출된다. 이것은 마치 태양열이 석탄에 적립되었다가 용광로에서 방출되는 것과 같다. 그러므로 생산에서 자본의 사용은 노동의 한 형태일 뿐이다. 자본은 소모됨으로써만 사용될 수 있기 때문에 자본의 사용은 노동의 투입과 같다고 할 수 있다. 또 자본의 현상유지를 위해서는 노동에 의해 생산되는 자본의 양이 생산과정에서 소모되는 자본의 양과 맞먹어야 한다.

정상적인 이자의 수준은 자본 대가의 최고액과 최저액 사이의 어느 점에 놓인다. 이 수준은 노동의 보수와 자본의 대가가 두 요소의 투입 성과나 희생 정도에 있어 동일하게 되는 수준이다. 관습상 임금은 그 액수로 나타내고 이자는 비율로 나타내기 때문에 이 수준을 공식화하기는 어려울 것이다. 그러나 이자율이 수렴하는 어떤 점은 있기 마련이다. 이러한 균형이 실현되지 않는다면 노동은 자본 사용을 기피하게 되며 자본은 노동과 결합하려 하지 않을 것이기 때문이다.

이자와 임금 사이에 존재하는 이와 같은 자연적 관계를 상호 대립적인 관계로 볼 수도 있다. 가령 갑과 을 두 사람이 동업을 한다고 할 때 갑이 공동소득의 일정 비율을 받는다고 하면 갑의 소득이 많고 적음에 따라 을의 소득이 적고 많아지게 된다는 것이다. 그러나 이 경우에 각자가 자신이 공동소득에 기여한 만큼을 가지고 간다고 하면 한 사람 몫이 많아진다고 해서 다른 사람의 몫이 줄어든다고 할 수는 없다.

여기서는 물론 어떤 구체적인 임금이나 이자가 아니라 일반적인 임금률과 이자율을 말하는 것이며 이때 이자란 자본으로 얻을 수 있는 총소득 중 위험부담에 대한 보상과 영업관리에 대한 임금을 공제한 것을 의미한다.

특수한 생산부문에서는 노동을 제공하는 측과 자본을 제공하는 측 사이를 가르는 선이 분명하게 그어질 수도 있다. 그러나 일반적인 노동자

계층과 일반적인 자본가 계층이 명백하게 구분되는 사회에서도 두 계층은 그 경계에서 상당히 섞여 있기 마련이며 또 극단적인 경우에는 동일한 사람이 이 두 계층에 동시에 속하기도 하기 때문에 임금률과 이자율 사이의 균형을 회복하는 상호작용은 별다른 장애 없이 진행될 수 있다.

자본가와 토지소유자의 상대적 지위

부의 생산이 노동 없이 순전히 자본의 재생산력에 의해서만 이루어지는 사회에 어느 자본가가 자본을 가지고 왔다고 상상해 보자. 자본가가 지대를 지불할 필요가 없다고 하면 그는 생산된 부의 전부를 자본의 대가로 취할 것이다. 그러나 지대가 발생하면 이 지대는 자본이 생산한 것에서 나오게 되고 지대가 상승하면 자본가의 소득은 반드시 줄어들고 만다.

또 노동 없이 자본만으로 생산을 하는 곳이 섬처럼 지역적으로 제한되어 있다고 해 보자. 자본이 점점 증가하여 이 섬에서 자본이 더 이상 사용될 여지가 없을 정도가 되면 자본의 대가는 거의 그 대체비용에 가까울 것이고(즉 순수한 대가는 0에 가까울 것이고) 토지소유자가 생산의 거의 대부분을 차지하게 될 것이다. 왜냐하면 자본가가 이때 취할 수 있는 다른 방법이란 자본을 바다에 던져 버리는 것뿐이기 때문이다. 만일 이 섬이 외부 세계와 연결된다고 하면 이 섬의 자본의 대가는 외부의 자본의 대가와 일치할 것이다. 즉 이자는 다른 곳보다 높지도 낮지도 않게 된다. 이때 다른 곳에 대비한 이 섬의 유리함은 모두 지대로 흡수되므로 이 섬의 토지는 굉장한 가치를 가지게 될 것이다.

자본은 노동의 한 형태

사실상 부의 분배는 기본적으로 세 갈래가 아니고 두 갈래이다. 자본은 노동의 한 형태이므로 자본과 노동의 구분은 노동을 숙련노동과 비숙련노동으로 구분하는 것과 같은 수준의 하위 구분이다. 우리가 지금까지 얻은 결론은 자본을 노동의 한 형태로 보고 부가 지대와 임금으로만 나누어진다고 했을 때 얻을 수 있는 분배의 법칙과 같다. 즉 이 두 생산요소, 즉 자연의 물질과 힘 및 인간의 노력의 소유자 간의 분배의 법칙과 같다.

흔히 이자로 오해되는 이윤

이미 지적한 바와 같이, 일상 용어로 자본이라고 하는 가치의 큰 부분을 차지하는 토지가치는 자본이 아니다. 흔히 자본의 대가에 포함되는 지대 그리고 발전하는 사회에서는 총생산 중의 구성비가 점점 커지는 지대는 자본의 대가가 아니므로 이자와는 엄연히 구분되어야 한다.

부가 아닌 것은 자본이 될 수 없다. 즉 모든 자본은 구체적인 유형물이고, 자연에 의해 저절로 생겨난 물건이 아니며, 그 자체로 인간의 욕구를 직접, 간접으로 충족시키는 힘을 가진 물건이다.

따라서 정부가 발행한 공채는 자본이 아니며 자본을 대표하지도 않는다. 정부가 공채를 발행하여 조성한 자금이 전쟁물자로 소비되었다고 해 보자. 전쟁물자라는 자본은 이미 소모되어 버렸으므로 공채가 대표할 자본도 없어진 것이다. 즉 이때의 공채는 자본의 대표물이 아니다. 이 공채는 단지 정부가 어느 시기에 가서 국민의 재산에서 공채 액수만큼의 부를 조세로 걷어 공채 소지자에게 변상해 주겠다는 약속에 불과하다. 때로는 자본에 이자가 붙듯이 공채에도 이자가 붙는다. 현대 국가에서는 공채 이자액이 엄청나지만 이것은 자본이 생산한 부도 아니고 자본의 증가도 아니다. 이것은 엄격한 의미에서는 이자라고 할 수 없고 노동과 자본의 생산에 부과되는 조세라고 할 수 있으며 공채 이자에 의해 임금도 줄고 진정한 의미의 이자도 줄어든다.

그러나 강바닥을 깊게 파거나 등대를 세우거나 시장건물을 짓기 위해 공채를 발행했다고 해 보자. 아니면 내용은 마찬가지이지만 예를 좀 바꾸어 민간 철도회사가 회사채를 발행했다고 해 보자. 여기에서의 채권은 현존하는 자본 또는 생산 목적에 제공된 자본을 대표하는 동시에 주식회사의 주식과 같이 자본 소유의 증거로 간주할 수 있다. 그러나 채권이 실제로 자본을 대표하고 있을 때에만 이렇게 간주할 수 있는 것이지, 발행된 채권액이 실제로 사용된 자본을 초과할 경우에는 그렇지 않다.

경제학자 중에는 이윤이 이자, 위험부담에 대한 보험, 영업관리에 대한 임금이라는 세 가지로 구성된다고 보는 사람도 있다. 그런데 영업관리에 대한 임금에는 관리자의 개인적인 능력 즉 기술, 재치, 기업정신, 조직능력, 창의력, 성품 등에 의한 소득이 분명히 포함되지만 그 밖에도, 성격상 같이 분류하기는 어색하지만, 독점에 의한 소득도 포함된다.

예를 들어 제임스 1세가 금, 은으로 실을 만드는 독점권을 버킹엄 공작에게 부여하고 다른 사람에게는 엄격한 벌칙을 정해 금지했는데 이때 버킹엄 공작이 누리는 소득은 세공업에 투자한 자본의 이자나 세공기술에서가 아니라 왕으로부터 받은 독점권에서 생기는 것이며 사실상 금, 은 세공품을 사용하는 사람에게서 일종의 세금을 징수하여 자기 수입으로 삼을 수 있는 힘에서 생기는 것이다. 흔히 자본소득에 섞여 있는 이윤의 상당 부분이 이와 같은 원인에서 생긴다고 할 수 있다.

발명을 촉진하기 위해 몇 년 동안 보장해 주는 발명특허권도 이와 같으며 국내산업 보호라는 명목으로 보호관세를 부과할 때 발생하는 독점의 대가도 이와 마찬가지이다.

또 위험부담에 의해 생기는 이윤이 이자와 혼동되는 경우도 많다. 위험부담을 통해 일부 사람은 부를 취득하고 대다수 사람들은 손실을 입는다. 주식투기 등 각종의 투기가 이러한 예에 속한다. 이는 노름판에서처럼 한 사람이 따면 다른 사람은 잃기 마련이다.

저자가 개념 구분의 필요성을 강조한 이유는 지금까지의 논의에서 잘 나타난다. 자신의 입장을 어느 쪽에 두느냐에 따라 흑백이 뒤바뀌기 때문이다. 한편에서는 자본이 노동을 침식함으로써 거대한 부의 축적과 극심한 빈곤이 병존한다는 견해를 펴고 있다. 그러나 다른 편에서는 자본이 노동을 돕는다고 하며 빈부 계층 사이에 놓인 커다란 간격은 조금도 정의에 어긋나거나 부자연스러운 것이 아니며 부는 근면, 지식, 절약의 대가이고 빈곤은 나태, 무지, 무절제에 대한 벌이라는 견해를 펴고 있다.

제11장

물질적 진보가 부의 분배에 미치는 효과

지대가 상승하기 때문에 임금이 오르지 못한다는 말은 증기선이 증기기관의 힘으로 움직인다고 하는 말처럼 당연한 것이다. 문제는 지대상승의 원인이 무엇이냐 하는 데 있을 뿐이다. 생산력의 증대에 따라 생산물 중 지대로 분배되는 비율이 높아지도록 하는 힘 또는 이유는 과연 무엇일까?

리카도는 지대상승의 원인으로 인구증가만을 들었다. 그는 인구가 증가함에 따라 식량증산이 필요한데 이를 위해 경작이 열등한 토지로 또는 같은 토지에서 생산성이 열등한 점으로 확장된다고 하였다. 인구증가의 압력으로 인해 저생산점으로의 확장이 불가피하고 이로 인해 지대가 상승한다는 것은 의문의 여지가 없는 진실이다. 그러나 이것만으로 물질적 진보에 따른 지대상승을 충분히 설명할 수 있다고는 볼 수 없다. 지대상승을 야기하는 다른 여러 원인이 분명히 존재하는데 이러한 원인이 전체적으로든 부분적으로든 해명되지 않는 것은 자본의 기능과 임금의 발생에 관한 견해가 잘못되어 있기 때문이다. 이를 분명하게 이해하기 위해서 물질적 진보가 부의 분배에 미치는 효과를 검토해 보자.

물질적 진보의 내용 또는 원인이 되는 변화는 다음과 같은 세 가지로 볼 수 있다.

(1) 인구의 증가

(2) 생산과 교환의 기술 발달

(3) 부의 생산력을 증가시키는 범위 내에서의 지식, 교육, 정부, 주민의 태도나 도덕심의 향상

흔히 말하는 물질적 진보는 이 세 가지 요소로 구성되거나 이러한 방향으로 이루어지며 과거에 진보를 이룩했던 여러 국가에서도 정도의 차는 있었지만 이러한 변화가 실제로 발생하였다.

물질적인 힘이나 경제성이라는 면에서만 볼 때 지식의 증대나 정부의 개선 등은 기술의 발달과 동일한 효과를 갖는다. 따라서 이들을 따로 떼어 생각할 필요는 없겠다. 지성 또는 도덕의 진보가 우리의 문제에 미치는 효과에 대해서는 차후에 검토할 것이다. 지금 우리는 물질적 진보에 대해서만 다루고 있으므로 이 요소가 부의 생산력을 증가시키는 측면에 관해서만 고찰할 것이며, 이들의 효과를 기술발달의 효과에 포함시켜 고찰하게 된다.

인구증가의 효과

현재의 일반적인 설명에 의하면 인구가 증가하면 생존물자에 대한 수요가 증가하고 이로 인해 현재보다 더 열등한 토지 또는 열등한 생산점으로 생산이 확장되기 때문에 지대가 상승한다고 한다. 일정한 인구 규모에서 경작의 한계가 30이라고 하면 생산력이 30을 초과하는 모든 토지에서 지대가 발생한다. 인구가 두 배로 불어나면 토지의 추가 공급이 필요한데 이것은 경작의 확장에 의해서만 가능하며 이렇게 되면 과거에 지대가 발생하지 않던 토지에 지대가 발생한다. 경작의 확장이 20까지 이루어지면 20에서 30 사이의 모든 토지에서 지대, 즉 토지가치가 생기며 30을 넘는 토지에서는 지대, 즉 토지가치가 상승한다.

그러나 여기에서 오해가 생길 수 있는데, 인구증가가 부의 분배에 미치는 효과를 올바르게 파악하기 위해서는 오해를 풀어야 한다. 오해란 저생산점으로 생산이 확장되면 투입노동에 대비한 생산이 줄어든다는 것이다.

인구증가에 기술발달이 수반하지 않는다고 하더라도 인구증가 자체만으로도 노동의 생산성은 증대한다. 다른 조건이 동일할 때 100명의 노동생산은 한 사람의 노동생산의 백 배보다 더 많으며 1,000명의 노동생산은 100명의 노동생산의 열 배보다 더 많다. 즉 인구증가에 따라 노동자의 수가 늘어나면 노동생산력의 증가는 비율적으로 보아 더 커진다. 이와 같이 인구증가에 따라 생산력이 낮은 자연을 사용하게 되더라도 부의 평균생산이 줄어든다고 할 수도 없고 최저생산점에서의 생산이 줄어든다고 할 수도 없다. 인구가 두 배로 증가할 경우에 같은 노동을 투입해도 종전에 20을 생산하던 토지에서 30을 생산할 수도 있다. 잊어서는 안 되는 사실은, 그런데 흔히 잊게 되는 사실은, 토지나 노동의 생산성은 단지 한 가지 품목으로만 측정해서는 안 되고 인간에게 필요한 모든 종류의 품목으로 측정해야 한다는 것이다. 어느 개척자 가족이 마을에서부터 100마일 떨어진 토지에서 옥수수를 재배한다면 마을 한가운데의 토지에서 재배하는 것이나 마찬가지의 수확을 올릴 것이다. 그러나 마을에서라면 이보다 못한 토지에서도 같은 노동으로 비슷한 정도의 생활을 할 수 있을 것이고 같은 질의 토지에서라면 고액의 지대를 지불하더라도 비슷한 정도의 생활을 할 수 있을 것이다. 그 이유는 인구가 많은 곳에서는 노동의 효과성이 더 커지기 때문이다. 이것은 옥수수 재배의 효과성이 아니라 일반적인 부의 생산, 즉 노동의 진정한 목적이라고 할 수 있는 모든 상품과 서비스의 획득의 효과성을 말한다.

양으로서의 임금과 비율로서의 임금

토질의 차이가 있는 경우에 사람들은 당연히 가장 좋은 토지를 먼저 사용할 것이고 인구가 증가하면 차례로 그 다음 등급의 토지를 사용해 나가게 된다. 그러나 인구 증가에 따른 경제성으로 인해 노동의 효과성이 높아지게 되므로, 새로 경작되는 토지의 질이 종전보다 열등하더라도 이 토지에서 같은 양의 노동에 의해 생산할 수 있는 부는 종전보다 많아진다. 인구증가의 효과는 이 정도에 그치지 않고 이미 경작되고 있던 더 좋은 토지에서의 부의 생산력도 높아진다. 인구증가로 인해 노동의 효과성이 높아지는 정도가 질이 나쁜 토지로 경작이 확장되는 정도보다 빠르면, 경작의 한계가 낮아지고 지대가 상승하더라도 노동에 대한 최저 대가는 오히려 더 커진다. 다시 말하면 비율로서의 임금은 하락하더라도 양으로서의 임금은 많아질 수 있다는 것이다. 이때 부의 평균 생산은 증가한다.

한편 노동 효과성의 상승이 추가 사용 토지의 생산성 하락과 단순히 맞먹는 정도라고 한다면, 경작의 한계가 낮아지므로 지대는 상승하고 양으로서의 임금은 줄지 않으며 평균 생산은 증가하는 것으로 인구증가의 효과가 나타난다.

또 인구는 계속 증가하지만 현재 사용되는 토지 중 최열등지와 그 다음 등급의 토지와 질의 격차가 너무나 현격하여 인구증가에 의한 노동생산력 상승이 이 격차를 메우지 못할 경우에는 노동에 대한 최저 대가는 하락하고, 지대가 상승하면서 임금은 비율과 양 모두 줄어든다. 그러나 토질의 하락이 우리의 상상을 초월할 정도로 극심하지 않다면 평균 생산은 이 경우에도 증가할 것이나. 인구증가로 인해 높아지는 효과성은 모든 노동에 영향을 미치며 기존에 사용되고 있는 우수한 토지에서의 생산증가는 새로 사용되는 토지의 생산성 하락을 보충하고도 남는다. 부의 총생산은 노동이 총투입에 비해 많아지며 그 분배는 더 불공평해진다.

이렇게 하여 인구증가는 질이 낮은 자연으로 생산을 확장시키면서 지대를 상승시키고 비율로서의 임금을 하락시키는데, 이때 양으로서의 임금은 줄어들 수도 있고 그렇지 않을 수도 있다. 그러나 인구증가가 노동의 총투입에 대비한 부의 총생산을 줄이는 일은 거의 또는 전혀 없으며 오히려 총생산을 대폭 증가시키는 경우가 많다.

발명과 기술발달의 효과

발명과 생산기술의 발달은 노동을 절약하는 효과를 갖는다. 즉 적은 노동에 의해서도 같은 결과가 생기며 같은 노동을 투입하면 더 큰 결과가 생긴다.

사회의 물질적 욕구가 현재의 노동력으로 완전히 충족되고 있으며 앞으로 새로운 욕구도 생기지 않는다고 한다면 노동절약적인 기술발달의 효과는 단순히 노동력 투입량의 감소로 나타난다.

우리가 연구 대상으로 삼고 있는 소위 문명사회에서는 이와 반대의 현상이 나타난다. 수요는 고정되어 있는 것이 아니며 인구가 증가하면 수요도 증가한다. 각 개인에 있어서도 자신의 물자 취득 능력이 커지면 수요도 커진다. 부의 생산력이 부에 대한 욕구를 완전히 충족시켜 주는 경우는 없으며 더구나 부에 대한 욕구는 충족이 될수록 더 커진다. 그렇다면 노동절약적 기술발달의 효과는 부의 생산 증대로 나타난다고 하겠다.

한 가지 형태의 부를 소유 또는 생산하는 것은 이와 교환될 수 있는 다른 형태의 부를 소유 또는 생산하는 것과 사실상 마찬가지라는 사실을 기억해 주기 바란다. 노동의 목적은 한 가지 형태만의 부를 얻는 데 있는 것이 아니라 자신의 욕구에 맞는 모든 형태의 부를 얻는 데 있다. 그러므로 그중 어느 한 가지를 생산하는 데 드는 노동을 절약할 수 있는 기술발달은 다른 부의 생산력을 증대시키는 것과 같은 효과를 갖는다.

예를 들어 어느 사람이 자기 노동의 반을 식품을 구하는 데 쓰고 나머지를 옷과 집을 마련하는 데 쓴다고 할 때 식품의 생산력을 증대시키는 기술발달은 옷과 집을 마련하는 능력도 향상시킨다. 이 사람의 식생활 개선의 욕구와 옷과 집에 대한 개선의 욕구가 같은 정도라면 한쪽의 기술발달은 다른 쪽의 유사한 기술발달과 완전히 같은 결과를 낳는다. 가령 기술발달의 내용이 식품생산에 관한 이 사람의 노동능력을 두 배로 올려 주는 것이라면 이 사람은 식품생산 노동을 3분의 1 줄이고 옷과 집을 마련하는 노동을 3분의 1 늘리게 될 것이다. 또 기술발달의 내용이 옷과 집을 마련하는 능력을 두 배로 올려 주는 것이라면 옷과 집 생산 노동을 3분의 1 줄이고 식품 생산 노동을 3분의 1 늘리게 될 것이다. 어느 경우에나 그 결과는 같다. 즉 이 사람은 같은 노동으로 그의 욕구에 맞는 부를 양이나 질 면에서 3분의 1 더 많이 획득하게 된다는 것이다.

한편 생산이 개인 간의 분업에 의해 이루어지는 경우에도 전체의 생산 중 한 가지 부의 생산력이 증대하면 다른 부를 획득하는 능력도 증대된다고 하겠다. 이때 다른 부의 생산력이 증대되는 정도는 절약되는 노동이 총투입노동에서 차지하는 비율에 의해 그리고 욕구의 상대적 강도에 의해 정해진다.

효과성 증대는 지대 증가로 흡수된다

노동절약적 기계와 기술발달의 효과를 더 분명하게 이해하기 위해, 일부 국민이 전국의 토지를 소유하는 나라(현재의 문명사회는 다 이런 나라임)를 예로 들어 보자. 이때 인구는 더 이상 증가하지 않으며 현재의 경작의 또는 생산의 한계가 20이라고 가정한다. 이 경우에 노동과 자본의 투입에 의해 20의 대가가 나오는 토지에서는 보통의 임금과 이자가 생기며 지대는 조금도 생기지 않는다. 그리고 같은 양의 노동과 자본을 투입하여 20을 초과하는 수확이 나오는 토지에서는 그 초과액만큼의 지대가 생긴다.

인구가 고정되어 있는 상태에서, 발명과 기술발달로 인해 같은 양의 부를 생산하는 데 필요한 노동과 자본의 양이 10분의 1 절약된다고 해 보자. 이때 노동과 자본의 투입을 줄이면 생산은 전과 같이 이루어질 것이고 노동과 자본의 투입을 그대로 유지하면 생산량은 늘어날 것이다. 그러나 현대 사회의 산업구조를 감안하면 노동투입을 줄일 경우에 작업량이 줄면서 임금이 같은 수준으로 유지되는 것이 아니라, 적어도 그 초기에는 일부 노동자가 해고되어 임금을 받지 못하게 되기 쉽다고 하겠다. 새로운 기술발달에 의해 노동의 능률이 높아진 다음에는 자연적 생산성이 18인 점에서 종전에 20인 점과 같은 생산이 이루어지게 된다. 이러한 사정하에서 인간 욕구의 무한성과 노동, 자본 투입의 경쟁성이 작용하면 종전에 생산성이 18이었던 점으로 생산의 한계가 확장된다. 이때 지대는 18과 20의 차이만큼 오르게 되고 반면에 임금과 이자는 양적으로는 종전과 같으며 총생산에 대한 비율 면에서는 줄어들게 된다.

발명과 기술발달이 더 진행되면 노동의 능률성이 더 높아질 것이고 같은 결과를 생산하는 데에 필요한 노동과 자본의 양은 더 줄게 된다. 그러면 위에서와 같은 원인에 의해 새로이 증가된 생산력이 활용되어 더 많은 부가 생산될 것이며 경작의 한계는 다시 확장되고 지대는 비율이나 양의 면에서 증가한다.

이상에서 발명과 기술발달이 널리 확산된다는 가정하에서 논의를 전개하였다. 그러나 일부의 사람들만이 발명과 기술발달을 활용하고 그로 인해 특수한 이익을 취한다고 하면 일반적인 부의 분배에 영향을 주지는 못할 것임이 분명하다. 가령 특허법에 의해 제한적인 독점이 허용되는 경우가 이런 예에 속한다. 이러한 특수 이익이 흔히 자본에서 나오는 이윤이라고 오해되기도 하지만 이것은 독점의 대가일 뿐이며 기술발달에 의한 부의 증가가 이러한 특수 이익으로 돌아가는 한 일반적인 분배에 일차적인 영향을 주지 않는다. 예를 들어 철도 등과 같이 수송비를 절감할 수 있는 기술발달의 경우, 철도요금이 투하자본에 대한 통상적인 이자의 수준으로 하락하면 그 혜택이 확산되었다고 할 것이고 철도요금이 통상적인 이자 이상으로 유지되면 독점되었다고 할 수 있다. 그리고 잘 알려져 있듯이 토지가치는 철도요금의 인하에 따라 상승한다.

앞서도 지적한 바와 같이 토지가치를 올리는 기술발달에는 생산력을 직접 향상시키는 기술발달 외에 정부의 개선, 주민의 태도와 도덕심의 향상 등 생산력을 간접적으로 높이는 것도 포함된다. 이 모든 것의 효과는 생산력의 증가를 초래하며, 그 혜택은 생산기술의 발달과 마찬가지로 궁극적으로 토지소유자에 의해 독점되고 만다.

제12장

광대한 평원의 예

인구가 증가하면 경작의 한계가 낮아져서 지대가 상승하지만, 인구증가에 따라 지대가 상승하는 경로가 이것밖에 없다고 생각하면 잘못이다. 인구가 증가하면 자연적 토질과 관계 없이도 지대가 상승한다. 인구증가에 따라 협동과 교환의 힘이 커져서 토지의 능력도 올라가기 때문이다.

인구증가에 따라 생산력이 향상되면 특정 토지에 투입되는 노동도 더 큰 힘을 발휘하게 된다. 이 힘의 증가는 노동 일반에 나타나는 것이 아니라 특정 토지에 투입되는 노동에만 나타나며 따라서 토질, 기후, 광물자원 기타 자연적 상황과 마찬가지로 토지에 내재한 것처럼 되고 또 토지소유권과 더불어 이전한다.

경작방법이 개선되어 종전에 일모작하던 토지에서 같은 비용으로 이모작을 하거나 도구와 기계가 개선되어 특정 토지에서 노동의 결과가 두 배로 높아지면 토지의 비옥도가 두 배로 되는 것과 같은 효과를 낳는다.

이제 풀, 꽃, 나무, 시내 등 모든 조건이 동일한 토지가 무한히 펼쳐져 있는 광대한 평원이 있다고 상상해 보자. 여기에 최초의 주민이 마차를 타고 이주해 와서 정착하려고 한다. 모든 토지가 다 좋기 때문에 이 사람은 어느 곳에 정착할지 마음을 정하기 어려울 것이다. 숲이나 물이나 비옥도나 주변환경이 아무런 차이가 없어 그 풍요로움에 오히려 당황하게 된다. 보다 좋은 장소를 찾아 헤매다가 결국은 아무 곳에나 자리를 잡게 된다. 토양은 풍요롭고 사냥감도 많으며 강에는 최상의 송어가 뛰논다. 자연은 그야말로 최적의 조건을 갖추고 있다. 이 사람은 인구가 많은 고장에서라면 부자로 지낼 수 있는 조건을 갖추고 있다. 그러나 이 사람은 가난하다. 다른 사람에 대한 심리적인 그리움(이런 환경에서라면 악당이 찾아와도 반가울 것임)은 그만두고라도 혼자라는 데에서 생기는 물질적인 불리함 속에서 일하지 않으면 안 된다. 많은 사람이 힘을 합쳐서 해야 하는 일이 있어도 자기 가족을 빼면 아무런 도움을 얻을 수 없다. 가축이 있다고 해도 신선한 육류를 즐길 수 없다. 비프스테이크를 먹으려면 소 한 마리를 다 잡아야 하기 때문이다. 이 사람은 스스로 대장장이도 되어야 하고 마차도 수리해야 하고 목수일도 해야 하고 구두도 수선해야 한다. 말하자면 뭐든지 하지만 제대로 하는 것은 하나도 없는 상태가 된다. 자녀를 학교에 보낼 수도 없다. 그렇게 하려면 독선생을 모실 경제력이 있어야 하기 때문이다. 이 사람 혼자서 생산할 수 없는 물자는 한꺼번에 많이 사다가 두고두고 쓰거나 아니면 없는 채로 지내는 수밖에 없다. 다른 일을 제쳐놓고 마을까지 먼 길을 자주 왕래할 형편이 못되기 때문이다. 약을 구한다든지 승곳을 신다든지 해서 꼭 마을에 가야 할 사정이 생기면 며칠간 자신과 말이 일을 못 하게 된다. 이러한 상황에서는 자연이 아무리 풍요롭다고 해도 가난하게 사는 수밖에 없다. 먹을 것은 쉽게 구할 수 있겠지만 혼자의 노동으로는 아주 원시적인 생활의 단순한 욕구나 충족시키는 정도밖에 할 수 없다.

이제 또 다른 사람이 이주해 온다고 하자. 광대한 평원의 어느 곳이나 조건이 동일하지만 이 사람은 정착지를 정하는 데 고심하지 않는다. 토지는 동일하지만 이 사람에게 유리한 위치가 한 곳 있는데 이곳은 바로 먼저 이주한 사람이 정착한 곳, 즉 이웃을 둘 수 있는 곳이다. 그래서 이 사람은 최초의 이주자 옆에 자리를 잡는데 이로 인해 먼저 이주한 사람의 상황은 대폭 개선되며 지금까지 불가능했던 여러 일이 이제는 가능하게 된다. 왜냐하면 두 사람이 서로 도우면 혼자서는 할 수 없었던 일을 해낼 수 있기 때문이다.

어울림의 이익

또 다른 사람이 이주해 오면 앞에서와 같은 이유로 이 사람도 먼저 온 두 사람이 살고 있는 위치에 정착할 것이다. 이렇게 해서 이주자가 계속 들어오면 작은 마을이 형성된다. 이제 노동은 종전에 볼 수 없었던 효과성을 갖는다. 마을 사람들이 공동으로 힘을 합치면 혼자서는 몇 해가 걸릴 힘드는 일이 단 하루에 끝난다. 한 사람이 소를 잡으면 다른 사람이 나누어 먹고 다음에 자기 소를 잡아 갚기 때문에 언제나 신선한 육류를 먹을 수 있다. 공동으로 교사를 들여 자녀를 교육시키면 첫 이주자가 독선생을 모실 때보다 훨씬 적은 비용이 든다. 마을 사람 중 누군가는 다른 마을에 가는 경우가 많을 것이므로 다른 마을에서 일을 보기도 쉬워진다. 그러나 다른 마을에 가야 할 일도 적어질 것이다. 대장간이나 수레 수선점이 곧 들어설 것이고 연장을 수리하는 데에도 종전보다 훨씬 수고를 덜 하게 된다. 상점이 생겨 원하는 것을 구할 수 있고 우체국이 생겨 외부와 통신도 할 수 있다. 구두 수선공, 목수, 마차 기술자, 의사도 있을 것이고 소규모의 교회도 생긴다. 혼자 살 때는 불가능했던 여러 가지 만족감을 이제는 얻을 수 있다. 인간이 동물보다 더 우월한 부분 즉 사회적, 지적 충족감도 느낄 수 있다. 일체감, 동료의식, 경쟁심 등으로 인해 생활은 넓고 다양하게 전개된다.

이제 이주민에게 가서 이렇게 말해 보라. "선생은 과일나무도 많이 심었고 토지에 울타리도 많이 쳐두었고 우물도 팠고 창고와 주택도 지었으니 선생의 노동으로 인해 이 농장에 많은 가치가 생겼습니다. 그러나 선생의 토지는 전만큼 비옥하지 않습니다. 오랫동안 농사를 지었으니 이제 거름도 주어야 합니다. 선생이 지금까지 이룩한 결과에 대해 충분한 값을 쳐드릴 테니까 모두 나에게 팔고 가족을 데리고 다시 새로운 지역으로 이주하는 것이 어떻겠습니까?" 그러면 그 사람은 웃고 말 것이다. 그의 토지에서 수확되는 밀이나 옥수수나 감자의 양은 전만 못하겠지만 이 토지로 인해 생기는 생활필수품과 편리품은 훨씬 많다. 이 토지에서 농사를 짓는다면 수확이 전만 못하지만 물자는 훨씬 많이 생긴다. 다른 이주자의 존재, 즉 인구의 증가가 토지에 투입되는 노동의 생산성을 높였고 이러한 생산성 향상으로 인해 이 토지는 사람이 살지 않는 곳의 비슷한 질의 다른 토지보다 우수한 토지가 되어 있다.

마을이 커져서 도시가 되면

인구증가가 계속되고 이에 따라 경제가 커지면 토지의 생산성도 높아진다. 첫 이주자의 토지는 이제 인구의 중심이 되어 상점, 대장간, 마차목공소 등이 이 토지 또는 그 주변에 들어서며 곧이어 마을 규모로, 또 소도시 규모로 성장하여 전체 지역 주민의 교환 중심지가 된다. 이 토지는 농업생산성에 있어서는 처음보다 못하지만 그보다 높은 종류의 생산성이 발전하기 시작한다. 옥수수, 밀, 감자를 재배하는 노동에서는 처음보다 많은 생산이 생기지 않는다. 그러나 다른 생산자와의 접근성이 필요한 생산 분야에 투입되는 노동에서는, 특히 생산과정의 최종단계인 분배단계에 속하는 분야에 투입되는 노동에서는, 훨씬 더 많은 대가가 발생한다. 밀을 재배하는 사람은 외곽지로 이주하더라도 전과 같은 양의 밀을 생산하여 비슷한 부를 유지할 수 있다. 그러나 기술자, 공장 주인, 상점 주인, 전문직 종사자는 교환의 중심이 되는 곳에서 노동을 투입하면 외곽지에서 일하는 것보다 많은 수입을 올릴 것이다. 이러한 경우에 생기는 생산성의 초과부분에 대해서는 토지소유자가 대가를 요구할 수 있다. 따라서 이 토지를 소유하는 첫 이주자가 자기 토지의 일부를 떼어 택지로 팔면 토지의 비옥도가 몇 배 높은 토지에서 밀을 재배하는 경우에도 받을 수 없는 비싼 가격을 받을 수 있다. 이렇게 해서 그는 고급 주택을 짓고 고급 가구를 들여 놓을 수 있다. 이 현상을 달리 표현해 본다면, 토지사용자는 인구증가로 인해 토지가 갖게 된 높은 생산성을 이용하는 대가로 토지소유자를 위해 고급 주택과 고급 가구를 마련해 주는 셈이라는 것이다.

인구가 자꾸 증가하면 토지의 효용이 엄청나게 커지고 토지소유자의 부도 크게 불어 난다. 소도시는 커져서 대도시가 되고 또 계속해서 커진다. 이 곳에서의 생산은 최고의 기계와 최선의 설비를 통해 대규모로 이루어진다. 노동의 분업도 극히 미세하게 이루어져서 능률성이 몇 배로 증가된다. 상품교환의 마찰이나 손실이 극소화되어 그 양과 속도가 엄청나게 증가한다. 이 곳은 최초의 한 가족으로부터 출발하여 이제는 거대한 사회기구의 심장이자 두뇌가 되었다. 여기는 인간 세계의 거대한 중심의 하나가 되었다. 모든 도로, 모든 흐름이 주변지역을 거쳐 이곳으로 들어온다. 여기는 물자의 훌륭한 판매처이자 구입처이다. 이곳은 지적 활동의 초점이며 정신의 교섭에서 나오는 지적 자극이 생기는 곳이다. 여기에는 거대한 도서관, 지식의 창고, 학식이 깊은 교수, 유명한 전문가가 있다. 박물관, 미술관이 여기에 있으며 모든 희귀하고 소중한 물건, 최고급 물건도 있다. 세계 각처에서 모여든 위대한 연기자, 웅변가, 성악가도 이곳에 있다. 간단히 말해서 이곳은 모든 방면에서 인간생활의 중심이 된다.

이 토지가 노동에 제공하는 이익이 너무나 크기 때문에, 한 사람이 말을 몰고서 땅을 가는 정도가 아니라 지상으로부터 여러 층을 올린 건물에서 그리고 지하에서는 수천 마력을 내는 기관이 가동되는 가운데 수천 명의 노동자가 일하는 곳도 여러 군데 생긴다.

토지가치가 굉장히 상승한다

이 토지와 결합되어 있는 모든 이익은 이 토지가 아닌 곳에서는 누릴 수 없다. 이곳이 인구의 중심이며 교환의 초점이자 고급 산업이 입지한 곳이기 때문이다. 인구 밀집으로 인해 이 토지에 결부된 생산력은 토지의 비옥도가 수백 배, 수천 배 증가한 것과 맞먹는다. 그리고 이 토지의 지대는 이 토지와 최열등지 간의 생산성 차이를 의미하므로 당연히 상승한다. 이 토지의 첫 정착자 또는 그에게서 권리를 승계한 사람은 이제 거부가 되어 있다. 이 사람이 마치 립 밴 윙클Rip Van Winkle처럼 일을 않고 잠만 잔다고 해도 그동안 인구가 증가하기 때문에 역시 부자가 된다. 이러한 토지 한 조각만 소유하여도 기계기술자보다 더 많은 소득이 생긴다. 어떤 땅은 금으로 포장해도 좋을 만큼의 값으로 거래된다. 중심 도로에는 값비싼 건축자재와, 장식품으로 지은 높은 건물이 선다. 그러나 이런 건물도 바닥의 토지가치에는 미치지 못한다. 그런데 이 토지는 최초의 이주자가 정착했을 때, 즉 아무런 토지가치를 갖지 않았을 때와 달라진 것이 없는 동일한 토지이다.

인구증가가 지대를 상승시키는 이런 모습은 진보하는 국가에서라면 누구나 직접 목격할 수 있다. 그 과정이 바로 눈앞에서 전개되고 있기 때문이다.

사용되는 토지의 생산성 차이가 커지면 지대 상승폭도 커진다. 이러한 결과는, 인구증가로 인해 필연적으로 열등한 토지를 추가로 사용해야 하기 때문에 생긴다기보다는 인구증가가 기존에 사용하던 토지에 더 높은 생산성을 부여하기 때문에 생긴다.

지구 상에서 가장 비싼 토지, 지대가 제일 높은 토지는 그 자연적 비옥도가 높은 토지가 아니라 인구증가로 인해 초과효용이 부여된 토지이다.

지금까지의 논의를 요약해 보자.

인구증가가 부의 분배에 미치는 효과는 아래의 두 가지 과정을 통해 지대를 상승시키고 그 결과 총생산 중 자본과 노동의 대가로 귀속되는 비율을 감소시킨다.

첫째는 경작의 한계가 낮아지는 과정.

둘째는 잠재해 있던 토지의 특별한 능력이 인구증가에 의해 발현되어 특정 토지와 결부되는 과정.

위의 둘째 과정은 지금까지 정치경제학에서 별다른 주목을 받지 못했지만 저자는 이것이 진정 더 중요하다고 생각한다.

제13장

경제불황의 일차적 원인

물질적 진보가 부의 분배에 미치는 영향을 충분히 설명하기 위해서는 지금까지 언급하지 않은 또 하나의 원인을 고려하여야 한다. 미래의 토지 가치 상승에 대한 확실한 기대가 그것이다. 모든 진보하는 국가에서는 지대가 꾸준히 상승하기 때문에 이런 기대가 형성되며 그 결과 토지투기, 즉 정상가격보다 더 높은 가격이 형성되기를 바라며 토지를 보유하는 행위가 발생한다.

지금까지 우리는, 지대이론을 연구할 때 일반적으로 가정하듯이, 경작이 저생산점으로 확장되는 시기는 더 높은 생산점에서의 생산기회가 충분히 이용되고 난 다음이라고 가정하였다. 그러나 진보의 속도가 빠른 사회에서는 지대가 지속적으로 상승하기 때문에 미래에도 지대가 계속 상승할 것이라고 예상하게 되는데 이러한 사회에서는 위의 가정이 맞지 않는다. 정도의 차이는 있겠지만, 지가의 상승에 대한 확실한 기대가 있으면 토지소유자끼리 일종의 결속이 이루어지고 이들은 지가가 더 오르기를 기대하면서 토지를 유휴화하게 되며 이에 따라 경작의 한계는 생산적 필요성에 의해서보다 더 낮아진다.

이러한 현상은 급속히 성장하는 모든 도시에서 나타난다. 만일 위치가 더 좋은 토지가 그보다 못한 토지보다 언제나 먼저 활용된다고 하면 성장하는 도시의 내부에 유휴지가 남아 있다거나 고급 건물 가운데 판잣집이 그대로 있을 까닭이 없다. 토지가, 때로는 굉장히 비싼 토지까지도 전혀 사용되지 않거나 또는 충분히 사용되지 않는 것은, 개발할 능력이 없거나 개발을 원하지 않는 토지소유자가 토지가치의 상승을 기대하면서 현재 토지를 개발하려고 하는 사람에게서 받을 수 있는 대가보다 더 높은 대가를 받기 위해 토지개발을 보류하는 데 원인이 있다. 이러한 토지가 제대로 사용되지 않으면 그 결과 도시의 한계는 그만큼 중심으로부터 더 멀리 밀려나게 된다.

그러나 성장하는 도시에서는 그 경계(이 경계는 건축의 한계로서 농업에서의 경작의 한계에 해당됨)에 있는 토지가 현재 농업용으로 적합하다고 해도 농지로서 갖게 될 가격으로는 이 토지를 구입할 수 없다. 또 도시의 경계에서 멀리 떨어진 토지도 앞으로 도시용으로 사용될 것이라고 사람들이 믿기 때문에 투기적 가치를 갖게 된다. 도시의 지대와 무관하게 형성되는 가격으로 토지를 구입하려면 실제 도시적 토지사용이 이루어지고 있는 지역의 경계로부터 멀리멀리 더 나가야 한다.

토지투기의 영향

인구가 증가하고 기술발달이 연이어 이루어지는 진보하는 사회에서는 토지가치가 계속해서 상승한다. 이러한 상황에서는 미래에도 토지가치의 상승이 계속될 것으로 기대되기 때문에 자연히 토지투기가 발생한다. 이때 토지가치는 현재의 생산조건하에서 노동과 자본에 대한 통상의 대가를 지불할 수 있는 정도 이상으로 상승한다.

따라서 생산이 중단되기 시작한다. 생산의 절대액이 꼭 줄어든다고 할 수는 없고 대체로 보아 줄지 않는 경우가 더 많을 것이다. 그러나 진보하는 사회에서, 노동과 자본에 통상의 대가를 지불할 수 없어 생산이 진보에 비례하여 증가하지 않는 현상이 나타난다면, 이는 정체된 사회에서의 생산량 감소에 해당된다고 할 수 있다.

어떤 생산부문에서 이러한 생산의 중단 내지 감소 현상이 발생하면 이는 산업구조 속의 다른 생산부문에 대한 수요의 중단 내지 감소 현상을 초래하고 그로 인해 다른 부문에서도 생산이 억제된다. 이와 같은 마비 현상은 공업과 상업의 연관관계를 따라 확산되며 모든 곳에서 생산과 교환이 부분적으로 조화를 잃게 되어, 보는 견지에 따라서는 과잉생산이라고도 할 수 있고 과잉소비라고도 할 수 있는 현상이 나타난다.

이렇게 해서 나타나는 불황기는 다음과 같은 시기까지 계속된다.

(1) 지대의 투기적 상승이 가라앉을 때까지

(2) 인구증가나 기술발달 등에 의해 노동의 능률성이 높아져 정상적인 지대선이 투기적 지대선을 상회할 때까지

(3) 노동과 자본이 적은 대가를 받고 생산에 참여할 때까지

아마도 이 세 가지가 같이 작용하여 새로운 균형을 이루게 되고 이에 따라 모든 생산요소가 다시 생산에 참여하여 경제활동이 한동안 다시 계속될 가능성이 가장 높을 것이다. 이렇게 되면 지대는 다시 상승하고 생산은 다시 억제되는 과정이 순환적으로 발생하게 된다.

불황에 관한 견해의 대립

경제불황기 앞에는 언제나 경제호황과 투기가 발생하며 이러한 선후관계는 누구나 인정하는 사실이다. 즉 아침의 두통이 간밤의 방탕에서 생기듯이 불황은 투기에서 생긴다는 것이다. 그러나 투기가 불황을 초래하는 과정에 대해서는 두 갈래의 다른 견해가 존재한다.

한쪽의 견해는 투기가 과잉생산을 야기함으로써 불황을 조성해 왔다고 주장한다. 이 학파가 드는 예로는 상품이 창고에 재고로 가득 쌓이고 정

당한 가격으로 판매되지 못하는 경우, 공장의 조업이 중단되거나 조업이 일부만 이루어지는 경우, 광산이 문을 닫는 경우, 기선이 일 없이 부두에 정박해 있는 경우, 돈이 은행에서 놀고 있는 경우, 노동자들이 일거리가 없어 곤란을 겪고 있는 경우 등이 있다. 이 사람들은 이러한 예를 보면 생산이 소비수요를 앞질렀음을 알 수 있다고 하며 심지어 전쟁기간에 정부의 소비가 늘어나면 산업이 활기를 띤다는 사실을 지적하기도 한다.

다른 쪽의 견해는 투기가 과잉소비를 야기함으로써 불황을 조성해 왔다고 주장한다. 이 학파도 위에서와 같이 재고가 가득한 창고, 녹슬고 있는 기선, 폐쇄된 공장, 실업 상태의 노동자 등을 예로 들면서 이런 것이 유효수요가 중단되었음을 보여 준다고 한다. 이 견해에 의하면 사람들이 호황이라는 환상에 사로잡혀서 소득을 초과하는 지나친 소비를 함으로써 마침내 부의 소비를 줄이는 쪽으로 후퇴하지 않을 수 없게 되었기 때문에 이러한 현상이 생긴다고 한다. 이들은 그 외에도 전쟁, 필요 이상의 철도 건설, 정부가 도산에 이를 정도의 재정차입 등에 의한 부의 지나친 소비를 예시하면서, 이와 같은 무리한 소비는, 재산을 낭비하는 사람이 그 당시에는 자기 재산이 탕진되는지 잘 모르듯이, 그 당시에는 잘 감지되지 않지만 나중에 소비 감소로 나타난다고 한다.

과잉생산도 과잉소비도 원인이 아니다

이러한 두 이론은 일반적 진실의 한 면을 표현하고 있기는 하지만 그 전체를 포괄하지는 못한다. 위의 현상의 설명에 관한 한 두 이론은 모두 실격이다.

수많은 사람이 실제로 자신이 갖는 것보다 더 많은 부를 원하는데 어떻게 과잉생산이 있을 수 있을까? 그리고 생산설비가 놀고 있고 생산자가 일거리가 없어 빈둥거리는데 어떻게 과잉소비가 있을 수 있을까?

더 많이 소비하려는 욕구가 있고 동시에 더 많이 생산하려는 능력과 의욕이 있을 때 공업과 상업의 마비현상이 일어난다면 이를 과잉생산이나 과잉소비의 탓으로 돌릴 수 없다. 분명히 문제는 생산과 소비가 서로 조화되지 않는 데에 있다고 보아야 한다.

이런 부조화는 어떻게 해서 생기는가? 이것이 투기의 결과라는 점은 분명하며 또 모두가 인정하는 바이지만, 문제는 무엇에 대한 투기인가 하는 것이다. 이 투기는 농업, 광업, 공업 등의 생산물, 즉 노동생산물에 대한 투기는 아니다. 왜냐하면 노동생산물에 대한 투기는 단지 공급과 수요를 일치시키고 또 마치 기계에서 플라이휠처럼 생산과 소비의 상호 작용을 안정시키는 효과를 갖기 때문이다.

투기가 경제불황의 원인이 된다고 하면 그것은 노동생산물에 대한 투기일 수는 없고 노동의 생산활동에 필요는 하지만 그 양이 고정된 것, 즉 토지에 대한 투기일 수밖에 없다.

생산 억제

모든 거래는 상품과 상품의 교환이다. 따라서 어떤 상품에 대한 수요가 중단된다는 것은 실제로 다른 상품의 공급이 중단되었다는 것을 의미한다. 사람들이 상품이나 생산품을 갖고 싶어 하는데도 상인의 매상고가 줄고 생산자의 수주액이 준다는 것은 결국 이들 상품과 교환될 다른 상품의 공급이 줄었음을 의미하는 것이다. 흔히 "구매자가 돈이 없다"라든지 "돈이 귀해졌다"고 하는데 이것은 돈이 교환의 매개물에 불과하다는 사실을 잊고 하는 말이다. 잠재적인 구매자에게 정말로 없는 것은 돈이 아니라 돈으로 바꿀 수 있는 상품이다. 또 정말로 적어진 것은 그 상품의 생산이다. 그러므로 소비자의 유효수요 감소는 생산 감소의 결과라고 보아야 한다.

이 관계를 잘 이해하기 위해, 공장이 문을 닫고 공장노동자가 실직한 어느 공업도시의 가게주인을 예로 들어 보자. 생산중단과 실업으로 인해 공장노동자가 물자의 구매력을 잃고 따라서 수요가 줄었으므로 가게에는 재고가 많이 남고 따라서 가게주인은 점원을 해고하거나 자신의 수요를 줄이지 않을 수 없다. 여기에서는 일반적인 경우를 말하는 것으로서, 가령 유행의 변화에 따라 상대적인 수요량이 변하는 경우는 해당되지 않는다. 이렇게 되면 가게에 납품하던 상품의 생산자에게도 재고가 많이 쌓이게 되고 그 상품을 생산하는 공장의 노동자는 해고당하게 되어 또 다른 수요중단이 발생한다. 즉 어디에선가 생산이 억제되면 소비수요도 억제되기 마련이라는 것이다. 이와 같이 소비 욕구가 제대로 충족되지 않으면서 수요가 감소한다는 것은 어디에선가 생산이 억제되었다는 것을 의미한다.

사람들은 제조업자가 만드는 물자가 종전과 다름없이 필요하고 직공들도 가게에서 판매하는 상품이 종전과 다름없이 필요하다. 그러나 이들은 필요한 물건을 종전처럼 구입할 능력이 없다. 생산이 어디에선가 억제됨에 따라 그 상품의 공급이 감소하면 다른 상품에 대한 수요가 감소되며, 이러한 억제효과는 공업과 상업의 전체 기구를 통해 확산된다.

진정한 장애

산업구조는 토지를 저변으로 해서 형성된다. 다른 업종에 대한 수요를 창조하는 일차적이고 기본적인 업종은 자연으로부터 부를 직접 채취하는 업종이다. 따라서 구매력이 감소된 교환단계 또는 업종을 하나씩 추적해보면 궁극적으로 생산억제는 토지에 노동이 투입되는 것을 억제하는 어떤 장애와 연결되어 있음을 알게 된다. 그리고 이 장애는 토지가치, 즉 지대의 투기적 상승임이 분명해진다. 이러한 투기적 상승 현상은 토지소유자가 노동과 자본을 배척하는 것과 같은 효과를 낸다. 산업구조의 저변에서 시작하는 생산억제는 교환단계를 따라 확산되며 공급중단은 수요중단을 낳아 드디어 기계에서 톱니바퀴가 전부 빠져 버린 것처럼 변한다. 도처에서 노동자가 물자부족을 겪으면서도 노동력은 유휴화되는 참상이 발생한다. 이런 현상이 잦다 보니 우리의 감각이 무디어졌지만, 필요한 물자를 얻기 위해서 노동을 하려고 하는 사람이 노동기회를 찾지 못한다는 것은 참으로 이상하고 부자연스러운 일이다.

흔히 노동공급과 노동수요라는 이야기를 하는데 이 두 용어는 상대적인 의미를 가질 뿐이다. 노동의 공급과 수요는 어느 곳에서나 동일하다. 입이 하나 있으면 손이 두 개 있기 마련이니까. 그리고 노동만으로도 생산할 수 있는 물자가 인간에게 필요한 한 노동에 대한 수요는 항상 존재한다고 보아야 한다.

또 흔히 "일자리가 부족하다"는 말도 하는데 인간이 물자를 필요로 하는 한 일자리의 부족이란 있을 수 없다. 노동생산물이 부족한데도 노동의 공급이 지나치게 많거나 노동에 대한 수요가 부족한 경우는 있을 수 없다. 문제의 원인은 수요에 맞는 공급이 어디에선가 억제된다는 데 있으며 또 필요한 물자를 노동이 생산하는 것을 막는 장애가 어딘가에 존재한다는 데 있다.

토지사용 거부가 원인

노동이 부를 창조한다고 하는 것은 비유적인 표현이다. 인간은 아무것도 창조할 수 없다. 전 인류가 끝없이 노동한다고 해도 햇살 속에 떠다니는 작은 티끌 하나도 창조할 수 없다. 인간은 이 지구를 한 푼도 더 무겁게 할 수 없고 한 치도 더 크게 할 수 없다. 부의 생산이란 이미 존재하는 물질을 노동을 통해 필요한 형태로 바꾸는 데 지나지 않기 때문에 생산이 가능하려면 이러한 물질의, 궁극적으로는 토지의, 사용이 반드시 이루어져야 한다. 따라서 토지는 모든 부의 원천이다. 토지는 노동이 가공할 광물을 캐내는 광산이며 노동이 형태를 부여할 원료이다. 그러므로 노동이 필요한 물자를 얻지 못한다면 노동의 토지사용이 거부되고 있다는 데에서 그 원인을 찾아야 하지 않을까?

어느 업종에서나 일자리가 부족하다는 말을 흔히 하고 도처에서 물자가 부족하면서도 노동이 일거리를 찾지 못하고 있다. 그렇다면 노동이 필요한 부를 생산하는 것을 막는 장애가 산업구조의 기반에 깔려 있다고 보아야 하지 않을까? 이 기반은 바로 토지이다. 장식품이나 사치품 업자는 신개척지의 첫 이주민이 될 수 없다. 캘리포니아나 호주의 광산에 사람이 몰려든 것은 구두업자, 양복업자, 기계기술자, 인쇄업자가 있었기 때문이 아니다. 반대로 이런 업종은 광부가 들어온 이후에야 나타났다. 상업이 있음으로써 농업이 발생한 것이 아니다. 반대로 농업이 상업을 낳았다. 도시가 먼저 성장하여 시골을 발전시키는 것이 아니다. 반대로 시골이 발전함으로써 도시가 성장하였다.

현재 실업 상태에 있는 사람이 토지에서 부를 생산할 수 있게 되면 이 사람만 일자리를 얻는 데 그치는 것이 아니라 기계기술자에게 일거리를 주고 가게주인에게 고객을 주고 상인에게 거래처를 주고 극장에 관객을 보태 주고 신문에 구독자와 광고주를 주는 다른 효과로 확산된다. 일자리가 없는 사람에게 토지를 준다고 해서 누구나 스스로 농사를 짓거나 자기 집을 지을 수 있는 것은 아니지만 적어도 다른 사람에게 그런 일거리를 줄 수는 있게 된다. 그렇다면 노동자가 토지에서 일하는 것을 막는 원인은 무엇인가? 그 원인은 토지가 독점되어 있다는 데 있으며 또 토지가 현재가치가 아니라 앞으로 인구증가에 따라 상승하게 될 가치에 근거를 두고 형성되는 투기가격에 의해 묶여 있다는 데 있다.

여기에서 지적해 둘 것은 우리의 연구 대상은, 그리고 실제로 어느 정도의 정확한 결과를 얻을 수 있는 대상은, 경제불황의 '주된' 원인과 '일반적인' 전개과정이라는 점이다. 정치경제학은 일반적인 경향 이외에는 다룰 수도 없고 또 다룰 필요도 없다. 그 밖에 파생되는 현상은 너무나 종류가 많고 여러 형태로 나타나기 때문에 이에 대한 정확한 예측이 불가능하다. 나무를 자르면 넘어진다는 사실은 알지만 정확히 어느 방향으로 넘어질 것인지는 나무둥치의 경사, 가지가 뻗은 모양, 충격의 정도, 바람의 방향과 속도, 심지어는 가지에 앉은 새의 무게, 다람쥐가 뛰는 힘의 영향까지 세세히 알아야만 예측할 수 있다. 또 모욕을 당하면 가슴에서 화가 치밀어 오른다는 사실은 알고 있지만 치미는 화가 어느 정도 어떤 모습으로 나타날 것인지를 예측하려면 과거와 현재의 그 사람의 모든 인간성과 모든 환경을 다 알아야만 한다.

이제 인류의 장래에 먹구름을 드리우는 사회현상 그리고 소위 진보라고 하는 것의 실체와 방향에 의문을 가지게 하는 사회현상은 충분히 설명된 셈이다. 이를 요약하면 다음과 같다.

생산력의 증대에도 불구하고 임금이 겨우 생존할 수 있을 정도의 최저선에 머무는 것은, 생산력이 증대함에 따라 지대가 더 큰 비율로 상승함으로써 임금이 낮게 유지된다는 사실에 기인한다.

이러한 설명은 모든 사실과 일치한다.

제14장

부의 증대 속에 존재하는 빈곤

오늘날의 세계를 보라. 각 나라는 정부형태, 산업구조, 관세제도, 통화제도 등 여러 면에서 서로 다름에도 불구하고 노동자층이 빈곤하다는 점은 공통적이다. 그러나 풍요 속에 빈곤이 존재하는 나라에는 반드시 토지의 독점현상이 있고 노동이 토지를 사용할 때 고액의 사용료를 소득에서 징수당하고 있다.

세계 여러 나라를 비교해 보면 임금의 고저를 결정하는 요인은 자본의 양이나 노동의 생산성이 아니라 토지독점 계층이 노동자의 소득에서 가져가는 지대의 크기임을 알 수 있다.

부의 총량은 얼마 되지 않지만 토지가격이 싼 신개척국은 토지가격이 비싼 부유한 나라에 비해 노동자층의 생활이 낫다는 것이 사실 아닌가? 토지가 싼 신개척지에서는 거지도 없고 생활의 불평등도 적다. 토지가 비싼 대도시에서는 극단적인 빈곤과 사치가 존재한다. 두 극단적인 사회현상 간의 격차는 언제나 토지가격으로 측정할 수 있다. 같은 나라를 시대 간에 비교해 보더라도 이러한 관계는 분명히 나타난다.

예를 들어 1849년 캘리포니아 주에서는 임금이 대폭 상승하였는데 이것은 절대로 미스터리가 아니다. 샌프란시스코의 요리사 임금이 월 500달러로 치솟고 다른 곳에서는 상상할 수 없는 높은 임금을 선원에게 지불하지 않는 한 선박이 항구에 묶여 있게 된 것은 지대를 낼 필요가 없는 주인 없는 토지에서 사금이 발견되었기 때문이다. 사금이 발견된 토지가 개인의 소유였거나 누군가 사금광을 재빨리 독점하여 지대를 징수하였다면 치솟은 것은 임금이 아니라 토지가치였을 것이다. 컴스탁로드Comstock Lode, 미국 네바다 주의 유명한 은광으로서 1859년에 발견의 광맥은 사금광보다 더 풍부했으나 이곳은 이미 독점되어 있었다. 이곳의 광부들이 열악한 근무 환경 속에서 일하면서 일당 4달러라도 받을 수 있었던 것은 이들이 강력한 조합을 결성하여 대처했기 때문이다. 컴스탁로드의 부는 지대를 상승시켰다. 광산 가격은 수억 달러에 달했고 광산주의 월소득은 수십만, 수백만 달러에 달했다.

캘리포니아 주에서 임금이 초기의 최고액에서부터 점차 줄어 미국 동부의 평균임금 수준에 가까워진 것도 역시 미스터리가 아니다. 노동의 생산성은 떨어지지 않았고 오히려 늘었지만 노동생산물 중 지대를 지불하게 되었기 때문이다. 사금광의 사금이 고갈되자 광부는 더 깊이 파 들어가거나 농사로 전업을 해야 했지만 이러한 토지가 독점되어 있었기 때문에 사람들은 임금의 고저를 불문하고 일거리를 찾아 샌프란시스코 거리를 헤매게 되었다. 노동이 자연의 기회, 즉 토지를 마음대로 사용할 수 없었기 때문이다.

주인 없는 섬의 예

어느 정도의 사고력을 갖춘 사람에게 다음과 같이 질문해 보자. "영국 해협이나 북해에 주인 없는 섬이 솟아올랐는데 이 섬에서 일을 하면 현재 영국의 임금보다 두세 배 소득을 올릴 수 있으며 이 섬은 그 후에도 계속 주인 없는 섬이 되어 누구나 자유롭게 사용할 수 있다고 하면 영국의 임금에 어떤 변화가 생길까?"

그러면 이 사람은, 영국 전역의 임금이 상승하여 결국 이 섬에서의 노동소득과 같아질 것이라는 대답을 할 것이다.

또 "영국의 지대에는 어떤 변화가 생길까?"라고 질문하면 이 사람은 잠시 생각하다가 지대는 필연적으로 하락할 것이라고 대답할 것이다. 이러한 변화는 영국의 노동자가 새 섬으로 대량 이동하지 않더라도 생기며 또 영국 산업의 형태나 방향에 큰 변화가 없어도 생긴다. 영국에서 사라지는 산업이 있다면 그것은 임금과 지대를 다 합해도 새 섬의 노동소득에 미치지 못하는 종류의 산업이 될 것이다. 임금은 지대가 줄어드는 만큼 상승한다.

이제는 이론과는 거리가 멀고 돈벌이에만 밝은 어느 기업가에게 이렇게 말해 보자. "어느 작은 마을이 있다. 이 마을은 10년 후에는 큰 도시로 성장하여 마차 대신 기차가 다니고 기계설비와 기술발달이 많이 이루어져서 노동력의 효과가 대폭 상승한다고 하자. 그러면 10년 후에 이자율이 높아질 것으로 보는가?"

이 사람은 이렇게 대답할 것이다. "아니다!"

"그러면 단순노동의 임금이 오르겠는가? 노동 이외에는 가진 것이 없는 사람들이 독립적 생계를 꾸려 나가기가 더 쉬워지겠는가?"

그 대답은 이러할 것이다. "아니다. 단순노동의 임금은 오르지 않는다. 오히려 더 내릴 가능성이 많다고 본다. 단순노동자가 독립생계를 꾸려 나가기가 쉬워지지 않고 오히려 더 어려워질 가능성이 높다고 본다."

"그렇다면 오르는 것은 무엇인가?"

"지대 즉 토지가치이다. 당신도 토지를 구입해서 보유하면 이익이 생길 것이다."

이러한 상황에서 이 사람의 조언에 따른다면 더 이상 일할 필요가 없다. 그저 가만히 앉아서 담배나 피우고 있으면 된다. 풍선을 타고 하늘로 올라가든지 땅을 파고 지하로 들어가든지 간에 아무 일도 하지 않고 또 사회의 부를 생산하는 데 아무런 보탬을 주지 않고 있더라도 10년 후에는 부자가 되어 있을 것이고 새로운 도시의 호화주택에서 살고 있을 것이다. 그러나 이 도시의 공공건물에는 빈민구호소가 설치되어 있을 것이다.

이제 그림은 분명해졌다

지금까지의 논의를 통해 우리는 다음과 같은 진리에 도달하였다. 노동을 투입하여 부를 생산하기 위해서 토지가 반드시 필요하기 때문에 노동에 필요한 토지를 장악하면 노동의 열매 중에서 노동자의 생존에 소요되는 부분을 제외한 나머지를 전부 장악하게 된다. 대부분의 사람들은 사회적 · 정치적 문제에 이러한 단순한 진리를 적용하지 못했는데 그 이유는 진리가 너무 단순하기 때문이기도 하지만 그보다도 오류가 널리 퍼져 있고 사람들의 사고 습관이 잘못되어 있기 때문이다. 그에 따라 문명세계를 압박하고 위협하는 여러 가지 악을 해명하기 위해 갖가지 측면을 다 검토하면서도 단 한 가지, 즉 정답을 빠트리게 된다. 이와 같은 정교한 오류와 잘못된 이론의 배경에는 어떤 강력한 힘이 도사리고 있다. 이 힘은 정치체제에 관계없이 모든 나라의 법을 제정하고 사상을 형성하는 힘이며 또 지배층의 거대한 이해관계에서 나오는 힘이다.

그러나 이 진리는 너무나 단순, 명백하기 때문에 한번 이해하고 나면 혼동하지 않는다. 어떤 그림은 아무리 보아도 풍경이나 나무 따위밖에 보이지 않는 경우가 있는데 실은 사람의 얼굴을 그린 것이라는 사실을 알고 나면 그 다음부터는 절대로 혼동하지 않는다. 이 진리도 이와 같다.

이 진리에 비추어 보면 모든 사회 현상이 질서정연한 관계를 가지게 되며 갖가지 다양한 현상도 실은 하나의 원리에서 나온 것임이 드러난다. 인류 문명의 불평등한 발전을 설명해 주는 원리는 자본과 노동의 관계에 관한 원리가 아니며 인구가 생존물자에 압력을 가한다는 원리도 아니다.

부의 분배가 불평등한 큰 원인은 토지소유의 불평등이다.

토지소유는 인간의 사회적 · 정치적 상황 그리고 그 결과로 나타나는 지적 · 도덕적 상황을 궁극적으로 결정하는 기본이 되는 요인이다. 이것은 틀림없는 진리이다. 토지는 인간의 서식처이고 인간이 필요한 물자를 꺼내 쓰는 창고이며 필요한 물자를 생산 · 공급하기 위해 노동을 투입하는 데 필요한 원료가 된다. 토지 또는 토지생산물이 없다면 해산물도 생산할 수 없고, 태양열도 이용할 수 없고, 그 밖의 어떠한 자연력도 이용할 수 없다. 우리는 토지에서 태어나 토지에서 살다가 토지로 돌아간다. 인간은 들의 풀이나 꽃과 마찬가지로 흙의 자녀이다. 사람에게서 토지에 속하는 모든 것을 빼앗아 버리면 사람은 형체 없는 영혼에 불과할 것이다.

물질적인 진보는 인간의 토지에 대한 의존관계를 없애지 않으며 오히려 토지로부터 부를 생산하는 힘을 보태 줄 뿐이다. 따라서 토지가 독점되면 물질적 진보가 극도로 이루어지더라도 임금이 오르지 않고 노동밖에 가진 것이 없는 계층의 생활이 나아지지 않는다. 이때 물질적 진보는 토지가치를 올리고 토지소유자의 힘을 강하게 해 줄 뿐이다.

어느 시대, 어느 나라, 어느 민족을 막론하고 토지소유는 귀족층의 근거이자 거대한 재산의 기초이며 권력의 원천이다.

제15장

몇 가지 대책의 검토

우리가 내린 결론으로부터 도출되는 대책은 근본적이고도 단순한 것이다. 이 대책은 너무나 근본적인 것이기 때문에 보다 온건한 방법에 대한 믿음이 약간이라도 남아 있는 사람은 이를 진지하게 생각하지 않을 것이다. 또 이 대책은 너무나 단순하기 때문에 각종의 정교한 방법을 충분히 연구한 후에야 그 진정한 효험과 종합성에 눈을 돌리게 될 것이다.

아직도 많은 사람들은 물질적 진보가 결국에는 빈곤을 없애 줄 것이라는 안이한 믿음을 가지고 있으며 또 분별력 있는 자제를 통해 인구증가를 억제하는 것이 가장 효과적인 방법이라고 생각하고 있다. 그러나 이러한 견해가 잘못된 것임은 앞에서 충분히 설명한 바와 같다.

여기에서는 그 밖에 흔히 거론되는 다음과 같은 대책에 대해 검토해 보자.

(1) 정부재정의 절약

(2) 노동자층의 근면, 절약, 교육

(3) 임금 인상을 위한 노동자의 단결

(4) 노동과 자본의 협동조합 방식

(5) 정부의 지시와 간섭

(6) 토지분배의 확산

정부재정의 절약

사회문제의 원인으로 정부가 부과하는 지나친 부담을 드는 경우가 많다. 정부가 부과하는 부담의 예로는 방대한 정부 부채, 군비 확장, 방만한 재정운용 등이 있다(방만한 재정운용은 공화국이든 군주국이든 통치자의 공통된 특징이며 특히 대도시 행정의 특징임). 정부가 국민에게 지우는 거대한 부담은 하층민의 궁핍과 분명히 어떤 관련이 있는 것처럼 보이며, 피상적으로 볼 때 불필요한 정부재정을 줄이면 가난한 사람들의 생활이 나아질 것처럼 생각하는 것도 당연하게 보인다. 그러나 지금까지 우리가 추적해 밝힌 경제원리에 의하면 이러한 생각은 잘못된 것임을 알게 된다. 사회의 총생산 중 조세로 징수하는 액수를 줄이는 것은 사회의 순생산력이 늘어나는 것과 같다. 이것은 인구의 증가나 기술의 발달처럼 노동의 생산력을 높여 주는 효과를 갖는다. 앞에서 본 바와 같이 여기에서 생기는 이익은 지대상승의 방식으로 토지소유자에 귀속될 뿐이다.

정부의 재정을 줄이더라도 노동력으로 살아가는 사람들의 생활조건은 개선되지 않는다. 이러한 사실을 대중이 막연하게나마 알게 되면 노동력밖에 없는 계층은 정부의 과다지출에 대해 신경을 거의 쓰지 않게 되고 때로는 정부지출이 많으면 고용이 늘어난다거나 자금회전이 잘된다고 하여 이를 좋게 생각하기도 한다.

여기서 오해를 막기 위해 한 가지 지적해 두고 싶다. 저자는 정부재정의 절약이 나쁘다고 말하는 것이 아니라 단지 토지가 독점되어 있는 한 정부재정의 감축이 빈곤을 없애고 임금을 올리는 데 직접적인 효과를 내지는 못한다는 점을 이야기하는 것이다.

비록 직접적인 효과는 없지만 저소득층의 이익을 위해서라도 불필요한 재정지출을 줄이는 노력은 아끼지 말아야 한다. 정부가 점차 복잡, 거대하게 될수록 정부권력은 점점 국민으로부터 유리되며 국민의 의사에 따라 정책을 결정하기가 더 어려워진다. 정치에 관련된 돈의 규모가 엄청나고 이에 관한 사람들의 이해관계가 커서, 자기 나름의 견해나 정치의식이 있고 상식을 갖춘 평균적인 유권자도 정부의 근본적인 문제를 충분히 고려하기 어렵다. 그렇기 때문에 정부에는 과거나 지금이나 예산의 남용이 없어지지 않는 것이다. 정부를 좀 더 단순하게 그리고 규모를 작게 하면 정부를 국민의 통제하에 둘 수 있고 정말로 중요한 정책문제를 국민 앞에 부각시킬 수 있다. 그러나 정부지출을 줄인다고 해서 그 자체로 부의 불평등한 분배에서 생기는 악을 치유하거나 완화시킬 수 있는 것은 아니다.

근면과 절약의 습관

비교적 살기가 괜찮은 사람들은 대중의 빈곤과 고통이 근면성, 검약성, 지적 능력이 부족하기 때문에 생긴다고 믿는 경우가 많다. 이러한 믿음을 갖게 되면 부유층은 사회적 책임감도 완화되고 자신의 우월감도 맛볼 수 있게 되어 기분이 좋다. 또 자신의 부유한 생활이 근면과 검약을 바탕으로 하여 출발하였으며 우수한 지적 능력에 의해 여러 가지 기회를 잘 이용한 결과로 이룩된 것이라고 생각하는 사람들에게는 이러한 믿음이 자연스럽기도 하다.

그러나 앞에서 우리가 밝힌 부의 분배 법칙을 이해하는 사람이라면 이러한 생각이 잘못된 것임을 알 것이다. 앞에서도 보았듯이 토지가 가치를 가지면 임금은 노동의 총생산에 의해서가 아니라 그중 지대를 공제하고 남은 부분에 의해 결정된다. 그리고 모든 토지가 독점되면 지대로 인해 임금은 최하층이 겨우 살아갈 수 있는 정도의 수준으로 떨어지기 마련이다. 이와 같이 임금은 소위 '생존수준'이라고 하는 최소한의 액수가 되지 않을 수 없다. 여기서 생존수준이란 노동 계층이 관습상 받아들일 수밖에 없는 최저한의 필요물자 수준을 말한다. 사정이 이러하므로 근면, 기술, 검약, 지적 능력과 같은 것은 보통 사람보다 이를 특별히 더 많이 갖춘 사람들에게나 도움이 될 뿐이다. 이것은 마치 달리기 시합에서 스피드가 중요하다고 하지만 다른 사람보다 더 빠른 스피드라야 도움이 되는 것과 같다. 어느 사람이 다른 사람보다 일을 더 열심히 하거나 기술 또는 지적 능력이 우수하다면 앞서 갈 수 있을 것이다. 그러나 평균적인 근면, 기술, 지적 능력이 향상된다면 그러한 발전에도 불구하고 사람들은 결국 종전의 임금밖에 받지 못하게 되며 따라서 앞서 가려는 사람은 또다시 일을 더 열심히 하는 수밖에 없다.

또 임금 중에서 저축을 한다든지 생활비를 절약한다면 좀 더 나은 생활을 할 수 있을지도 모른다. 그러나 모든 노동자층이 이렇게 산다면 결국 임금이 비율 면에서 하락할 것이고 이러한 방식으로 남보다 앞서 가려고 하는 사람은 더 적은 생활비로 살아가는 방법을 찾아내지 않을 수 없다. 만일 현재와 같은 조건하에서 미국의 기계기술자가 중국인의 생활수준으로 떨어진다면 그의 임금도 궁극적으로 중국의 임금수준으로 내려가고 만다. 또 영국의 노동자가 벵골인의 생활수준으로 만족하게 된다면 영국의 임금도 벵골의 임금수준으로 떨어질 것이다. 아일랜드에 감자가 보급되었을 때 식비가 덜 들기 때문에 노동자의 생활이 개선될 것으로 사람들은 생각했다. 그러나 결과는 지대의 상승과 임금의 하락으로 나타났으며 감자돌림병이 돌자 최저한의 생활을 하던 많은 사람들이 비참한 기근에 빠지고 말았다.

일부의 사람이 평균보다 일을 더 많이 한다면 임금을 더 벌 수 있다. 그러나 모든 사람의 임금이 그런 식으로 오를 수는 없다. 작업시간이 긴 업종이라고 해서 임금이 타 업종의 임금보다 높지 않으며 오히려 그 반대의 경우가 더 많다. 작업시간이 길면 노동자는 더 무력해진다. 자기 시간이 부족하기 때문에 주위를 돌아볼 여유가 없고 노동하는 것 이외의 다른 힘을 기를 수 없다. 자기 직업을 바꾼다든지 주변의 다른 유리한 점을 살린다든지 하는 능력이 더 적어진다. 일부의 노동자가 집안 식구의 도움을 받는다면 소득이 늘어날 수 있다. 그러나 식구의 도움이 보편화된 직종에서는 전 가족이 일해서 버는 임금이 단독 노동을 하는 직종의 임금보다 높아지지 않는다.

교육의 향상

교육의 효과는 지적 능력의 성장이라고 할 수 있다. 그런데 사람들이 교육을 통해 부가 불평등하게 분배되는 원인을 알고 이를 제거할 수 있게 되지 않는다면 교육은 노동생산성을 높이는 정도의 효과를 낼 뿐이다. 이때 교육은 기술의 발달 또는 노동자의 근면과 같은 효과를 낸다. 어떤 사람이 교육을 통해 다른 사람보다 우수한 능력을 갖게 되면 더 많은 임금을 받을 수 있다. 글을 아는 사람이 드물었을 때 사무원은 존경도 받았고 임금도 높았다. 그러나 이러한 능력이 보편화된 이즈음에 와서는 글을 아는 것이 임금 상승에 아무런 도움이 되지 못한다. 생산에 기여하는 사람은 뼈빠지게 일만 하고 생산에 기여하지 않는 사람은 사치 속에서 빈둥거리는 데 대해 불만을 갖게 될 정도로 지적 능력이 높아지지 않는 한, 지적 능력의 확산은 임금의 일반 수준을 높이지 못하며 최하층의 생활조건을 개선하지 못한다.

높은 수준의 근면, 기술, 실제력, 지적 능력 등은 노동자층의 물질적 조건의 개선과 연관되어 나타나는 것이 보통이다. 그러나 이것은 물질적 조건을 개선하는 원인이 아니라 그 개선의 결과로 나타날 뿐이다. 노동자층의 물질적 조건이 개선되면 그들의 인간적 품성이 향상되고, 물질적 조건이 악화되면 인간적 품성이 하락하는 결과를 빚는다.

인간이 동물보다 뛰어난 것은 동물 이상의 품성이 있기 때문이며 인간이 지적 · 도덕적 품성을 배양하려면 동물적 욕구에서 벗어날 수 있어야 한다. 사람이 동물적 생존을 유지하기 위해 고되게 일해야 한다면 사람들은 기술발달의 자극제라고 할 수 있는 근면의 의욕을 잃고 꼭 해야 하는 일만 할 것이다. 인간이 최악의 조건하에서 살면서 생활이 개선될 희망도 없다고 하면 그날그날 생활하는 것 이상을 추구하지 못할 것이다.

어느 국민 또는 어느 계층의 물질적 조건이 개선된다고 해서 지적 · 도덕적 향상이 당장 나타난다고는 할 수 없다. 임금이 상승하더라도 나태하고 낭비하는 버릇이 어느 정도는 지속될 것이다. 그러나 결국에는 근면, 기술발달, 지적 능력의 향상, 절약의 모습이 생긴다. 서로 다른 국가, 같은 국가의 다른 계층, 같은 민족의 다른 시대, 같은 민족의 이민 전후의 상태를 비교해 보면 언제나 일관성 있는 결과가 나타난다. 즉 물질적 조건이 개선되면 인간적 품성이 향상되고 물질적 조건이 악화되면 인간적 품성이 타락한다는 것이다. 인간의 근면성, 절제력, 기술, 지성이 향상되려면 인간이 궁핍에서 벗어나야 한다. 노예에게서 자유인의 덕목을 기대하려면 우선 노예를 자유롭게 해 주어야 한다.

노동자의 단결

노동자가 단결을 통해 달성하려고 하는 목표는 언제나 산업 또는 업종의 임금인상인데 이 목표를 달성하기가 점점 더 어려워지고 있다. 일부의 임금이 통상의 수준보다 올라가면 이를 도로 끌어 내리려는 경향도 강하게 나타나기 때문이다. 업종별 노동조합이 상호 협력하더라도 임금인상의 효과는 별로 없으며, 있다고 해도 자기 분야에 국한되는 것이 보통이다. 노동조합에 의해 임금을 어느 정도라도 지속성 있게 인상해 가려면 국제노동자동맹Internationals이 의도한 것처럼 모든 분야의 노동자가 총단결하는 수밖에 없다. 그러나 총단결은 실제로 거의 불가능하다. 대부분의 고임금 직종이나 소규모 직종에서는 노동자의 단결이 어렵고 또 규모가 작은 산업일수록 더 어렵기 때문이다.

노사 간에 버티기 투쟁을 할 때 잊어서는 안 되는 사실은 이해가 상반되는 진정한 당사자가 누구냐 하는 것이다. 그 당사자는 노동과 자본이 아니다. 한쪽 당사자는 노동이지만 다른 쪽은 토지소유자이다. 투쟁이 노동과 자본 간에 이루어진다면 두 당사자의 투쟁조건은 어느 정도 대등하다고 할 수 있다. 자본이 버티는 힘은 노동보다 약간 더 강할 뿐이기 때문이다. 사용되지 않는 자본은 대가가 생기지 않을 뿐만 아니라 그 가치도 자꾸 줄어든다. 거의 모든 형태의 자본은 재생산이 계속되어야만 유지되기 때문이다. 그러나 토지의 경우는 노동처럼 굶는 일도 없고 자본처럼 가치가 줄어드는 일도 없다. 토지소유자는 얼마든지 기다릴 수 있다. 물론 토지소유자도 불편을 겪기는 하겠지만 그들이 불편할 정도이면 자본은 소멸되고 노동자는 굶는 정도에 이른다.

버티기에 의해 임금인상 압력을 가하는 방법에는 이러한 현실적인 어려움 이외에 노동자가 무시해서는 안 되는 다른 내재적인 단점이 있다. 노동조합이 요구를 관철하기 위해 쓸 수 있는 유일한 수단이라고 할 수 있는 파업은 파괴적인 겨루기이다. 샌프란시스코에는 '금전왕'이라고 하는 괴상한 인물이 있었는데 자기를 천박하다고 조롱한 어떤 사람에게 부두에 나가 교대로 20달러씩 바다에 던져 넣다가 포기하는 사람이 지는 시합을 하자고 제의했다는 이야기가 있다. 파업은 이런 시합이나 마찬가지이다. 파업에 의한 버티기 투쟁은 흔히 전쟁에 비유되는데 어느 쪽이나 사회의 부를 줄이기 때문이다. 또 전쟁을 위한 조직, 즉 군대와 마찬가지로 파업조직도 전제적이다. 자유를 위해 전쟁에 참여하는 사람도 일단 군대에 입대하고 나면 개인적 자유를 포기하고 거대한 기구의 일부가 되는 것처럼 파업을 위한 조직에 참여하는 노동자도 개인적 자유를 포기해야 한다. 따라서 노동자의 이러한 단결은 그들이 투쟁을 통해 얻으려고 하는 것, 즉 부와 자유를 반드시 희생시키고 만다.

협동조합

협동조합의 협동co-operation에는 공급협동과 생산협동이라는 두 가지가 있다. 공급협동은 중간 유통단계를 줄여서 교환의 비용을 절약한다. 그러나 공급협동은 노동을 절약하고 위험부담을 없애는 방법에 불과하며 그 효과는 기술발달이나 발명의 효과와 마찬가지로 지대를 올릴 뿐이다. 현대의 기술발달과 발명은 놀랄 정도로 이루어졌으나 결국 지대를 인상시켰을 뿐이다.

생산협동이란 임금을 미리 정해 두지 않고 생산에 비례하여 임금을 정하는 방법, 즉 정액급을 비례급으로 대치하는 방법이다. 기업의 경영권이 노동자 측에 있을 경우에 순생산 중 일정 비율을 자본이 가져가고 나머지를 노동이 갖는 방법도 여기에 해당된다. 생산협동의 장점으로 꼽는 것은 노동자가 더 적극적이고 근면하게 된다는 것, 즉 노동의 능률성이 높아진다는 것이다. 따라서 생산협동의 효과는 각종 기계류 보급의 효과와 같으며 결국 지대를 올리는 데 그치고 만다.

공급협동 또는 생산협동이 완전히 보편화되어 협동상점을 통해 최소의 비용으로 생산자와 소비자를 연결시켜 주고 협동기업, 예를 들면 협동공장, 협동농장, 협동광산 등을 통해 노동자에게 고정급을 지불하는 자본가 겸 고용주를 없앰으로써 노동 능률을 대폭 향상시켰다고 할 때 그 결과는 무엇이 될까? 적은 양의 노동으로 종전과 같은 양의 부를 생산할 수 있게 되고 따라서 모든 부의 원천인 토지를 소유하는 사람들은 토지의 사용에 의해 더 많은 부를 누릴 수 있게 된다.

협동조합은 생산방법의 개선이나 기계류의 개선과 같은 효과를 낳는다. 즉 상품을 소비자에게 공급하는 데 드는 비용을 줄이고 노동의 능률성을 높인다. 오래된 국가가 신개척국보다 유리한 점이 있다면 이러한 면에서이다. 그러나 우리의 경험이 증명해 주듯이 생산과 교환의 방법이나 기계류의 개선에서 나오는 이익은 지대를 더해 줄 뿐이다.

그러나 생산자와 토지소유자의 협동조합이 있다고 해 보자. 이것은 노지소유자가 토지를 임대하고 수확의 일부를 가져가는 제도로서 계산 방법만 다를 뿐 정액지대를 징수하는 것과 다름이 없다. 이러한 방식을 협동조합이라고 지칭할 수도 있겠으나 역시 지대의 법칙의 지배를 받는 점에서는 변함이 없으며, 토지가 독과점되어 있는 상황에서는 토지소유자가 생산물의 많은 부분을 요구할 수 있는 힘을 갖게 된다.

협동조합이야말로 소위 '노동문제'에 대한 훌륭한 해결책이라고 사람들이 믿는 근거는 협동조합에 직접 참여하는 사람들의 생활이 눈에 띄게 개선된 경우가 많다는 데에 있다. 그러나 이러한 효과는 이 방식이 일부에서만 채택되었기 때문에 나타난 것이다. 근면, 절약, 기술향상이 일부의 현상일 때 노동자의 생활이 개선되지만 이것이 보편화되면 그 효과가 사라지듯이, 협동조합도 특별한 이익을 낳을 수는 있지만 모든 공급과 생산에 보편화되면 그러한 이익은 사라지고 만다.

협동조합 방식을 취한다고 해서 자유경쟁에 맡길 때보다 더 많은 생산을 할 수 있는 것은 아니다. 생산력의 향상에도 불구하고 노동의 대가가 오르지 않는 것은 자유경쟁 때문이 아니라 그 경쟁이 일방적이기 때문이다. 토지는 일부 계층에 의해 독과점되어 있는데 토지를 사용하려는 생산자는 경쟁을 하므로 임금은 최소한으로 내려가고 생산력 증가의 모든 이익은 지대, 즉 토지가치의 상승이라는 형태로 토지소유자에게 돌아간다. 이러한 독과점을 분쇄한다면 협동조합이 의도하는 목적, 즉 모든 사람에게 정당한 대가를 준다는 목적은 자유경쟁을 통해 달성할 수 있다.

정부의 지시와 간섭

산업과 재산축적에 대한 정부의 규제를 통해 빈곤을 완화 내지 타파하려는 목적으로 제시된 각종 방법(그중 가장 철저한 경우가 사회주의적인 방법임)을 여기에서 하나하나 검토하기는 어렵고 또 이들에게는 공통된 결함이 있기 때문에 그렇게 할 필요도 없다. 그 공통된 결함이란 개인의 창의적 활동을 정부의 지시로 대치한다는 점 그리고 개인에게 자유를 줌으로써 더 잘 달성할 수 있는 것을 자유의 제한을 통해 달성하려고 한다는 점이다. 규제와 제한이란 그 자체로 바람직하지 못한 것이며, 다른 방법으로도 목적을 달성할 수 있는 일에 규제와 제한이라는 방법을 써서는 안 된다.

그중 가장 단순하고 온건한 방법이라고 할 수 있는 누진소득세를 예로 들어 보자. 부의 과도한 집중을 줄이거나 막는다는 누진소득세의 목적은 좋다. 그러나 이 제도를 집행하려면 세무조사권을 가진 많은 공무원이 필요하다. 또 뇌물제공, 허위신고, 기타 여러 가지 조세포탈의 유혹이 사회의 도덕성을 위협하며 부정직한 자에게는 이익을 주고 양심적인 자에게는 세금을 매기는 결과가 된다. 마지막으로 이 조세가 효과를 낼수록 산업발전의 큰 힘이 되는 부의 축적에 대한 유인이 작아진다.

모든 물자규제와 인력배치에 관한 정부의 장치가 정교하게 되면 개인의 의무이행과 건전한 생산활동에 대한 합리적인 보상체계가 형성되기보다는 중앙통제가 강화되고 선동가가 전제자로 등장하는 결과가 발생하게 된다.

사회주의의 이상은 위대하고 숭고하다. 그리고 그 이상은 실현가능성이 있다고 생각한다. 그러나 이상적인 사회는 만들어지는 것이 아니라 자연스럽게 형성되어야 하는 것이다. 사회는 유기체이지 기계가 아니다. 사회는 사회를 구성하는 개인의 삶에 의해서만 지속된다. 각 개인의 자유롭고 자연스러운 발전 속에서 전체의 조화가 이루어진다. 사회의 쇄신에 필요한 모든 것은 니힐리스트라고 불리는 러시아 애국자들이 내세웠던 모토에 들어 있다. 그들의 모토는 '토지와 자유'였다.

토지분배의 확산

토지소유가 사회문제와 관련이 있다고 하는 인식이 급속히 불어나고 있지만 아직은 이러한 인식이 토지를 좀 더 세분하여 분배하자는 정도의 수준에 머물고 있다. 대규모 토지의 생산성이 소규모 토지보다 높다고 한다면 토지소유 면적을 소규모로 제한하는 방식은 부의 총생산을 줄인다는 단점이 있다.

문제는 여기에만 있는 것이 아니다. 이보다 더 심각한 문제는 토지소유 면적을 제한하더라도 생산물의 공정한 분배라는 목적을 달성할 수 없다는 점이다. 이 방식은 지대를 줄이는 효과가 없으며 따라서 임금을 높이는 효과도 없다. 이 방식이 중산층을 확대시킬 수는 있겠지만 최하층의 생활조건을 개선하지는 못한다.

또 소작권에 관한 소위 '얼스터Ulster방식'(이 방식은 아일랜드 얼스터 지역에서 실시한 바 있는 제도로서 소작기간이 끝나더라도 지주가 소작료를 임의로 인상하지 못하게 한 제도임 - 번역자)을 전 영국에 확대한다고 해도 이는 지주의 토지 일부를 떼어 소작인에게 주는 것과 같은 효과밖에 없고 노동자의 생활조건은 하나도 개선되지 않는다. 지주가 지대를 올리지 못하고 또 지대를 받는 한 소작인을 바꿀 수 없도록 하더라도 생산자 계층 전체로 보면 얻는 것이 없다. 실제로 지불되는 지대액과 관계없이 경제지대는 계속해서 오를 것이고 따라서 노동과 자본으로 분배되는 생산물의 비율은 계속 줄어들기 때문이다. 이러한 제도를 실시하여 달라지는 점이 있다면 그것은 대지주 대신 새로 지주가 되는 종전의 소작인이 지대상승의 이익을 챙긴다는 점이다.

개인의 토지소유에 한도를 두거나 토지의 유증, 상속 등을 규제하거나 누진세를 적용함으로써 한 나라의 토지소유자의 수가 가령 수천 명에서 수백만 명으로 늘어난다고 하여도 이 수백만 명만 덕을 볼 뿐이고 나머지 사람들이 얻는 것은 아무것도 없다. 나머지 사람들은 전과 마찬가지로 토지를 소유하지 않기 때문이다. 그리고 설사 모든 국민에게 똑같이 토지를 분배하고(이건 분명히 불가능한 일임) 토지소유상한제 등 토지의 집중을 막는 법률을 제정하더라도 인구가 증가하면 이런 제도는 무용지물이 되고 말지 않을까?

이상에서 본 바와 같이 토지분배를 확산하더라도 토지독점이라는 악을 치유하지 못한다. 이 방식은 임금을 올려 주거나 최하층의 생활조건을 개선해 주지도 못하면서, 오히려 근본적인 개혁의 도입이나 지지운동을 방해하며 기존 체제가 유지되기를 바라는 사람의 수를 늘림으로써 이를 굳혀 주는 작용을 하는 경향이 있다.

제16장

수수께끼는 풀리다 – 최초의 위대한 개혁

악을 제거하는 방법은 단 하나, 그 원인을 제거하는 것뿐이다. 빈곤을 타파하고 정당한 임금을 보장하기 위해서는 토지의 사적 소유를 공동소유로 대치하여야 한다. 그 밖의 어떠한 방법도 악의 원인에 도움을 줄 뿐이며 다른 어떤 방법에도 희망은 없다.

그러나 이 진리는 현 사회에서 격렬한 반대에 부딪칠 것이므로 한 걸음 한 걸음 싸워 나가지 않으면 안 된다. 그러므로 이 진리를 부정하는 사람 그리고 이 진리를 인정하면서도 현실적 적용이 불가능하다고 주장하는 사람들의 반대에 대비할 필요가 있다.

이를 위해서 우리는 지금까지의 추론을 새롭고 엄격한 방법으로 검증해 보려고 한다. 덧셈의 검산을 뺄셈으로 하고 곱셈의 검산을 나눗셈으로 하듯이 우리가 제시한 진정한 대책의 충분성을 검증하면 악의 원인에 대해 내린 결론이 정당하다는 것을 증명할 수 있을 것이다.

우주의 법칙은 조화롭다. 우리가 제시한 대책이 진정 올바른 대책이라면, 정의의 원리에 합치해야 하는 동시에 실시의 현실성도 있어야 하며 또 사회발전의 추세와 일치해야 하는 동시에 다른 개혁과도 조화될 수 있어야 한다.

저자는 우리의 대책이 실시하기도 쉬우며 또 위에서 본 바와 같이 사회발전에 따라 부의 분배의 불평등성이 커지는 데에서 나오는 모든 사회악에 대한 충분한 대책이 된다는 점을 보이려고 한다. 즉 이 대책이 불평등 대신 평등을, 궁핍 대신 풍요를, 불의 대신 정의를, 사회의 단점 대신 장점을 실현시키며 위대하고 숭고한 문명으로 가는 길을 열어 준다는 점을 보이려고 한다.

그러나 방법의 문제는 아직도 남아 있다. 구체적으로 어떻게 할 것인가?

우리는 일거에 토지의 사적 소유를 철폐하고 토지공유를 실현한 후 토지개량물 소유권을 완전히 보호한다는 조건하에 최고가격 청약자에게 각 토지를 임대한다면, 정의의 법칙도 충족시키고 경제적 조건도 충족시킬 수 있다.

또 이런 방법은 토지를 균등하게 분배할 수 있을 정도로 단순한 사회에서나 가능한 권리의 평등성을 복잡한 현대사회에서도 구현할 수 있고, 토지를 가장 잘 이용할 수 있는 사람에게 사용권을 주어 최대의 생산도 확보할 수 있다.

그러나 이러한 방법은 비록 실현은 가능하겠지만 최선의 방법이라고 생각되지 않는다. 이 방법을 실시하면 현재의 관습이나 사고방식에 필요 이상의 충격을 주게 되는데 이러한 충격은 피하는 것이 좋다. 이 방법을 실시하면 정부기구가 쓸데없이 확대되는데 이것도 피하는 것이 좋다.

커다란 개혁은 과거의 형식을 통해서 가장 잘 이루어질 수 있다는 것은 국가 통치에 있어서 하나의 공리이다. 이 공리는 독재체제를 구축한 자들이 잘 알고 이용했으며, 인간을 자유롭게 하려는 우리도 역시 따르지 않을 수 없는 진리이다. 또 이것은 자연의 방법이다. 자연이 고등생물을 창조하려고 하면 하등생물에서 발전시킨다. 이것은 사회발전의 경우에도 역시 적용되는 법칙이다. 이러한 원리에 충실하게 따라 보자. 물결을 타면 빠르게 멀리 미끌어져 갈 수 있지만 물결을 거스르면 힘도 많이 들고 속도도 더딘 법이다.

저자가 주장하는 것은 사유토지의 매수도 몰수도 아니다. 매수는 정의롭지 못한 방법이고 몰수는 지나친 방법이다. 현재 토지를 소유하고 있는 사람은 그대로 토지를 가지게 한다. 각자 소유하는 토지를 지금처럼 자기 땅이라고 불러도 좋다. 토지매매도 허용하고 유증, 상속도 하도록 한다. **토지를 몰수할 필요는 없고 단지 지대만 징수하면 된다.**

이 제도에서는 지대를 징수하여 공공경비에 충당하면 그만이므로 정부가 토지임대 문제에 신경 쓸 필요가 없다. 또 이 제도를 위해 새로운 정부기구를 만들 필요가 없으며 기존의 기구만으로도 충분하다. 기존의 기구를 확장할 필요도 없으며 오히려 이를 단순화하고 감축해야 할 것이다. 기존의 기구를 활용해서 지대를 징수하여 공공경비에 충당한다면 잡음이나 충격도 없이 토지에 관한 공동의 권리를 확립할 수 있다.

이미 각 나라는 지대의 일부를 조세로 걷고 있다. 그러므로 단지 조세의 방법만 약간 바꾸어 지대 전액을 걷으면 된다.

저자의 제안을 요약하면 **지대를 모두 조세로 징수하자는** 것이다.

이 제도는 형식에 있어서 토지소유권이 지금처럼 개인의 수중에 그대로 있다. 아무도 토지소유권을 박탈당하지 않으며 토지소유량에 대한 제한도 없다. 그러나 국가가 지대를 조세로 걷기 때문에 토지소유가 누구의 명의로 되어 있건 토지소유량이 얼마가 되건 간에 토지는 실질적으로 공동재산이 되며 사회의 모든 구성원이 토지소유의 이익을 공유할 수 있다.

다른 조세를 철폐하는 만큼, 지대 즉 토지가치의 과세액을 반드시 증가시킨다고 하면 이 제안을 다음과 같은 실천적인 형태로 표현할 수도 있다.

토지가치 이외의 대상에 부과하는 모든 조세를 철폐하자.

앞에서 보았듯이 사회가 처음 출발할 때 토지가치는 0이지만 인구증가와 기술발달로 인해 사회가 발전함에 따라 토지가치는 점점 커진다. 따라서 모든 조세를 토지가치에서 징수하는 정도로는 부족하다. 지대액이 현재의 정부수입을 초과한다면 조세액도 늘려야 하고 사회발전과 지대상승에 따라 조세액을 계속 증가시켜 나가야 한다. 이것은 아주 자연스럽고도 용이한 일이기 때문에 모든 조세를 토지가치에만 부과하자는 명제 속에 포함되어 있거나 또는 최소한 그렇게 이해될 수 있을 것이다.

모든 조세를 토지가치에 집중시켜야 한다는 견해가 일단 받아들여진 곳에서는 이 제도가 점차 진전되고 있다. 그러나 이 제도에 의해 혜택을 많이 보게 될 계층도 이 제도의 중요성과 효력을, 처음에는 또는 상당한 기간이 지나서까지 제대로 이해하지 못하는 경우가 많다. 노동자층은 자본과 노동이 상호 대립적인 관계라는 생각을 극복하기 어렵다. 소농과 자가소유자 계층도 모든 조세를 토지가치에 매길 때 그들이 부당한 세금을 내게 되지 않을까 하는 생각을 극복하기 어렵다. 또 이 두 계층 모두, 자본에 대한 조세를 없애면 부익부 빈익빈의 결과를 낳을 것이라는 생각을 극복하기 어렵다. 이러한 생각은 사고의 혼동에서 나온다.

그러나 무지와 편견의 뒤에는 지금까지 저술, 교육, 여론을 지배해 온 강력한 이해관계가 숨어 있다. 거대한 악은 쉽게 사라지지 않는다. 모든 문명국가에서 수많은 사람들을 빈곤과 궁핍으로 몰아넣고 있는 거대한 악은 처절한 투쟁이 없이는 사라지지 않을 것이다.

제17장

조세의 원칙에 의한 검토

많은 사람이 관심을 갖는 주제에 관한 토론은 추상적인 내용보다는 구체적인 내용을 다루어야 한다. 그래서 저자가 제시한 대책을, 널리 인정되는 조세의 원칙에 비추어 검토해 보려고 한다. 그렇게 하면 다른 곳에서는 언급하지 못한 여러 가지 부수적인 효과도 알 수 있게 된다.

정부수입에 충당하기 위해 징수하는 조세 중 최선의 조세는 다음과 같은 여러 조건에 가장 근접하는 조세일 것이다.

(1) 조세가 생산에 주는 부담이 가능한 한 적을 것. 이 조건은 조세가 조세 납부의 근원이자 사회 유지의 근거가 되는 일반기금의 증가에 대한 억제를 최소한으로 하기 위한 것이다.

(2) 조세의 징수가 쉽고 징수비용이 저렴하며 조세가 가능한 한 궁극적인 납세자에게 직접적으로 부과될 것. 이 조건은 실제로 정부에 들어가는 수입과 국민이 부담하는 세액 간의 차이를 최소한으로 하기 위한 것이다.

(3) 조세가 확실성을 가질 것. 이 조건은 한편으로는 공무원의 자의와 부패의 기회를 최소로 하고 또 한편으로는 납세자의 위법과 탈세에의 유혹을 최소로 하기 위한 것이다.

(4) 조세부담이 공평할 것. 이 조건은 어느 국민도 다른 사람보다 특별히 이익을 받거나 불이익을 받는 일이 없도록 하기 위한 것이다.

이제부터 어떤 과세 방식이 이들 조건에 가장 잘 맞는지를 검토해 보자. 검토의 결과가 어떻게 나오든 간에 조건에 잘 맞는 방식은 정부수입의 충당을 위한 최선의 방식이 된다고 하겠다.

조세가 생산에 미치는 영향

모든 조세는 분명히 토지와 노동의 생산물에서부터 납부된다. 자연의 물질과 힘에 인간의 노동을 가하는 것 외에 부의 근원이 될 것이 없기 때문이다. 그러나 동일한 액수의 과세도 부과되는 방식에 따라 부의 생산에 미치는 영향이 대단히 다르다. 생산자에 대한 보수를 줄이는 과세는 반드시 생산의욕을 줄인다. 생산행위에 대한 과세, 생산의 세 요소를 사용하는 데 대한 과세는 반드시 생산을 위축시킨다. 따라서 노동자의 소득을 줄이는 과세와 자본가에 대한 대가를 줄이는 과세는 노동자의 근면성과 지적 능력을 줄이며 자본가의 저축의욕과 투자의욕을 줄인다. 생산과정에 부과되는 조세는 부의 창출에 인위적인 장애가 된다. 노동의 투입에, 부의 자본적 사용에, 토지의 경작에 부과되는 조세는 노동자에게(실제로 노동을 하건 말건), 부에(생산적인 용도로 사용되건 말건), 토지에(경작되건 말건) 부과되는 조세에 비해 같은 액수라 하더라도 생산을 분명히 더 심하게 위축시킨다.

진실로 과세의 방법은 그 액수에 못지 않게 중요하다. 무거운 짐도 잘 실으면 말이 거뜬하게 운반할 수 있지만 가벼운 짐도 잘못 실으면 말에게 큰 고통을 줄 수 있다. 이처럼, 적절한 방식으로 부과하면 별 어려움 없이 부담할 수 있는 조세도 잘못 부과하면 국민을 궁핍하게 하고 부의 생산력을 파괴할 수 있다. 이집트에서 모하메드 알리1769-1849, 이집트의 왕, 1808년에 토지를 국유화함가 야자수에 조세를 물리자 농민들이 자기 야자수를 베어 버리는 사태가 생겼으나 그 두 배의 세금을 토지에 부과했을 때에는 이런 결과가 생기지 않았다.

현대 정부가 수입에 충당하기 위해 부과하는 대부분의 조세는 정도의 차이는 있을지라도 이러한 생산억제 효과가 있다. 공업, 상업, 자본, 토지개량물에 부과하는 모든 조세가 이런 유형에 속한다. 이들 조세는 그 영향이 눈에 잘 띄지는 않지만 결국 야자수에 대한 모하메드 알리의 조세와 같은 결과를 낳는다.

상품, 교환, 자본 또는 생산수단, 생산과정에 부과되는 조세와는 달리 토지가치에 부과되는 조세는 생산에 부담을 주지 않는다. 토지가치는 곡물, 가축, 건물 등 개인의 재산 또는 토지개량물의 가치와 달라서 생산에 대한 대가를 나타내는 것이 아니다. 토지가치는 독점의 교환가치를 나타낼 뿐이다. 그러므로 토지가치를 전부 징수하더라도 토지개량에의 유인을 절대로 줄이지 않으며 부의 생산을 조금도 감소시키지 않는다. 세액이 토지가치를 초과하지 않는 한 토지가치에 대한 조세는 노동임금이나 자본의 대가를 조금도 줄이지 않으며 단 하나의 상품가격도 인상시키지 않고 생산을 곤란하게 만드는 경우도 결코 생기지 않는다.

이 조세의 장점은 이 정도에 그치지 않는다. 토지가치에 대한 조세는 다른 조세와는 달리 생산을 억제하지 않을 뿐만 아니라 투기성 지대를 무너뜨림으로써 생산을 오히려 증대시키는 경향이 있다. 투기성 지대가 생산을 억제하는 예는 값비싼 토지가 방치되어 있는 경우에도 나타나지만 주기적인 경제불황의 경우에는 더 뚜렷하게 나타난다. 이 경제불황은 토지가치의 투기적 상승에서 시작하여 문명세계 전체로 확대되면서 곳곳에서 산업을 마비시킨다. 지대를 징수하여 공공복석에 사용하는 조세제도는 이러한 악영향을 모두 방지한다. 토지세액이 실제 임대가치에 근접하는 경우에는, 누구든 사용하지 않을 토지를 보유하기 어려울 것이고 따라서 그러한 토지는 실제로 사용할 사람에게 개방될 것이다.

생산 측면에서 볼 때 토지가치에 대한 조세는 최선의 조세이다. 공업에 과세하면 공업을 억제하는 효과가 생기고 토지개량물에 과세하면 토지 개량을 줄이는 효과가 생기며 상업에 과세하면 교환을 막는 효과가 생기고 자본에 과세하면 자본 투입을 방해하는 효과가 생긴다. 그러나 토지가치는 전액을 징수할 수 있으며 그 효과는 산업을 진흥하고 자본에 새로운 기회를 열어 주며 부의 생산을 증대시키는 것으로 나타난다.

징세의 용이성과 징세비용의 저렴성

일부 면허세 또는 인지세와 같이 그 자체로 저절로 징수되는 몇 가지 예외적인 조세(그 액수는 총수입에 비해 얼마 되지 않음)를 빼면 모든 조세 중에서 토지가치에 대한 조세는 징수가 가장 쉽고 비용이 가장 적게 든다. 토지는 감추거나 어디로 가져갈 수 없으며, 가치평가가 쉽고, 일단 세액이 평가되고 나면 세액을 수납하는 인력만 있으면 족하기 때문이다.

토지가치에 대한 조세는 물가를 올리지 않으며 부과되는 사람이 직접 조세를 부담한다. 반면에 양이 고정되어 있지 않은 물자에 대한 조세는 그 물자의 가격을 올리며 교환과정에서 판매자로부터 구입자에게로 세액이 전가되면서 세부담이 커진다.

또 금전 대차에 조세를 부과하면 빌려 주는 사람이 세액을 빌리는 사람에게 떠넘기려 할 것이고, 빌리는 사람은 세액을 부담하지 않으면 돈을 못 빌리게 된다. 또 빌린 자금을 사업에 투자할 경우 투자자는 소비자에게서 이 세액을 보상받지 않을 수 없다. 그렇게 하지 않으면 사업에 이윤이 생기지 않기 때문이다.

건물에 조세를 부과하면 궁극적으로 건물 사용자가 조세를 부담하게 된다. 건물임대료가 정상이윤과 세액을 합한 액수에 미치지 못하면 건물의 건축이 중지될 것이기 때문이다.

공산품이나 수입품에 조세를 부과하면 생산자나 수입상은 가격을 올리게 되고 그 세액은 도매상과 소매상을 통해 결국 소비자에게 전가된다. 이때 궁극적으로 조세를 부담하는 소비자는 세액만을 부담할 뿐 아니라 이 세액에 대한 이윤까지 부담하게 된다. 유통단계에서 업자가 세액을 미리 납부하는 경우에 업자는 상품구입을 위해 선불한 대금에 대한 이윤 외에도 미리 납부한 세액에 대한 이윤도 취하려 할 것이기 때문이다.

이와 같이 상품가격을 올리는 모든 조세는 유통단계에 따라 전가되면서 그 액수도 커지므로 결국 소비자는 실제로 정부에 들어가는 세액보다도 더 많은 세금을 부담하는 결과가 된다.

지대에 대한 조세는 토지소유자가 납부해야 하지만 토지소유자는 토지의 사용대가로 지대액 이상을 받아 낼 힘이 없다. 오히려 투기 목적으로 토지를 보유하는 사람은 토지를 매각 또는 임대하지 않을 수 없기 때문에 이 조세는 토지소유자 간의 경쟁을 촉진하고 따라서 토지가격을 하락시키는 효과를 갖는다.

조세의 확실성

확실성은 조세의 중요한 요소이다. 징세의 성과가 세무당국의 근면과 성실, 납세자의 공공심과 정직성에 달려 있는 만큼, 세무당국은 횡포와 부패의 가능성이 있고 납세자는 조세회피와 탈세의 가능성이 있기 때문이다.

세관의 평가가 엉터리라든지, 소득세 신고액이 터무니없다든지, 각종 동산의 정확한 평가가 절대 불가능하다는 것은 널리 알려져 있는 사실이다. 그로 인해 생기는 물질적 손실, 즉 불확실성으로 인해 국민이 부담하면서도 정부의 수입이 되지 않는 금액은 엄청나다.

가령 한쪽에서는 사람들을 해안과 국경에 배치하여 밀수를 막고 다른 쪽에서는 어떻게 해서든 이 경비망을 뚫으려 할 때 이 두 집단의 유지에 들어가는 비용은 분명히 노동과 자본의 생산물에서 나온다. 밀수꾼의 비용과 이윤 그리고 세관공무원에 대한 봉급 등은 정부의 실제 수입 이외에 그 나라의 국민이 추가로 부담하는 일종의 조세와 같은 의미를 갖는다. 정부로부터 조세를 감면 받기 위해 들이는 돈, 관세를 피하기 위해 동원하는 각종 수단에 들어가는 돈, 정부와 납세자 간의 세무소송과 처벌 등에 들이는 비용 등은 막대한 액수에 달하며 이들은 사회의 부를 소모하지만 정부 수입에는 보탬이 되지 않는다.

불확실성의 폐단은 이 정도에 그치는 것이 아니다. 확실성이 결여된 조세는 사회의 도덕성을 심각하게 저해한다. 정부 수입에 관련된 각종 법률은 한마디로 "공무원 부패를 촉진하며, 정직성을 억제하고, 탈세를 조장하며, 허위신고에 이익을 주며, 법과 정의를 분리시키는 법률"이라고 할 수 있을 정도이다. 정부 수입 관련 법률의 진짜 특징은 바로 이런 것이며 실제로도 그렇게 나타나고 있다.

토지가치에 대한 조세는 확실성을 갖는 조세이다. 토지는 이동시킬 수도 없고 감출 수도 없는 만큼 토지에 대한 조세의 평가와 징수도 확정적이다. 토지개량물을 제외한 순수토지의 가치에만 조세를 부과한다면 조세체계가 단순, 명확하게 될 뿐만 아니라 이 조세에 국민의 관심이 집중될 것이므로 당국의 과세액 평가도 일반 부동산 중개인이 거래가격을 매기는 것처럼 확실성 있게 이루어질 수 있을 것이다.

조세의 공평성

현재 우리 조세제도에서 모든 조세에 공통된 원칙은, 각 국민의 세부담은 재력 또는 소득에 비례해서 이루어져야 한다는 원칙이다. 그런데 이 원칙은, 그 현실 적용에 내재한 어려움은 제쳐 두고라도, 정의를 실현할 수 없다는 큰 단점이 있다.

예를 들어 재력 또는 소득이 똑같은 두 사람이 있는데 한 사람은 부양가족이 많고 또 한 사람은 독신이라고 하자. 이럴 때 간접세는 매우 불공평하다. 한 사람은 자기 가족에 필요한 식품, 옷 등에 대한 세금을 부담하는 반면 다른 사람은 자기 자신의 소비물자에 대한 세금만 물면 되기 때문이다. 한편 두 사람에게 동일한 세액을 부담시키는 직접세의 경우를 생각해 보아도 역시 불공평하다. 한 사람의 소득은 여러 가족의 부양비에 사용되는 반면 다른 사람의 소득은 한 사람의 부양비로만 사용되기 때문이다. 그러나 혹자는, 이것은 어쩔 수 없는 문제라고 하기도 하고, 인간은 무능력하게 태어나 부모에게서 양육을 받으며 그 대신 부모는 자식을 키움으로써 커다란 기쁨을 누리는 것이 자연의 원리라고 말하기도 한다. 그렇다면 자연의 원리가 무엇인지 그리고 자연의 법칙에 들어 있는 정의의 원리가 무엇인지를 검토해 보자.

자연은 노동에게 베풀며 그리고 노동에게만 베푼다. 에덴동산에서도 사람이 일을 하지 않는다면 굶는 수밖에 없다. 동일한 소득을 가진 두 사람이 있다고 하자. 그중 한 사람의 소득은 노동소득이고 다른 사람의 소득은 지대소득이라고 하자. 이 두 사람이 국가의 경비를 똑같이 부담하는 것이 정의로운가? 분명히 그렇지 않다. 한 사람의 소득은 그 스스로 창출한 부이며 사회의 부의 총량을 증가시킨 부이다. 그러나 다른 사람의 소득은 단지 이미 생산된 물자 중에서 취하는 것일 뿐이며 그 대가로 아무런 기여도 하지 않는다. 노동자가 소득을 향유하는 권리는 노동의 대가로 부를 준다는 자연의 보장에 근거를 둔 권리이다. 그러나 지대소득자가 소득을 향유하는 권리는 허구적인 권리이고 인간의 제도가 만든 권리일 뿐이며 자연은 이러한 권리를 인정하지 않는다.

자녀를 둔 어느 아버지에게 노동소득으로 자녀를 양육해야 한다고 말하면 틀림없이 수긍할 것이다. 이것은 자연의 원리이기 때문이다. 그러나 자연의 기회는 모든 사람에게 평등하게 제공된 것이며 그의 자녀도 날 때부터 동등한 권리를 가지고 있으므로 자연의 기회를 누군가 독점하는 데에서 생기는 소득이 있는 한 노동소득에서는 한 푼의 세금도 부담할 수 없다고 할 것이다. 이러한 주장은 정당하다.

또 모든 재산은 국가의 동등한 보호를 받기 때문에 모든 재산에 동등하게 과세하여야 한다는 견해도 상당히 많다. 이러한 생각은, 재산권의 향유는 국가가 있음으로 해서 가능하며 그 가치 중에는 사회에 의해 창출되고 유지되는 부분이 있기 때문에 이를 사회적 경비의 충당을 위해 징수할 수 있다는 데 근거를 두고 있다. 그렇다면 어떤 가치가 이러한 부분에 해당될까? 여기에 해당되는 것은 토지의 가치뿐이다. 토지가치는 사회가 형성되기 전에는 생기지 않으며 다른 가치와는 달리 사회가 커짐에 따라 그 가치가 상승한다. 토지가치는 사회가 존속하는 한에서만 존속한다. 큰 도시를 분산시켜 원시상태로 되돌려 놓을 수 있다면 모든 토지가치는 (현재의 가치가 아무리 크다고 해도) 없어진다. 인구가 증가하면 토지가치도 오르고 인구가 감소하면 토지가치도 하락한다. 이러한 사정은 토지소유처럼 그 성질상 독점인 경우가 아니면 해당되지 않는다.

토지가치에 부과되는 조세는 사회로부터 특별한 혜택을 받는 사람에게만 부담을 지우며 또 그 혜택에 비례해서 부담을 지운다. 이 조세는 사회 전체가 창출한 가치를 사회 전체가 걷고, 사회 전체를 위해 사용하는 조세이다. 이것은 공동 재산의 공동 사용이라는 원리를 실현하는 조세이다. 모든 지대가 과세되어 사회의 필요 경비에 충당되면, 각 국민은 개인적인 근면, 기술, 지적 능력에 의한 이익 이외에는 다른 사람보다 더 이익을 받는 일이 없다. 모든 사람은 자신이 정당하게 번 것을 갖게 된다.

제18장

지지와 반대

토지가치 즉 지대에 부과되는 조세가 정부 수입을 조성하기 위한 최선의 방책이라고 하는 우리 결론의 근거는 지대의 성격과 지대 결정의 법칙에 관한 이론이 확립된 이래 모든 저명한 경제학자에 의해 명시적·묵시적으로 인정되어 왔다.

리카도는 다음과 같이 지적한다.리카도, 『정치경제학과 조세의 원리』, 제10장 "지대에 부과하는 조세는 … 전부 토지소유자에게 귀착되며 어떤 계층의 소비자에게도 전가되지 않는다. … 경작되고 있는 토지 중 가장 생산성이 낮은 토지의 생산량과 다른 토지의 생산량과의 차이는 변함이 없기 때문이다. … 지대에 부과하는 조세는 신규 토지의 경작을 저해하지 않는다. 이러한 토지에는 지대도 없고 조세도 부과되지 않을 것이기 때문이다."

반면에 매컬로크는 다음과 같이 선언한다.1838년판 아담 스미스의 『국부론』에 대한 보충적 주석과 논설 중 주서 제24번 "실세적인 관점에서 볼 때 지대에 대한 조세는 가장 불공정하고 졸렬한 조세에 속한다." 이러한 반대 견해는, 인구가 정착된 지 오래고 토지개량이 많이 이루어진 나라에서는 지대 중에서 순전히 토지의 사용에 대한 대가와 토지에 투입된 자본의 사용에 대한 대가를 구분하기가 실무적으로 불가능하다는 가정에 입각하고 있다. 그러나 만일 이 구분이 이루어진다면 "순전히 토지의 자연력을 사용하는 대가로 토지소유자에게 지불되는 금액은 조세로 완전히 징수하더라도 토지소유자는 이 부담을 다른 사람에게 전가시킬 수 있는 힘이 없으며" 또 생산물의 가격에도 영향을 주지 않는다고 지적하였다.

사실 과세의 능률이나 정의의 견지에서 지대가 매우 적절한 과세대상이라는 점은 지대의 원리에 내포된 것이라고 할 수 있으며, 리카도의 지대의 법칙을 인정하는 모든 경제학자의 저작에 그 싹이 있다. 그런데도 학자들이 이 사실을 분명한 결론으로 제시하지 않은 것은, 토지의 사적 소유에 관련된 거대한 이해관계를 위협 또는 침해하지 않으려는 태도 및 임금과 빈곤의 원인에 관해 경제학계를 지배해 온 이론의 오류에 기인한다.

프랑스의 중농학파

그러나 공동재산인 토지로부터의 수입을 공동 서비스 비용에 충당해야 한다는 사실, 관습적인 편견에 매이지 않는 사람이라면 누구나 자연스럽게 인식할 수 있는 이 사실을 제대로 인식한 경제학파가 있었다. 저자는 께네Quesnay, François, 1694-1774, 프랑스 중농학파의 창시자 등 중농학파의 이론을 영국 학자들의 저술을 통해 간접적으로 알게 되었기 때문에, 농업이 유일한 생산적 산업이라고 하는 등 그들이 주장한 독특한 견해가 이론적 오류인지 아니면 용어를 특수하게 사용함으로써 생긴 오해인지 확실히 말할 처지가 못 된다. 그러나 나는 께네 이론의 핵심적인 명제를 통해, 께네가 토지와 노동 간의 근본적인 관계를 올바로 이해했으며(이 견해는 후대에 제대로 계승되지 못했음), 추론 과정에 문제가 있기는 하지만 실제적인 진리에 도달하였다고 확신한다. 토지소유자의 수중에 '순생산'이 남는 원인에 대한 중농학파의 설명은 펌프의 원리를 "자연은 진공을 싫어하기 때문"이라고 설명하는 수준을 넘어서지 못했다. 그러나 중농학파는 사회경제와 지대 간의 실제적인 관계 속에서 그 사실을 인식하였으며, 노동의 투입을 저해하고 왜곡하는 조세를 지대에 부과하는 조세로 대치할 때 산업과 교역에 완전한 자유가 보장되고 그에 따라 갖가지 이익이 발생한다는 점에 대해서도 분명히 인식하고 있었다. 프랑스 대혁명에 대해 심히 유감스러운 점의 하나는 대혁명으로 인해 중농학파의 사상이 사라져 버렸다는 점이다. 당시 중농학파는 사상계의 지지를 얻고 있던 중이었고 재정관계 입법에도 영향을 줄 수 있는 단계에 분명히 와 있었다.

토지가치의 구분

지대 즉 토지가치에 부과하는 조세에 관해 정치경제학의 수준급 저술에 나타나는 유일한 반대론은 이 조세의 장점을 인정하는 저술 속에 있다. 그 내용을 보면, 토지가치와 토지개량물의 가치를 구분하기 어렵기 때문에 지대에 과세하면 그 이외의 것에도 과세하는 결과가 된다는 것이다. 예를 들어 앞에서 소개한 매컬로크의 견해와 같은 것이 있다. 그에 의하면, 토양의 자연적이고 내재적인 능력에서 생기는 가치와 토지개량에서 생기는 가치를 분명하게 구분할 수 없기 때문에 지대에 대한 조세는 졸렬하고 불공평하다고 한다. 그런데 이들의 주장대로 노동과 자본이 토지와 밀접하게 결합된 가치에 대해 부과하는 조세가 생산을 저해한다고 하면, 노동과 자본이 창출한 것으로서 토지와는 명백히 구분되는 가치에 부과하는 조세는 생산을 얼마나 저해할 것인가?

그러나 사실상의 문제로서 토지가치는 개량물의 가치와 언제나 구분될 수 있다. 예를 들어 미국에는 개량되지 않은 채로 남아 있는 값비싼 토지가 많이 있으며 개량이 된 토지라고 해도 평가사는 토지가치와 개량물의 가치를 별도로 평가한 다음 부동산이라는 명목으로 합산하는 것이 관례이다. 토지소유자와 건물소유자가 다른 사람인 경우도 흔히 있으며 화재로 인해 개량물이 소실되어도 토지의 가치는 그대로 남아 있게 된다.

또 세계에서 가장 역사가 오랜 국가라고 해도, 과거 적당한 기간 내에 조성되어 명백히 토지와 구분할 수 있는 토지개량물의 가치와 이러한 토지개량물이 파괴되었다고 할 때의 토지가치를 구분하는 정도는 아무런 어려움이 없다. 정의의 측면에서나 정책의 측면에서나 이 정도의 구분이면 충분하다. 어느 제도에서든 완벽한 정확성을 기하기는 어려울 뿐만 아니라 자연이 태초에 부여한 것으로부터 인류가 이룩한 것을 완전히 구분한다는 것은 현실성도 없고 또 어리석은 일이다. 로마시대에 개량한 매립늪지나 계단식 농지는 이제는 지진이나 빙하가 남긴 흔적과 다름이 없다. 영구적 개량물이 적당한 기간이 지난 후에 토지의 일부가 된 것으로 간주하여 이를 과세대상으로 삼는다고 해도 토지개량이 저해되지 않는다. 사실 각 세대는 자기 세대를 위해 건축을 하거나 토지를 개량하지 먼 후대를 위해 하는 것은 아니다.

이해관계자의 태도

그러나 이러한 의문이 생길 수 있을 것이다. 만일 토지가치에 대한 조세가 정부 수입의 수단으로 그토록 장점이 많다고 하면 어째서 모든 정부가 갖가지 다른 조세를 부과하는가?

그 대답은 명백하다. 토지가치에 대한 조세는 토지소유자에게 귀착되며 이 부담을 다른 사람에게 전가시킬 방법이 없다. 그러므로 토지소유자라고 하는 거대하고 강력한 계층은 토지가치에 대한 조세를 낮게 유지하면서 다른 조세를 재정 수입의 수단으로 삼는다면 직접적인 이익을 얻게 된다. 예를 들어 17세기 영국의 토지소유자들은 자신들이 부담하던 봉건제하에서의 토지세 대신 모든 소비자가 부담하는 물품세를 확립시킨 바 있다.

이와 같이 토지가치에 대한 과세에 반대하는 확실하고 강력한 이익집단이 존재한다. 그러나 현대 정부가 널리 사용하고 있는 다른 조세에 대해서는 특별한 반대 세력이 없다. 정치인들은 노동임금과 자본이자를 줄이는 교묘한 장치를 고안해 왔다. 대부분의 이러한 조세는 궁극적으로 소비자가 부담한다. 이러한 조세는 여러 명목으로 조금씩 잘 드러나지 않는 방식으로 징수되기 때문에 소비자는 특별히 주목하지 않게 되고 또 굳이 이런 조세를 막으려 하지 않게 된다.

물품세의 경우 세액을 직접 당국에 납부하는 자는 이 조세에 반대하지 않는다. 이러한 조세는 다른 사람에게 쉽게 전가할 수 있기 때문이다. 뿐만 아니라 이로 인해 상품가격이 인상됨으로써 이들이 이득을 볼 수도 있어 오히려 이러한 조세가 생기고 또 계속되기를 바라는 경우도 대단히 많다. 면허세는 다른 사람의 업종 참여를 억제해 주기 때문에 면허자들이 일반적으로 지지하는 형편이다. 공업에 대한 과세도 이와 비슷한 이유로 업자들에게 고마운 조세가 되는 수가 많다. 수입관세도 특정의 생산자에게 특수이익을 줄 뿐만 아니라 재고를 많이 가지고 있는 수입상 내지 국내 판매업자에게 혜택을 준다. 이런 부류의 조세는 다 사정이 이러하므로 조세 부과를 지지하기 위해 조직화되거나 공동 노력할 수 있는 이익집단이 있다고 하겠다. 그러나 토지가치에 대한 조세의 경우에는 계속해서 격렬하게 반대할 태세를 갖춘 확고하고 민감한 이익집단이 있을 뿐이다.

제19장

토지사유제의 역사

토지를 사유재산으로 취급하는 것은 우리의 법률, 사고방식, 관습에 깊이 뿌리박고 있기 때문에 대다수의 사람들은 여기에 의문을 품지 않으며 토지사용을 위해 필요하다고까지 생각한다.

설혹 토지가 과거에 항상 사유재산으로 취급되어 왔다고 하더라도 그것으로 토지사유제를 계속할 정당성이나 필요성이 입증되는 것은 아니다. 마치 노예제도가 널리 존재해 왔고 한때는 완전히 인정되기도 했지만 인간의 육신을 재산으로 삼는 제도의 정당성과 필요성이 입증되지 못하는 것과 같다.

아시아, 유럽, 아프리카, 아메리카, 폴리네시아 등 어느 사회든 초기의 역사를 살펴보면 토지는 공동재산으로 간주되고 있었다. 즉 사회의 모든 구성원은 그 사회의 토지를 사용하고 향유할 수 있는 동등한 권리를 갖고 있었다. 토지에 대한 공동의 권리를 인정했다고 해서 노동의 결과에 대한 개별적 · 배타적인 권리를 부정하지는 않았다. 또 농업이 발달함에 따라 경작에 투입된 노동의 결과에 대한 배타적 향유를 보장하기 위해 토지의 배타적 점유가 필요하게 된 단계에 와서도 그 공동의 권리는 그대로 유지되었다. 가족, 가족 연합, 개인과 같은 생산단위별 토지 분할은 그 목적에 맞는 정도로만 이루어졌다.

토지사용에 관한 권리가 초기에는 이처럼 평등했다가 후에 배타적이고 불평등하게 바뀌었는데 그 원인은 모든 사회에 공통적이다. 개인의 평등한 권리가 부인되고 특권층이 형성된 원인은 어디에서나 같다. 그 원인은 권력의 집중이라고 요약할 수 있다. 전쟁에 의해 소수 권력자 내지 군부로 권력이 집중되고 이들은 권력을 이용해서 공동의 토지를 독점하게 되었다.

그리스와 로마

그리스와 로마에 내부 갈등을 일으킨 원인은 토지에 대한 평등권이라는 이념과 토지를 개인소유로 독점하려는 경향 간의 투쟁이라고 할 수 있다. 이 투쟁이 결국 후자의 승리로 끝남으로써 두 나라가 멸망하는 원인이 되고 말았다. 그리스는 거대한 사유토지로 인해 멸망하였다. 그리스의 토지는 여러 위대한 법률가와 정치가의 경고에도 불구하고 소수의 소유로 넘겨지고 말았으며 이로 인해 인구가 줄고 예술이 침체되고 지성도 고갈하여 마침내 인류 문화의 찬란한 발전을 이룩하였던 민족이 사람들의 웃음거리로 전락하였다.

현대 문명국이 로마법을 본받아 채택하고 있는 토지의 절대적 개별 소유권은 로마시대에 완전한 발달을 보았다. 로마 초기에 시민은 양도 불가능한 소규모의 개인토지를 갖고 있었고 그 외의 토지는 공동으로 사용하고 있었다. 그런데 정복에 의해 공동토지가 확대되면서 귀족층이 공동토지를 떼어 개인 소유의 대토지를 형성하기 시작했다. 때때로 법적인 제한을 받기도 했고 여러 차례 분할이 되기도 했지만, 대는 소를 흡수한다는 권력의 논리에 따라 대토지는 결국 소규모 토지소유자를 모두 몰아내고 말았다. 소규모 토지는 엄청난 부자들의 라티푼디움에 병합되고, 소규모 토지소유자들은 농노가 되거나, 지대를 바치는 소작인이 되거나, 외국 정복에 참여하거나(정복지의 토지를 정복군에게 나누어 주는 제도가 있었음),

도시로 몰려가 투표권 외에는 아무런 팔 것이 없는 무산계층이 되었다.

이러한 변화가 낳은 불가피한 정치적 결과가 로마의 황제제도였으며 이 제도는 곧이어 견제 받지 않는 전제정치로 변했다. 로마제국은 전 세계를 장악했던 경우에도 실제로는 껍데기에 불과하였다. 로마는 변방의 건전한 제도에 의해 겨우 몰락을 면하고 있었다. 변방에서는 군인 정착자에게 토지를 분배하였으며 과거의 제도가 유지될 수 있었다. 그러나 대장원제도는 이탈리아의 힘을 삼켜 버린 후 계속 그 영역을 넓혀 갔으며 결국 시실리, 아프리카, 스페인, 갈리아마저도 거대토지로 분할되어 노예 또는 소작인이 경작을 담당하게 되었다. 이에 따라 개인의 독립이 보장되는 사회의 건실성이 사라져 버렸다. 각처에서 소모적 농업이 영위됨으로써 토질은 떨어지고 사람 대신 짐승이 번성하고 마침내 외족의 침입이 뒤따랐다. 이로써 로마는 멸망하고 한때 영화롭던 문명은 폐허로 변하고 말았다.

봉건적 토지제도

봉건제도는 유럽에 고유한 제도라기보다 평등성과 개인성을 강하게 보존하고 있는 민족이 정착된 국가를 정복했을 때 자연스럽게 나타날 수 있는 제도라고 볼 수 있다. 이 제도에서는, 적어도 이론상으로는, 토지가 사유되지 않고 사회 일반의 소유에 속한다.

봉건제도하에서 군주의 토지는, 오늘날에는 국민일반이 부담하는 공공경비를 조달하였고 교회의 토지는 신도의 예배와 교화에 드는 비용, 병약자를 돌보는 비용, 성직자처럼 사회적 선을 위해 일생을 바치는 계층을 지원하는 비용을 조달하였으며 군대의 토지는 국방 비용을 조달하였다. 군대토지를 경작하는 자는 유사시에 전쟁에 필요한 인력과 물자를 제공하는 의무, 왕의 장자가 기사의 작위를 받거나 공주가 결혼을 하거나 군주가 포로가 될 때 지원을 할 의무가 있었는데 이것으로 볼 때 토지가 개인의 재산이 아니라 공동의 재산이라는 인식이, 세련된 방식으로 확립된 것은 아니지만, 분명히 존재하였음을 알 수 있다.

또 초기에는 토지점유자의 권리가 사망 후에까지 연장되는 경우도 없었다. 권력이 집중된 사회가 늘 그렇듯이, 이 원칙은 얼마 안 있어서 상속의 원칙으로 대치되고 말았지만, 봉건법상으로는 토지를 가지면 그 혜택을 누리는 동시에 연관된 의무를 이행해야 하는 봉신제도가 존속하였다. 또 봉신을 선정하는 기준도 개인이 자의적으로 정하는 것이 아니라 사전에 엄격하게 정해져 있었다.

공동토지의 폐쇄 - 종획

봉건제도의 성립과 발전에 의해 토지의 소유, 사용 관계는 절대적인 관계에서 조건적인 관계로 변모되었고 봉신은 지대수취권을 갖는 대신 일정한 의무도 부담하였다. 이러한 제도 속에서 토지경작자의 집단이 형성되었고 이들은 일정한 봉납의 의무를 지는 한편 토지를 공동재산으로서 경작하였다. 그리고 영주의 세력이 강했을 때에는 영주가 요구하는 상당한 부담을 지기도 했지만 기본적으로 공동권의 이념은 강하게 존속되어 많은 지역에서 관습화되었다.

이러한 공동토지는 유럽 국가 대부분의 토지에 해당되었다. 예를 들어 봉건시대 영국의 공동토지 규모를 다음과 같은 통계에서 추측할 수 있다. 토지귀족층이 헨리 7세1457-1509, 재위 1485-1509 치하에 종획enclosures을 시작하였으며, 1710년에서 1843년 사이에 제정된 법률에 의해 종획된 공동토지만 해도 최소한 7,660,413에이커에 이르고 그중 6십만 에이커는 1845년 이후에 종획되었다. 그렇게 하고도 현재 2백만 에이커의 공동토지가 남아 있다고 추정된다.(1에이커는 약 4,046.8평방미터, 약 1,226평 - 번역자)

공동재산으로서의 토지

토지수용의 원칙은 이론상 국가의 주권자를 유일, 절대의 토지소유자로 보는 원칙이며 주권자가 국민의 집합적인 권리의 대표라고 인정하는 데에서 나오는 원칙이다. 상속재산이 장자 내지 특정인에게 돌아가도록 하는 제도도, 왜곡된 형태이기는 하지만 토지를 공동재산으로 보던 제도에서 비롯된 것이다. 또 재산을 진정한 재산real property, 부동산에 해당함과 개인재산personal property으로 나누는 법률용어도 원래 공동재산과 개인의 고유한 재산을 구분하던 과거 제도의 자취라고 할 수 있다. 토지소유권을 이전할 때 필요한 특별한 절차도 토지가 특정 개인의 소유가 아니라 가족 또는 부족 전체의 공동소유였던 시대에 토지소유권의 이전에 대해 전체가 어떤 의식을 통해 동의하였던 제도의 흔적이다.

봉건시대 이후 근대문명은 토지의 공동소유라는 자연적이고 근본적인 관념을 뒤집는 방향으로 전개되었다. 역설적이지만, 봉건적 굴레로부터의 해방과 더불어 생긴 새로운 토지소유제도에 의해 노동계층이 예속되는 경향이 발생한 것이다. 이러한 현상은 모든 문명세계에서 뚜렷이 나타나고 있는데 이 현상은 단지 정치적인 힘이나 개인적 자유의 신장에 의해 해결될 수 있는 것이 아니다. 더구나 정치경제학자들은 이를 어쩔 수 없는 자연법칙의 압력이라고 오해하고 있고 노동자층은 이를 자본의 압박이라고 오해하고 있다.

토지사유제의 확대

전체적으로 볼 때 영국 국민의 토지에 대한 권리는 봉건시대보다 분명히 못해졌다. 토지소유자의 비율은 줄고 소유권은 더 절대적인 성격을 갖게 되었다. 한때는 하층민에게 독립성을 부여해 주었던 방대한 면적의 공동토지는 토지가치가 낮은 지역에서나 겨우 흔적으로 남아 있을 뿐이고 대부분의 토지는 사유화되고 말았다. 본질적으로 공공목적에 충당되던 공동재산이라고 할 수 있었던 교회토지도 개인의 소유로 바뀌고 말았다. 군대토지에서 나오던 수입도 없어지고 군대를 유지하는 비용과 전쟁에 의해 생긴 거대한 부채에 대한 이자는 전체 국민의 부담으로 돌아가 버렸다. 군주의 토지도 대부분 사유토지로 바뀌었다. 영국에서 자작농은 자취를 감추었다. 스코틀랜드 사람들은 자기 마을의 토지에 대해 귀족과 마찬가지의 확실한 권리를 가지고 있었으나 이러한 토지도 결국 귀족의 전유물이 되고 말았다. 아일랜드에서는 토지에 대한 부족 공동의 권리가 개인 소작제도로 변했다. 영국 국민의 대다수는 길을 걸을 수 있는 권리 이외에는 토지에 대한 아무런 권리도 가지지 못하게 되었다. 로마의 호민관이었던 그라쿠스Tiberius Sempronius Gracchus, 기원전 162-133, 로마의 민권 정치인의 다음과 같은 웅변이 영국 국민에게도 꼭 들어맞는다.

"로마의 사람들이여. 그대들은 세계의 주인이라고 불리지만 한 평의 땅에 대한 권리도 없다. 짐승도 자기 보금자리는 있는데 이탈리아의 군인에게는 물과 공기밖에 없다."

군주제를 취하든 의회제를 취하든 정부의 권한이 커지면서 대귀족의 힘과 사회적 비중이 줄어들었고 개인에 대한 지배권도 약화되었으며 이들이 권력을 남용할 소지도 적어졌다. 거대한 봉건적 장원이 해체되면서 토지소유자의 수가 늘어나고 토지소유자가 노동자를 자기 장원에 붙잡아 둘 수 있었던 각종 제한도 철폐되었다. 그러나 이로 인해 토지사유제에 내재해 있는 본질적 불의에 대한 관심도 줄어들었다. 동시에 근대법학의 거대한 광산이요 보고인 로마법에서 계수한 법적 개념이 꾸준히 확립됨으로써 토지재산권과 다른 재산권 사이의 자연적 구분이 점차 사라지게 되었다. 이리하여 개인의 자유가 신장되는 것과 동시에 토지사유권도 확대되었다.

토지제도가 근본 원인이다

더구나 토지소유제도의 불의를 분명하게 인식할 수 있었던 계층의 봉기가 있었지만 토지귀족층의 정치적 세력을 분쇄하지 못했다. 이러한 봉기는 수차례 일어났으나 잔학한 방법으로 진압되곤 했다. 토지귀족층의 세력이 붕괴된 것은 기술자층과 상인층의 성장에 의해서이다. 그런데 이들의 경우 임금과 지대의 관계는 노동자층의 경우처럼 명백하지 못했다. 이 상공업자 계층은 폐쇄적인 길드와 단체를 결성하여 성장했으며 이러한 체제를 통해 임금의 일반법칙의 작용으로부터 자신을 방어할 수 있었다. 이 계층은 산업적 · 사회적 · 정치적 생활의 조건을 궁극적으로 결정하는 근본적인 요인이 토지제도라는 점을 몰랐고 아직도 모르고 있다. 이에 따라 토지재산권은 인간이 생산한 물자에 관한 재산권과 동일하다고 생각하는 경향이 생겨났고 이러한 퇴보를 오히려 발전이라고 찬양하기까지 했다.

정부 부채의 기원

프랑스 대혁명 당시 1789년에 성립된 국민의회는 토지소유자가 부담하던 교구세敎區稅를 폐지하고 성직자에 관련된 비용을 일반 조세로 충당하도록 개혁하였다. 당시 씨예 수도원장Abbé Sieyès은 토지소유의 조건이었던 이 조세를 폐지하면 토지소유자의 부담이 면제되고 국민의 노동에 그 부담이 전가되는 결과를 낳는다고 지적하면서 개혁에 반대하였으나 아무런 호응을 얻지 못했다. 씨예 수도원장이 인간의 권리를 변호했음에도 불구하고 자신이 성직자였기 때문에 성직자 계층의 이익을 변호하는 것으로 오해받았다. 교구세 제도를 잘 운영했더라면 프랑스 국민은 방대한 정부수입을 충당할 수 있었을 것이고 노동임금과 자본이자에서는 한 푼의 세금도 내지 않았을 것이다.

또 이와 비슷한 예로 영국의 장기의회Long Parliament, 1640-1660에 열린 의회가 의결하고 찰스 2세1630-1685, 재위 1660-1685가 즉위한 후 군대토지 제도를 철폐한 것을 들 수 있다. 이 철폐 조치는 국가의 공동토지를 소유하는 조건으로 일정한 부담을 지던 토지소유자의 부담을 면제하는 대신, 모든 소비자에게 조세를 부과하여 일반 국민에게 부담을 이전한 것에 불과하다. 이 조치는 오랫동안 자유정신의 승리라고 인정되어 왔으며 아직도 법률서적에서 호평을 받고 있지만, 영국의 대규모 부채와 중과세의 기원이 여기에 있다. 만일 봉건적 부담 방식이 유지된 채 시대의 변천에 맞추어 개선되어 왔다면, 영국은 수 차례의 전쟁에도 불구하고 부채를 지지 않았을 것이고 영국의 노동과 자본이 군대의 유지를 위해 한 푼의 조세도 부담할 필요가 없었을 것이다. 모든 정부 비용을 지대에서 충당할 수 있었는데도 군대토지 제도의 철폐 이후 토지소유자가 이를 자신의 소득으로 챙기고 있다.

제20장

소유권의 정당한 근거

정의감은, 관습이나 미신이나 이기심에 의해 왜곡되기도 하지만, 인간심리의 근본을 이룬다. 그리고 사람들의 열정을 불러일으키는 논쟁의 쟁점도 '어느 쪽이 현명한 것인가?'보다는 '어느 쪽이 정당한가?'인 경우가 많다.

많은 사람의 관심을 끄는 논쟁이 흔히 이와 같이 윤리적인 모습을 갖는 데에는 이유가 있다. 이는 인간심리의 법칙에서 유래하며 우리가 이해할 수 있는 진리 중 가장 심오한 진리에 대한 막연한 본능적 인식에 바탕을 두고 있다. 그 진리란 정당한 것만이 현명한 것이며 정당한 것만이 지속될 수 있다는 것이다.

소유권의 정당한 근거는 무엇인가? 사람이 정당하게 '내 것'이라고 말할 수 있는 근거는 무엇인가? 자기 자신이 배타적인 권리를 가진다고 인식하는 감정은 어디에서 나오는 것일까? 개인의 소유를 정당화하는 근거는 일차적으로 인간의 자기 자신에 대한, 자기 힘의 사용에 대한, 그리고 자기 노력의 결실의 향유에 대한 권리가 아니겠는가? 이러한 근거는 각 인간이 독립된 유기체라는 자연적인 사실에서 발생하고 또 이 사실에 의해 인정되는 개인적 권리가 아니겠는가? 독립된 유기체라는 의미는 인간이 각자 특정한 두 손과 특정한 두뇌와 특정한 위장을 가지며 그리고 한정성, 일체성, 독립성을 가진 전체라는 것을 말한다. 사람은 각자 자기 자신의 것이기 때문에 구체적인 대상에 투입되는 노동도 자기 자신의 것이다. 또 같은 이유로 해서 사람이 만들거나 생산한 것도 그 자신의 것이다. 다른 사람은 아무도 이에 대한 권리를 주장할 수 없고 이 사람의 권리의 배타성은 다른 사람에게 아무런 해가 되지 않는다.

이리하여 인간의 노력에 의해 생산된 모든 것에는 이를 배타적으로 보유하고 향유할 수 있는 명백하고 다툴 수 없는 권원權原이 발생한다. 이러한 권원은 자연법상의 권리를 가진 원래의 생산자에서 유래된 것이므로 정의와 완전히 합치된다.

정당한 소유권의 발생

이것이 배타적 소유관념의 근원이다. 이 사실은 배타적 소유의 정당성이 문제될 때 사람들이 갖게 되는 자연스러운 심리 동향으로 보나 사회적 관계가 발전하는 방식으로 보나 명백히 인정할 수 있는 사실이다. 뿐만 아니라 이것은 배타적 소유관념의 유일한 근원이다. 어떠한 소유에 대한 정당한 권원도 모두 생산자의 권원과 인간의 자기 자신에 대한 자연권에서 도출된 것이다. 그 밖에는 정당한 권원의 근거가 있을 수 없다. 그 이유는 다른 정당한 권원을 도출할 수 있는 자연권이 존재하지 않기 때문이며, 또 만일 다른 권원이 존재한다면 두 권원이 상호 모순되기 때문이다.

인간의 자기 자신에 대한 권리를 제외하면 배타적 소유권이 어디에서 도출될 수 있겠는가? 자기 자신의 능력을 행사하는 힘이 없다면 인간이 그 무엇으로 자연에서 옷을 구할 수 있겠는가? 그 밖의 어떤 방법으로 인간이 자연물이나 다른 사람에게 영향을 줄 수 있겠는가? 인간의 운동신경을 마비시킨다면 인간은 나무나 돌과 마찬가지로 외부에 영향을 줄 수 없다. 그렇다면 인간이 사물을 보유하고 통제하는 권리가 그 밖의 무엇으로부터 생길 것인가? 이 권리가 인간 자신으로부터 나오지 않는다면 어디에서 나온다는 말인가?

자연은 노력의 결과 이외에는 인간에게 어떠한 소유나 통제력도 인정하지 않는다. 인간의 노력이 없으면 자연의 보물을 채취할 수 없고 자연의 힘을 유도, 사용, 통제할 수 없다. 자연은 사람을 차별하지 않으며 누구에게나 공평하다. 자연은 주인과 노예를 구분하지 않으며 왕과 신하를 구분하지 않으며 성인과 죄인을 구분하지 않는다. 자연에 대해서는 모든 사람이 동등한 처지에 있고 동등한 권리를 갖는다. 자연은 노동의 결과 외에는 인정하지 않으며 노동의 결과라면 사람을 가리지 않고 인정한다. 해적의 배에도 바람은 불어 주고 평화로운 상인이나 선교사의 배에도 바람은 불어 준다. 왕과 백성이 같이 바다에 빠질 때 헤엄을 치지 않으면 아무도 물 밖으로 머리를 내놓을 수 없다. 새는 밀렵꾼의 총보다 토지소유자의 총에 먼저 맞아 주지 않는다. 물고기도 주일학교에 다니는 착한 소년의 낚시나 결석쟁이 못된 소년의 낚시를 구별하지 않고 문다(또는 안 문다). 곡식도 밭을 갈고 씨를 뿌려야 자란다. 광석이 광산에서 채취되는 것도 노동이 있기 때문이다. 정의로운 사람에게나 그렇지 않은 사람에게나 해는 골고루 비치고 비도 골고루 온다.

둘째로 지적할 것은 노동에서 발생하는 소유권은 다른 종류의 소유권을 배제한다는 점이다. 사람이 자기 노동의 생산물에 대해 정당한 소유권을 갖는다면 어느 누구도 자기 노동의 생산물이 아닌 것 또는 타인 노동의 생산물로서 자기에게 정당하게 이전되지 않은 것에 대해서는 정당한 소유권을 가질 수 없다. 생산자가 생산으로 인해 배타적 보유와 향유의 권리를 갖는다면 노동의 생산물이 아닌 것의 배타적 보유와 향유는 정당하지 않으며 따라서 토지의 사적 소유는 옳지 않다. 자연이 제공하는 기회를 자유롭게 사용할 수 있는 권리가 없다면 노동생산물에 대한 권리를 향유할 수 없고 그 기회의 사적 소유를 인정한다면 노동생산물에 대한 권리를 부인하는 결과가 되기 때문이다. 생산자가 창출한 부의 일부를 비생산자가 지대로 취할 수 있다고 하면 노동의 결과에 대한 생산자의 권리는 그만큼 부정된다. 이 점에 대해서는 다른 견해가 있을 수 없다.

재산 개념의 혼란

토지사유제가 정의에 어긋난다는 사실을 이해하는 데 가장 큰 장애는 재산의 분류 방식이다. 관습적으로 소유의 대상이 되는 모든 물건을 재산이라는 하나의 범주에 넣기도 하고, 또 철학적인 바탕 없이 이루어진 법률적 분류에 따라 개인재산personal property과 진정한 재산real property으로 구분하거나 동산과 부동산으로 구분하기도 한다. 그러나 진정한 구분 또는 자연스러운 구분은 노동의 생산물과 자연적 부존물의 구분이다. 이를 정치경제학의 용어로 표현한다면 부와 토지의 구분이다.

이 두 가지는 성질이나 상호관계에 있어 대단히 다르며 이를 다 같이 재산이라고 분류한다면 재산권의 정의성과 불의성 또는 정당성과 부당성을 논의할 때 사고의 혼란이 생긴다.

주택과 대지는 다 같이 소유의 대상이 되므로 재산이고 또 법적으로는 다 같이 진정한 재산real estate이다. 그러나 이 두 가지는 성질이나 상호관계에 있어 대단히 다르다. 주택은 인간의 노동에 의해 생산되며 정치경제학상 부의 범주에 속하지만 대지는 자연의 일부이며 정치경제학상 토지의 범주에 속한다.

부의 본질적 성격은 노동의 구체적 결과라는 점, 인간의 노력에 의해 생겨났다는 점, 그리고 그 존재와 부존재 및 증가와 감소는 인간에 의존한다는 점이다. 토지의 본질적 성격은 노동이 구체화된 것이 아니라는 점 그리고 인간의 노력은 물론 인간 자체와도 무관하게 존재한다는 점이다. 토지는 인간이 존재하는 터전이자 환경이고, 필요한 물자를 공급받는 창고이며, 노동으로써만 사용할 수 있는 원료이자 힘이다.

이러한 구분이 이해되면 다음과 같은 사실도 따라서 이해된다. 자연적 정의에 부합하려면 부에 대해서는 소유권을 인정해야 하고 토지에 대해서는 소유권을 부인해야 한다. 또 노동의 생산물에 대한 사유의 정당성이 인정된다면 곧 토지에 대한 사유가 부인된다는 것을 의미한다. 그리고 부의 소유를 인정하면 노동의 대가를 보장함으로써 모든 사람에게 평등한 조건을 부여하게 되지만, 토지의 사유를 인정하면 노동자의 생산에 대한 자연의 보상을 비노동자가 취할 수 있게 함으로써 인간의 평등권을 거부하게 된다.

토지에 대한 평등한 권리

인간이 창조주의 허락을 받아 이 땅에 존재한다고 하면 우리 모두는 창조주의 하사품을 평등하게 향유할 수 있는 권리를 갖고 있으며 또 자연이 공평하게 제공하는 모든 것을 평등하게 사용할 수 있는 권리를 갖고 있다. 이것은 자연적인 권리이며 양도할 수 없는 권리이다. 이것은 또 모든 인간이 세상에 태어나면서 취득하는 권리이며 생존하는 동안에는 다른 사람의 동일한 권리에 의해서만 제약될 수 있는 권리이다.

자연은 토지의 무제한소유권fee simple이라는 것을 인정하지 않는다. 토지의 배타적 소유를 정당하다고 인정할 수 있는 권한은 어디에도 없다. 현재 살고 있는 모든 인류가 합의하여 토지에 대한 자기들의 평등한 권리를 포기한다고 하더라도 후세대의 권리까지 포기할 수는 없다. 인간은 지구에 임시로 세 들어 사는 자에 불과하지 않은가? 우리 후세대가 세 들어 살 권리를 우리가 결정하다니, 도대체 우리가 지구를 만들기라도 했단 말인가? 확실한 토지 문서가 아무리 많고 토지를 아무리 오래 소유해 왔더라도 자연적 정의는 타인의 평등한 권리를 부정하는 어떠한 토지소유권도 인정하지 않는다.

노동을 투입하는 토지를 어느 한 사람이 지배한다면 이 사람은 타인에게 노동 투입을 허락하는 대가로 타인 노동의 생산물을 취득할 수 있게 된다. 이것은, 자연은 인간의 노력에 의해서만 향유되어야 한다는 자연의 근본 법칙에 위배된다. 어떤 사람은 생산 없이 대가를 얻고 어떤 사람은 대가 없이 생산만 한다. 어떤 사람은 부당하게 부자가 되고 어떤 사람은 자기 몫을 강탈당한다. 현대사회를 극빈층과 극부층으로 갈라놓는 부의 부당한 분배는 이와 같은 잘못에 기인한다. 노동자가 정당하게 획득한 많은 부를 빼앗아 아무 일도 하지 않는 소수의 수중에 쌓아 주는 현상의 원인은 바로 노동자가 토지사용의 대가로 지대를, 그것도 계속 상승하는 지대를 지불해야만 한다는 데 있다.

소유와 사용의 구분

사람이 생산한 것에 대해서는 배타적 소유권이 당연히 인정된다. 아무리 여러 단계를 거쳐 소유자가 바뀌더라도 사람의 생산물에는 그 최초 단계에 누군가의 노동이 있었다. 이 사람은 물자를 자신의 노력으로 조달하거나 생산했기 때문에 그 물자에 관해 다른 어느 사람에 대해서도 자신의 명백한 소유권을 주장할 수 있었고 따라서 판매 또는 증여의 방법으로 그 물자를 다른 사람에게 정당하게 이전시킬 수 있는 권리도 가지고 있었다. 그러나 물질적 우주 즉 자연의 경우에는 소유자가 어떤 경로를 통해 바뀌어 왔든 그 최초 단계에서 권리의 정당성을 갖출 수 있었을까? 반면, 토지개량물에 대해서는 이러한 원초적인 권리가 존재한다. 그러나 이것은 토지개량물에 대한 권리일 뿐 토지 자체에 대한 권리는 아니다. 숲을 개간하고 늪의 물을 빼고 습지를 매립한다고 할 때 정당하게 주장할 수 있는 것은 노력에 의해 생긴 가치일 뿐이다. 노력을 했다고 해서 토지 자체에 대한 권리가 생기는 것은 아니며 사회의 성장에 의해 불어난 토지가치에 대해서는 다른 사회구성원과 동일한 지분만을 주장할 수 있을 뿐이다.

토지개량물은 시간이 지남에 따라 토지 자체와 구분되지 않는 경우가 있다고 반론을 제기하는 사람이 있다. 옳은 말이다. 그러나 이때 토지개량물의 소유권은 토지소유권에 혼입되고 개인의 권리는 사회의 권리 속으로 사라진다고 하겠다. 대는 소를 취하지만 소는 대를 취하지 못하는 것이 원칙이기 때문이다. 자연은 인간으로부터 생기지 않지만 인간은 자연으로부터 생기므로 인간과 인간활동의 결과는 자연의 품으로 다시 돌아가는 것이다.

또 누구나 자연을 사용하고 향유할 권리를 가지므로 노동의 결과를 충분히 얻으려면 토지사용자에게 배타적 토지사용권이 허용되어야 한다고 반론을 제기하는 사람도 있다. 그러나 개인의 권리와 사회의 권리를 구분 짓는 것은 어려운 일이 아니다. 이러한 구분은 토지가치를 통해 정교하고 정확하게 이루어질 수 있다. 인구가 아무리 밀집해 살더라도 토지가치만 있으면 개인의 정확한 권리와 사회구성원의 평등한 권리가 어느 만큼인지를 판정하고 보장하는 데 아무런 어려움이 없다.

앞에서 지적한 바와 같이 토지가치는 독점의 가격이다. 토지가치를 결정하는 요인은 토지의 절대적 능력이 아니라 상대적 능력이다. 토지 자체의 질이 어떻든 간에 같은 용도로 사용될 수 있는 다른 토지보다 우수하지 않은 토지에는 가치가 생기지 않는다. 그리고 어느 토지의 가치는 같은 용도로 사용될 수 있는 다른 토지와 이 토지와의 차이를 나타낸다. 이와 같이 토지가치는 개인이 보유하는 토지에 대한 사회의 권리를 정확하고 확실한 형태로 표시해 준다. 그리고 지대는 모든 사회구성원의 권리의 평등성을 충족시키기 위해 개인이 사회에 지불해야 하는 금액을 정확하게 표시해 준다.

토지의 최선사용을 보장하는 방법

토지개량을 위해 필요한 것은 토지의 절대적 소유가 아니라 토지개량물에 대한 보장이라는 점은 우리 주변을 돌아보면 분명하게 알 수 있다.

토지가 토지소유자 아닌 사람에 의해서도 개량될 수 있다는 점은 너무나 평범한 사실이다. 영국의 많은 토지가 소작인에 의해 경작되고 런던의 많은 건물이 임대차된 토지에 건축되며 미국에서도 이러한 방식이 보편화되어 있다. 이와 같이 토지의 소유와 사용의 분리는 흔히 있는 일이다.

그렇다면 지대를 현재처럼 개인에게 지불하는 대신 국가 또는 도시정부에 납부한다고 해도 토지의 경작 내지 개량은 동일하게 이루어지지 않을까? 토지의 사적 소유가 부인되고 토지의 점유자 또는 사용자가 지대를 국가에 납부하더라도 토지는 지금과 다름없이 확실하게 사용되고 개량되지 않을까? 이에 대한 대답은 단 하나, "물론 그렇다"이다.

토지의 경작 내지 개량을 유도하기 위해서는 "이 땅은 당신의 것"이라고 말할 필요가 없다. 단지 "이 땅에서 당신이 노동과 자본을 들여 생산한 것은 당신의 것이 된다"고 말하면 족하다. 수확을 보장해 주면 씨를 뿌릴 것이고, 주택을 소유할 수 있도록 보장해 주면 집을 지을 것이다. 수확이나 주택은 노동에 대한 자연스러운 보상이다. 사람이 씨를 뿌리는 것은 수확하기 위해서이고 사람이 집을 짓는 것은 주택을 소유하기 위해서이다. 토지의 소유 여부는 이와 아무 관계가 없다.

아서 영Arthur Young, 1741-1820, 영국의 농업가, 농업경제 분야 저술가이 지적하였듯이 플랜더스의 모래땅이 비옥한 농지로 변한 것은 소유권의 마술이 아니다. 그것은 노동 결과 보장의 마술이다. 이러한 변화는 토지를 사유재산으로 하지 않더라도 생길 수 있다. 아일랜드에서는 어느 토지소유자가 20년 동안 수확을 보장하고 지대를 받지 않겠다고 약속한 결과 농민들이 황무지였던 산을 옥토로 바꾸어 놓은 일이 있다. 일정 기간 지대를 올리지 않는다는 보장에 의해 런던과 뉴욕 대부분의 고급 건물이 임차된 대지에 건축되었다.

토지에 대한 사회의 공동권을 인정하더라도 토지개량물 내지 생산물에 대한 개인의 권리를 인정하는 데 조금도 지장이 없다. 선박을 두 사람이 소유하더라도 배를 쪼개야 하는 것은 아니다. 철도가 수십만의 소유지분으로 나뉘어 있더라도 한 사람이 소유하는 것과 마찬가지로 기차는 체계적이고 정확하게 운행된다. 런던에서는 토지를 보유하고 관리하기 위해 주식회사가 결성된 경우도 있다. 공동의 이익을 위해 지대를 징수하면 모든 것이 현재와 같은 가운데 단지 토지에 대한 공동의 권리가 완전하게 존중될 뿐이다.

후세대의 권리

토지에 대한 완전하고 배타적인 권리를 토지를 점유하는 순서에 따라 개인에게 준다고 하면, 이 방법이 가능할지는 모르지만 토지소유의 근거로서는 가장 불합리하다. 수많은 세대가 자연의 질서 속에서 살아가는 지구에서 그 표면에 대한 배타적이고 영속적인 권리가 선점에 의해 생기다니! 그러면 지난 세대가 우리보다 이 세상에 대해 더 우월한 권리를 갖고 있었다는 말인가? 백 년 전, 천 년 전의 사람은? 혹은 흙집이나 동굴에서 살던 세대, 마스토돈이나 세 발가락 말이 살던 시기의 세대, 아니면 그보다 더 옛날 우리가 지질학적 시간으로만 생각할 수 있는 시기에 살던 세대는?

잔치에 가장 먼저 도착했다고 해서 연회석의 의자를 돌려놓고서 자기와 계약을 하지 않으면 아무도 음식을 먹을 수 없다고 할 권리가 있는가? 극장에 제일 먼저 표를 내고 입장했다고 해서 극장문을 닫아걸고 자기 혼자서만 공연을 관람할 권리가 있는가? 기차에 먼저 승차했다고 해서 자기 짐을 온 좌석에 흩어 놓고 뒤에 타는 승객을 세워 둘 권리가 있는가?

인간의 취득권과 보유권은 결코 배타적인 것이 될 수 없다. 이러한 권리는 어느 곳에서나 다른 사람의 동등한 권리에 의해 한계가 지어진다. 기차의 첫 승객이 다른 사람의 승차 전에는 자기 짐을 여러 좌석에 흩어 놓을 수 있듯이, 토지의 첫 정착자는 토지를 마음대로 취득하고 사용할 수 있지만 다른 사람이 그 토지를 원하면(이 사실은 토지가치의 발생에 의해 표현됨) 이들의 동등한 권리에 의해 첫 정착자의 권리는 제한된다. 토지를 먼저 점유했다고 해서 다른 사람의 동등한 권리를 박탈할 수 있는 권리가 발생하는 것은 아니다. 선점이라는 근거를 인정한다면 어느 한 사람이 필요한 토지뿐 아니라 마을 전체의 토지, 국가 전체의 토지, 나아가서는 모든 대륙의 토지를 마음대로 취득하고 아무에게나 이전해 줄 수 있게 된다.

제21장

토지소유자에 대한 보상 문제

누구든 정치경제학을 공부하거나 부의 생산과 분배에 대해 생각해 보면 토지재산권은 인간이 생산한 물자에 대한 재산권과 본질적으로 다르다는 사실을 알 수 있다.

이 사실은 정치경제학에 관한 모든 대표적인 저술에서 명시적 또는 묵시적으로 인정하고 있지만 대개는 그 설명이 모호하거나 생략되어 있는 경우가 많다. 이는 마치 도덕철학자가 노예제도를 인정하는 사회에서 강연할 경우 인간의 자연권과 관련된 사항에 대해서는 되도록 언급을 피하는 것과 같다고 하겠다. 그래서 특별한 논평 없이 토지사유제를 기정사실로 전제하거나 토지사유제가 토지의 적절한 사용을 위해 또는 문명국가의 존립을 위해 필요한 것으로 가정한다.

이러한 태도가 생기는 이유는 아마도 오래 존속해 온 토지사유제를 철폐하면 이 제도가 계속될 것이라고 믿고 경제활동을 해 온 사람들에게 손실을 준다는 생각 그리고 토지를 정당한 재산으로 인정해 왔기 때문에 토지에 대한 공동의 권리를 회복시킨다면 정당성에 의문이 없는 다른 재산을 지불하고 토지를 구입한 사람에게 불공평하다는 생각 때문인 듯하다.

따라서 이들은 토지사유제를 철폐하면 토지소유자에게 완전한 보상을 해주어야 한다고 생각한다. 영국정부는 영국령 서인도제도의 노예제도를 철폐할 때 이런 생각에서 노예소유자에게 2천만 파운드를 보상해 준 적이 있다.

토지매수에 의한 국유화는 안 된다

정부가 전국의 토지를 시장가격으로 매수해야 한다는 주장도 이런 생각에서 나온 것이다. 존 스튜어트 밀John Stuart Mill, 1806-1873, 영국의 경제학자, 철학자도 토지사유제의 본질적 부당성을 분명히 인식하면서도 이런 생각에서 토지의 완전 환수가 아니라 미래에 추가로 발생하는 이익을 환수하자고 주장했다. 밀은 영국의 모든 토지를 시장가격에 따라 공정하게 내지 후하게 평가하고 그 이후에 소유자의 개량에 의하지 않고 증가하는 가치를 국가가 환수해야 한다고 하였다.

이러한 복잡한 개혁에는 정부 업무가 늘어나고 부패의 우려가 있는 등 실무적인 어려움이 있다. 그러나 무엇보다도 이 계획은 정당한 것과 부당한 것의 근본적인 차이를 뒤섞어 접목시키려고 한다는 점에서 내재적이고 본질적인 결함이 있다. 토지소유자의 이익이 보존되면 일반 국민의 이익과 권리는 그만큼 무시된다. 그리고 토지소유자가 특권을 잃지 않으면 일반 국민은 얻는 것이 없게 된다.

개인소유 토지를 매수한다는 것은 토지소유로 인해 현재 얻고 있는 이익을 다른 형태로 토지소유자에게 주는 것을 의미한다. 이것은 노동과 자본이 생산한 것 중 토지소유자가 현재 지대로 차지하는 만큼을 조세로 걷어 그들에게 주는 것을 의미한다. 토지소유자의 부당한 이익이 그대로 유지되며 비토지소유자의 부당한 불이익도 그대로 계속된다. 만일 이런 제도가 계속되어 토지소유자가 취득할 지대가 토지 매수가격에 대한 이자보다 더 많은 금액이 된다면 일반 국민이 전체적으로 혜택을 볼 수는 있다. 그러나 이러한 혜택도 미래에나 발생할 뿐이며 그동안에는 일반 국민의 부담이 줄지 않고 현재의 토지소유자를 위한 노동과 자본의 부담은 오히려 더 늘어날 것이다. 토지의 현재 시장가격에는 미래의 가치상승에 대한 기대라는 요소가 들어 있기 때문이다.

이처럼 토지를 시장가격으로 매수하고 매수 자금에 이자를 지불하는 방식을 취하면 생산자가 현 사용가치로서의 지대뿐만 아니라 투기적 지대까지도 부담하게 된다. 이를 다른 각도에서 표현한다면 이렇다. 토지매수가격을 정할 때에는 평균보다 낮은 이자율로 계산하고 매수비용에 대한 이자는 평균이자율로 계산하는 셈이 된다.(지대가 일정한 토지의 매수가격은 지대를 평균이자율로 나눈 금액이 된다. 그러나 앞으로 토지가치가 상승할 것으로 예상되는 토지의 매수가격은 그 금액보다 커진다. 즉 지대를 평균보다 낮은 이자율로 나눈 것과 같게 된다. - 번역자) 따라서 토지소유자는 토지에서 현재 발생하는 소득을 기준으로 해서 보상을 받는 것이 아니라 이보다 더 큰 보상을 받게 된다. 실제로 정부는 토지소유자가 현재 받는 지대 수준에 비해 훨씬 높은 수준의 전세금을 미리 내고 토지를 영구적으로 임차하는 셈이다. 정부가 토지를 매수한 후 당분간은, 토지소유자의 대리인이 되어 지대를 걷고 그보다 더 많은 금액을 토지소유자에게 지불하는 꼴이 된다.

가치증가액만 환수해서는 안 된다

밀은 모든 토지의 현재 시장가격을 확정한 후에 미래의 "불로소득성 토지가치증가액"을 국유화하자는 개혁안을 제시하였는데 이 안은 부의 분배의 불의성을 지금보다 악화시키지는 않지만 이를 해소해 주지도 못한다. 이 안을 실시하면 지대의 투기적 상승은 중단될 것이고 일반 국민은 미래의 지대상승액과 현재의 시장가격(이 가격에는 물론 미래의 예상지대가 반영되어 있음)과의 차액만큼 앞으로 혜택을 보게 된다. 그러나 토지소유자는 현재의 엄청난 이익을 앞으로도 계속 향유하게 된다.

토지소유자의 이익을 조금이라도 봐주는 개혁은 정당한 것이 될 수 없다. 밀과 같은 위대한 인물이 미래의 지대증가액만을 환수하자고 할 정도로 토지소유자에 대한 보상을 강조한 이유는 그가 임금은 자본으로부터 나온다든가 인구는 생존물자에 압박을 가한다든가 하는 원리를 받아들이기 때문이라고밖에 설명할 수 없다. 밀은 이러한 원리에 사로잡혀 지대의 사적 귀속이 주는 효과를 완전히 이해하지 못했던 것이다. 밀은 위대하고 순수하며 더운 가슴과 고결한 심성을 가진 인물이지만 경제법칙의 진정한 조화를 보지 못했고 궁핍과 비참, 악과 수치의 근원이 되는 이 본질적인 잘못을 이해하지 못했다. 그렇지 않다면 그가 다음과 같은 구절을 썼을 리가 없다. "아일랜드의 토지 그리고 모든 나라의 토지는 그 나라 국민의 것이다. 도덕과 정의에 의하면 토지소유자라고 하는 개인은 지대 또는 시장가격 보상액 이외에는 아무 권리도 갖지 못한다."『정치경제학 원리』, 제2권 제2장 제6절 참으로 답답한지고. 나라의 토지가 그 국민의 것이라면 어떻게 토지소유자라고 하는 개인이 도덕과 정의에 의해 지대에 관한 권리를 갖는다는 말인가? 토지가 국민의 것이라면 왜 국민이 도덕과 정의의 이름으로 자기 물건의 시장가격을 남에게 지불해야 한다는 말인가?

지대의 개인 귀속은 정의에 어긋난다

"인류의 유산을 근원적으로 도둑질한 자를 다룰 때에는 단숨에 해치워야 한다"는 말이 있다.Herbert Spencer, 『사회통계』, 1864년판

그렇다면 토지 도둑질은 왜 단숨에 해치우지 않는가? 토지의 절도는 말이나 돈의 절도와는 달리 행위 그 자체로 끝나는 것이 아니다. 이것은 매일 매시 계속되는 반복적인 절도에 해당된다. 지대는 과거의 생산물이 아니라 현재의 생산물에서 징수된다. 지대는 노동에 대한 지속적인 부담이다. 인간이 노동을 하는 모든 순간마다 지대가 빠져나간다. 지대는 깊은 지하에서 생명을 걸고 일하는 사람에게도, 배를 타고 세찬 파도를 무릅쓰

며 일하는 사람에게도 부과된다. 지대는 추위에 떠는 사람에게서 온기를, 배고픈 사람에게서 음식을, 병자에게서 약품을, 불안한 사람에게서 평온을 빼앗는다. 지대는 사람을 타락시키고 포악하게 하며 비참하게 한다. 지대 때문에 열 식구가 지저분한 단칸방에 살아야 한다. 지대 때문에 유망한 젊은이가 감옥이나 보호감호소에 갈 후보자가 된다. 매서운 겨울이 이리를 마을로 몰아넣듯이 지대는 탐욕과 죄악을 사회에 퍼뜨린다. 지대는 인간의 영혼에 대한 믿음을 흐리게 하며 힘들고 어둡고 잔인한 운명이라는 베일로 정의롭고 자비로운 창조주의 영상을 가린다.

지대의 사유화는 과거의 절도일 뿐 아니라 현재의 절도이며 이 세상에 태어나는 어린이에게서 천부적인 권리를 빼앗는 행위이다. 왜 우리는 이러한 제도를 단숨에 해치우지 않고 머뭇거리는가? 어제, 그제, 그끄제 도둑을 맞았다고 해서 이것이 오늘 그리고 내일 도둑맞아도 좋다는 이유가 될 수 있는가? 이러한 도둑은 도둑질할 권리를 가진 자라고 결론지을 이유가 있는가?

토지가 국민의 것이라면 무슨 이유로 토지소유자가 지대를 취득하도록 계속 허용하거나 지대의 손실에 대해 어떤 방식으로든 보상해 주려고 하는가? 지대가 무엇인가를 생각해 보라. 지대는 토지에서 자연히 생기는 것도 아니고 토지소유자의 행위에 의해 생기는 것도 아니다. 지대는 사회 전체에 의해 창출된 가치를 나타낸다. 사회에 다른 사람이 없다면 토지 보유로 인해 생기는 모든 것을 토지소유자가 갖게 해도 좋다. 그러나 사회 전체가 창출한 지대는 반드시 사회 전체의 것이 되어야 한다.

사람의 권리관계를 판단하는 보통법common law의 원리에 의해 토지소유의 정당성에 관한 소송을 심리한다고 가정해 보자. 우리가 알기로 보통법은 이성의 극치라고 하며, 보통법은 토지소유자에 의해 그리고 토지소유자를 위해 형성된 것이므로 그 결정에 대해 그들이 불평할 수 없을 것이다. 어느 토지소유자가 돈을 지불하고 토지를 매입했지만 이 토지가 다른 사람의 토지라는 판결이 난다면 법은 이 선의의 토지소유자에게 무엇을 허용하는가? 아무것도 허용하지 않는다. 그가 선의로 매입했다고 해도 그에게는 아무런 권리가 없다. 법은 선의의 매입자와 관련해서 '보상이라는 복잡한 문제'에 신경 쓰지 않는다. 존 스튜어트 밀은 "토지는 갑의 것이다. 그러므로 자기가 소유자라고 생각했던 을은 지대 또는 매매가격에 대한 보상액 이외에는 아무 권리가 없다"고 했지만 법은 이와 다르다. 탈출한 노예 사건을 다룬 유명한 재판에서 미국 법원은 "법은 북부에게 흑인은 남부에게"라고 판결했다고 하는데 밀의 논리는 이것과 다름없다. 그러나 법은 단순히 "토지는 갑의 것이다. 보안관은 토지를 그에게 돌려주라!"고 판결한다. 법은 무효가 된 소유권을 가졌던 선의의 소유자에게 아무런 배려도 해 주지 않으며 아무런 보상도 허용하지 않는다. 뿐만 아니라 그가 선의로 토지를 개량했다고 하더라도 법은 개량물에 대한 소유권마저 남에게 넘겨준다.

토지를 매입할 때 고액을 지불하고 또 권리에 하자가 없는지 모든 확인을 다 했다고 하자. 또 수년에 걸쳐 아무도 이의를 제기하지 않고 평온하게 보유하였다고 하자. 또 힘들여 노동하여 토질을 높이거나 토지보다 더 값나가는 비싼 건물을 세우거나, 무화과나무를 심고 정원을 가꾸어 여생을 보낼 수 있는 현대적 가정을 꾸몄다고 하자. 그렇더라도 변호사가 토지계약의 어떤 기술적인 하자를 찾아낸다든지 스스로 상속권이 있으리라고는 꿈에도 생각하지 않던 어떤 상속인을 찾아낸다면, 토지는 물론 토지개량물까지도 모두 넘겨주어야 한다. 그뿐이 아니다. 보통법에 의하면 토지를 넘겨주고 토지개량물을 포기한 뒤에도 토지를 보유하는 동안 토지에서 얻은 이익이 있는지를 밝히기 위해 소환될 수도 있다.

일반 국민이 원고가 되고 토지소유자가 피고가 되는 소송이 있다고 할 때 여기에 동일한 정의의 원리를 적용해 보자. 이 원리는 토지소유자에 의해 법으로 구체화된 원리로서 영국과 미국에서 당사자 간의 분쟁을 해결하기 위해 매일 적용되고 있는 원리이다. 이 소송에서는 토지소유자에게 토지에 대한 보상을 해 주지 않을 뿐 아니라 모든 토지개량물과 그 밖의 것까지 원고에게 넘겨주라는 판결이 나올 것이다.

그러나 저자는 이렇게까지 요구하지 않으며 아마 다른 사람도 이렇게까지 요구하지 않을 것으로 본다. 일반 국민은 지대에 대한 소유권을 되찾는 것으로 족하다. 토지개량물과 개인재산은 토지소유자가 안전하게 소유하도록 해 주자.

이와 같은 정의의 조치에는 아무런 강압도 없고 어느 계층도 이로 인해 손해를 보지 않는다. 이러한 조치를 취하면 현재와 같은 부의 불평등한 분배 그리고 이로 인한 고통과 타락과 낭비는 사라진다. 토지소유자도 이러한 일반적 혜택을 같이 누릴 수 있다. 대토지소유자가 얻는 이익도 상당한 것이 되며 소토지소유자의 이익은 엄청난 것이 된다. 정의의 원리를 받아들이면 사랑의 원리도 받아들이게 되기 때문이다. 평화와 풍요가 잇달아 나타나면서 그 혜택이 일부에게만이 아니라 모든 사람에게 베풀어진다.

이 장에서 저자는 정의와 편의성이 별개인 것처럼 설명하기도 했지만 이는 어디까지나 그런 식으로 이야기하는 반대자들의 취향에 맞춘 것이다. 최고, 최선의 편의성은 정의 속에 있다.

제22장

개혁에 따른 경제 · 사회의 변화

현재 정부 수입을 충당하기 위해 부과하는 수많은 조세 대신 토지가치에만 과세하는 단일세를 채택할 때 생길 이익은 자세히 검토할수록 더 중요하게 부각된다.

모든 교환과정을 저해하고 모든 산업을 압박하는 현재의 각종 조세를 철폐하면 마치 성능이 좋은 용수철에 실린 무거운 짐을 들어내는 것과 같은 효과가 생긴다. 참신한 힘의 주입에 의해 생산은 새로운 모습으로 활기를 띠고 교환은 새로운 자극을 받아 그 효과가 멀리까지 이어질 것이다.

현재의 과세 방식은 인공의 사막과 산처럼 교환을 저해한다. 상품이 세관을 통과할 때 무는 관세는 선 세계를 돌러 오는 수송비에 맞먹는다. 현재 부과되는 조세는 인간의 노력, 근면, 기술, 절약에 벌금을 물리는 것과 같은 효과를 낸다. 갑은 오두막에 살고 을은 갑보다 더 열심히 일하여 좋은 집을 짓고 산다고 하면 을이 갑보다 세금을 더 물게 되는데, 이는 을이 자기의 노력과 근면에 대해 벌금을 무는 것과 같다. 갑이 낭비할 때 을은 저축을 한다면 갑은 벌금이 면제되고 을이 벌금을 물게 된다.

현 제도는 황무지를 옥토로 바꾸어 놓는 사람을 조세로써 처벌하며, 기계를 도입하고 늪을 농지로 바꾸는 사람에게 벌금을 물린다. 그런데 이러한 조세가 생산에 얼마나 무거운 부담이 되는지는 생산품의 유통단계 전체를 추적해야 알 수 있다. 이러한 부담은 상품가격의 상승에서 가장 무겁게 나타나기 때문이다. 현재의 조세는 본질적으로 야자수에 세금을 매긴 이집트의 예와 같다.제17장 참조 현재의 조세는 야자수를 베어 낼 정도까지는 이르지 않는다 하더라도 적어도 새로 심는 것은 억제하는 효과를 갖고 있다.

산업에 대한 조세의 면제

이러한 조세를 철폐하면 생산적 산업이 현재 부담하고 있는 엄청난 세금이 면제된다. 손바느질에서 거대한 공장까지, 말에서 기관차까지, 낚싯배에서 증기선까지, 농부의 쟁기에서 상인의 재고품까지 조세 부담이 면제된다. 모든 사람은 조세라는 벌금을 물지 않고 또 세무당국의 간섭도 받지 않으면서 자유롭게 생산하고 저축하며, 상품을 매입하고 매각한다. 현재는 정부가 생산자에게 "당신이 사회의 부를 증가시키면 그만큼 더 많은 세금을 물리겠소"라고 하는 셈인데 이러한 조세를 철폐하면 "마음대로 일하고 절약하고 또 사업을 하시오. 버는 것은 모두 당신의 것이오. 일모작하던 땅에서 이모작을 하더라도 벌금을 안 물릴 것이고 사회의 부를 증가시키는 데 대해서는 과세하지 않겠소"라고 하는 셈이 된다.

이러한 조세의 철폐는 황금알을 낳는 거위를 죽이지 않는 셈이고 농사를 거들어 주는 황소의 여물을 빼앗지 않는 셈이고 근면과 절약과 기술에 완전한 자연의 보상이 이루어지도록 하는 셈이므로 이익이 될 것이 아닌가? 자연의 보상이 사회 전체에 대해서도 이루어지기 때문이다. 진정한 사회법칙은 '개인은 전체를 위해, 전체는 개인을 위해'이다. 개인이 좋은 일이나 나쁜 일을 하면 이를 자기 혼자서만 간직할 수 없다. 생산적인 기업은 그 기업인에게도 대가를 주지만 다른 사람에게도 부수적인 이익을 준다. 어떤 사람이 과일나무를 심으면 이 사람은 과일을 적기에 수확하여 이익을 본다. 그러나 사회 전체도 덕을 본다. 소유자가 아닌 다른 사람도 과일의 공급이 많아져 덕을 보며 새들도 나무에 둥지를 짓고 살 수 있고 단지 멀리서 나무를 보는 사람도 아름다움을 느낄 수 있는 등 여러 가지 부수적인 이익이 있다. 주택, 공장, 선박, 철도를 건설할 때 그 혜택은 직접적인 당사자 이외에까지도 미친다.

개별 생산자는 노력의 결과를 모두 취할 수 있고, 노동자는 노동에 대한 완전한 대가를 취할 수 있으며, 자본가는 자본에 대한 완전한 이익을 취할 수 있다. 노동과 자본이 생산을 많이 할수록 모든 사람이 공유할 수 있는 공동의 부도 더 많아진다. 사회 전체의 이익은 토지가치 내지 지대에 의해 확실하고 구체적인 형태로 표시된다. 토지가치는 국가가 노동과 자본에 완전한 대가를 주면서도 충분한 수입을 얻을 수 있는 기금이 된다.

새로운 기회의 개방

조세의 부담이 생산과 교환에서부터 토지가치 내지 지대로 이전되면 부의 생산에 대한 새로운 자극이 생길 뿐 아니라 새로운 기회가 노동에 개방되는 효과도 생긴다. 새로운 조세제도하에서는 사용하지 않을 토지를 보유하려고 하는 사람이 없어지고 현재 사용하지 않는 토지는 어디에서든 개량하고자 하는 사람에게 개방될 것이기 때문이다. 이러한 현상은 농토만이 아니라 모든 토지에서 나타난다. 광산도 농토와 마찬가지로 실제로 사용할 사람에게 개방된다. 도심지의 토지도 이를 최선의 용도로 사용하지 않으면서 보유할 수 있는 사람이 없을 것이고 도시 외곽의 토지도 용도에 비추어 필요한 면적 이상을 보유할 수 있는 사람이 없게 된다.

과수원에 나무를 심고, 밭에 씨를 뿌리고, 주택을 짓고, 공장을 세우는 등 어떠한 값나가는 개량을 토지에 가하더라도 이 토지를 그냥 놀릴 경우보다 더 많은 세금을 낼 필요가 없다. 도시에 공한지를 소유하는 사람은 이 토지를 타인이 사용하는 것을 막는 특권을 누린다는 점에서 인근의 토지에 고급주택을 짓고 사는 사람과 같은 액수의 세금을 낸다. 비싼 땅에 오두막을 짓고 살거나 거대한 호텔 또는 굉장한 창고를 짓고 영업을 하거나 세금액은 마찬가지이다.

토지의 매매가격은 떨어지고 토지투기는 치명타를 맞게 되며 토지의 독점에서는 이익이 생기지 않는다. 생산성이 높은 토지에 노동을 투입하기 위해 지금까지 지불하던 프리미엄도 사라진다. 농부가 수확의 절반을 지대로 바치는 일도 없어지고 경작할 땅을 얻기 위해 몇 년간 노동을 무상으로 제공하는 일도 없어진다. 공장을 지으려는 회사가 부지 매입을 위해 거액의 자본을 지출하는 일도 없어진다. 그리고 매년 정부에 납부하는 세금은 토지개량물, 기계, 상품재고 등에서 면제될 세금으로 내면 된다.

노동시장에 대한 효과

이러한 변화가 노동시장에 미칠 효과를 생각해 보자. 노동자가 일자리를 얻기 위해 벌이는 경쟁 때문에 임금이 최저 생존 수준으로 하락하는 일이 없으며 오히려 고용주가 노동자를 구하기 위해 경쟁을 벌이고 임금은 정당한 수준으로 올라간다. 왜냐하면 노동수요에 있어 최대의 경쟁자라고 할 수 있는 '자가노동'이라는 요소가 노동시장에 등장하기 때문이다. 이 새로운 경쟁자는 인간의 욕구가 완전히 충족되기 전에는 절대로 노동수요를 멈추는 일이 없다. 이때 고용주는 산업이 확대될 것으로 예상하는 다른 고용주와도 경쟁을 해야 하고, 또 토지독점을 막는 조세제도로 인해 활짝 개방된 자연의 기회를 이용하여 자가노동을 하려는 사람과도 경쟁을 해야 한다.

노동에 개방된 자연의 기회, 조세가 면제된 자본과 토지개량물, 제약에서 벗어난 교환 등으로 인해 의욕을 가진 사람은 누구든지 노동을 하여 원하는 물자를 구할 수 있고, 산업을 마비시키는 경제불황이 사라지며, 모든 생산 부문이 활기를 띠고, 모든 방면의 거래가 증가하며, 모든 사람의 부가 늘어난다.

이 정도의 변화만 해도 굉장한 것이지만 모든 공적 부담을 토지가치로 이전시키는 제도의 진가는 부의 분배에서 더 잘 나타난다.

개인과 계층에 대한 효과

부의 생산자에게 마땅한 대가가 돌아가도록 하는 사회제도는 부를 생산하는 노동의 능력을 무한정 끌어올릴 수 있지 않을까? 사람에게 도움을 주는 일에 노동력이 더 투입되면 모든 사람의 생활상태가 개선될 것이다. 생활상태가 개선되면 일반적인 지적 · 정신적 활동이 활발해지고 이에 따라 지금까지 꿈꾸지 못했던 새로운 힘이 개발될 것이다.

모든 조세를 토지가치에만 부과하고 지대를 모두 징수하자는 개혁안에 대해 소규모 농장주는, 힘들여 마련한 농장을 빼앗기는 것은 아닌가 하는 염려 때문에 큰 매력을 못 느끼는 수가 있다. 그러나 조금만 생각해 보면 토지소유자로서의 이익이 노동자 내지 자본가로서의 이익보다 아주 크지 않은 사람에게는 이 개혁안이 더 유리함을 알게 된다.

기계기술자, 가게주인, 전문직업인 등이 보통 그렇듯이, 주택과 대지를 마련하여 살고 또 이 집은 자기가 죽고 난 후에는 가족이 쫓겨나지 않고 살 수 있는 곳이라고 만족스럽게 생각하는 사람의 경우를 보자. 이런 사람은 토지에 대한 세금을 내겠지만 자기 주택이나 개량물, 가구와 같은 개인재산, 가족의 음식, 의류에 대해서는 세금을 내지 않게 되며 임금 상승, 고용 안정, 활기 있는 거래 등으로 인해 수입이 많아진다.

농민의 경우도 생각해 보자. 여기에서 농민이라고 하면 적은 농토를 소유하면서, 자기 가족의 도움을 받거나 소수의 일꾼을 들여 직접 농사를 짓는 사람을 말한다. 이런 사람은 토지가치에만 과세하는 단일세에 의해 큰 이익을 얻게 된다. 농촌은 도시에 비해 토지가치가 아주 낮기 때문이다. 이런 농토에 농장이 조성되어 있고 건물, 울타리, 과수원, 각종 곡식과

가축이 있다고 해도 사용되지 않는 비슷한 질의 토지보다 세액이 높지 않다. 조세가 토지가치에만 부과되므로 토지가 개량되었건 안 되었건 세액에 아무런 차이가 없기 때문이다.

정부의 간소화

새로운 조세제도를 실시하면 생산자에게서 부를 취하여 비생산자에게 집중시키는 현 제도의 큰 폐단이 사라진다. 불평등이 존속한다면 그것은 자연이 부여하는 불평등일 뿐 평등권의 부정에 의해 생기는 인위적인 불평등은 아니다. 부의 총액이 놀랄 만큼 증가할 뿐 아니라 각 사람은 자신의 근면, 기술, 지식, 절제가 공동의 부에 기여한 정도에 따라 부를 분배받게 된다.

이 개혁은 사회를 기초부터 바꾸어 놓기 때문에 그로 인해 나타날 변화를 모두 검토할 수는 없다. 그 변화 중에 정부가 대폭 간소화된다는 장점에 대해서만 더 언급하기로 한다. 세금을 징수하고, 탈세를 방지 또는 처벌하고, 각종의 세원에서 나오는 세금을 비교, 확인하는 일은 정부업무의 많은 부분을 차지한다. 이 개혁을 실시하면 이와 같이 방대하고 복잡한 정부업무가 불필요하게 된다. 또 임금이 상승하고 자연의 기회가 모든 사람에게 개방되어 사람들이 쉽게 생활해 나갈 수 있게 되므로 사회에서는 도둑, 사기꾼, 기타 부의 불평등한 분배에서 생겨나는 범죄자가 없어진다. 이렇게 해서 형법의 집행에 필요한 행정 즉 경찰, 교도소, 보호감호소 등이 사회의 활력과 주의력을 축내는 일이 없어진다. 정부의 입법, 사법, 행정 기능도 대폭 간소화된다. 이렇게 하여 사회는 제퍼슨Thomas Jefferson, 1743-1826, 미국의 제3대 대통령으로, 간소한 정부를 주창함식 민주주의의 이상에 가까워진다.

제23장

인간 행동의 근본 동기

사회제도를 설계할 때, 인간 행동의 가장 강력한 동기는 탐욕이라고 전제하는 경우가 많다. 그래서 인간은 처벌에 대한 두려움이 있어야 정직해질 수 있으며 언제나 사익을 공익에 앞세운다고 가정해야만 안전한 사회 관리체제를 수립할 수 있다고 생각하는 경우가 많다. 그러나 이것은 진실과 거리가 멀다.

악을 위한 강한 힘이 있다면 이 힘은 선을 위해서도 강하게 작용할 수 있다. 저자가 제안한 개혁은 인간의 선한 본성을 왜곡하는 원인을 제거할 것이고 현재 사회를 분열시키고 있는 힘을 오히려 화합시키고 정화시키는 힘으로 바꿀 것이다.

노동에게 자유로운 터전과 완전한 대가를 주고 사회의 성장으로 인해 생긴 기금을 사회 전체의 이익을 위해 징수하면 여러 가지 변화가 나타난다. 궁핍 내지 궁핍에 대한 두려움이 사라지게 된다. 생산이라는 용수철은 자유롭게 튀어 오르고 부가 엄청나게 증가하여 최하층도 안락한 생활을 할 수 있게 된다. 숨 쉴 공기에 대해 염려하지 않듯이 일자리에 대해서도 염려하지 않게 된다. 들에 핀 백합과 같이 생활물자에 대해 걱정할 필요가 없게 된다. 과학이 발전하고, 발명이 계속되고, 지식이 보급되어 모든 사람이 혜택을 보게 된다. 궁핍 내지 궁핍에 대한 두려움이 없어지면 부자를 부러워하지도 않을 것이고 사람들은 부의 획득과 과시가 아닌 다른 방법으로 타인의 존경과 인정을 얻으려 할 것이다. 이렇게 해서 공공문제의 처리나 공금의 관리에 있어서도 현재는 사익을 추구할 때에만 나타나는 기술, 집중력, 신의, 성실이 나타날 것이다.

인간 행동의 근본 동기를 이기심이라고 보는 견해는 단견이다. 이러한 견해는 이 세상에 가득 찬 여러 사실을 외면하고 있으며 현재도 모르고 과거의 역사도 읽어 보지 않은 사람의 견해이다. 사람을 움직이려면 무엇에 호소하는가? 돈에 호소하는 것이 아니라 애국심에 호소한다. 이기심에 호소하는 것이 아니라 이해심에 호소한다. 이기심은 강력하며 매우 큰 결과를 낳을 수 있기는 하지만, 비유하자면 기계적인 힘이라고 할 수 있다. 그러나 인간의 본성에는 화학적인 힘과 같이 녹이고 융합하고 감싸면서 모든 것을 가능하게 하는 무엇이 있다. "인간은 목숨을 위해서는 모든 것을 바친다"고 할 때 이것은 이기심이다. 그러나 인간은 차원 높은 동기에 충실하기 위해 목숨까지도 바칠 수 있는 존재이다.

인간 정신의 힘

모든 민족의 역사에 많은 영웅과 성자가 출현하는 것은 이기심 때문이 아니다. 세계사의 모든 페이지에서 고결한 행동과 자비로운 생활이 빛나는 것도 이기심에 의해서가 아니다. 석가가 왕궁을 떠나고 잔 다르크가 제단의 검을 빼어 드는 등 인간의 갖가지 위대한 행동이 이기심에서 나온 것이 아니다.

이것을 종교, 애국심, 이해심, 인간성을 위한 열정, 신에 대한 사랑 또는 그 밖의 무슨 이름으로 부르든 간에 여기에는 이기심을 극복하고 몰아내는 어떤 힘이 작용한다. 이것은 도덕세계에서의 전기電氣라고 할 수 있는 힘이며 무엇보다도 강력한 힘이다. 이것은 인간이 살았던 모든 사회에 존재했던 힘이고 오늘의 사회도 여전히 이 힘으로 가득 차 있다. 주변을 둘러보라! 보통 사람들 가운데, 일상생활의 근심과 고통, 시끄러운 거리의 소음, 궁핍에 전 빈민가 — 이 모든 어둠 속에는 반드시 이를 비추어 주는 조용한 불빛이 있다. 이것을 보지 못하는 사람은 눈을 감고 길을 걷는 사람이다. 보려고 하는 자는 플루타르크Plutarch, 46-120, 그리스의 전기작가이자 도덕가, 『영웅전』을 지음가 한 다음과 같은 말을 이해할 수 있다. "인간에게는 자비의 원리가 있다. 인간에게는 인식하고, 생각하고, 기억하는 본성과 함께 사랑하는 본성도 있다."

조화로운 발전을 막는 원인

우리에게 의욕만 있으면 이러한 진정한 힘은, 현재는 아무 쓸모가 없거나 잘못된 형태로 나타나는 힘이지만, 사회를 강하게 하고 사회를 건설해 나가고 사회를 고결하게 만드는 데 사용할 수 있다. 이는 마치 한때는 파괴력만 가지고 있다고 생각했던 자연력을 지금은 유용하게 쓰고 있는 것과 같다. 우리는 단지 이 힘에게 자유와 기회를 주기만 하면 된다. 사람들을 불평등에 빠뜨리고, 풍요 속에서 궁핍으로 인해 고통을 받거나 궁핍에 대한 두려움으로 시달리게 하고, 신체발육을 억제하고, 도덕적으로 타락하게 하는 잘못은 그 자체로 사회의 조화로운 발전을 저해한다.

사람들 중에는 지금보다 더 나은 사회를 이룩할 수 없다고 생각하는 경우도 있다. 사회에서 탐욕이 사라지고, 감옥이 텅 비고, 공익이 사익에 앞서고, 도둑질과 핍박이 없어진다는 것은 단지 현실성 없는 공상일 뿐이라고 생각한다. 이들은 저술을 하기도 하고, 대학에서 중요한 직책을 맡기도 하고, 설교단에 서기도 하지만 올바른 사고를 못하는 사람들이다. 만일 나이프와 포크가 끈으로 식탁에 묶여 있는 식당에서 식사하는 것이 습관이 되면, 인간은 식사 후 나이프와 포크를 가져가는 성질이 있고 이 성질은 자연적이며 고칠 수 없는 것이라고 생각할 사람들이다.

교양 있는 사람들이 같이 식사하는 경우를 생각해 보자. 이들은 음식 때문에 다투지도 않고, 다른 사람보다 더 먹으려고 하지도 않을 것이다. 또 과식을 하거나 음식을 따로 가져가려고 하지도 않을 것이다. 그 반대로 자기 몫을 먹기 전에 음식을 다른 사람에게 권하며 맛있는 부분은 자기가 먹지 않고 다른 사람에게 양보할 것이다. 만일 그중 누구라도 다른 사람보다 먼저 자기 입맛을 채우려 하거나 욕심을 부리는 기미를 보이면 사람들의 멸시를 받고 끝내 그 사회에서 배제될 것이다. 이것으로 볼 때 나쁜 버릇은 상식에 의해 억제될 수 있음을 알 수 있다.

사회 상황의 변화

이와 같은 예는 매우 흔하기 때문에 특별히 설명할 필요도 없는 아주 자연스러운 것으로 생각된다. 사람이 음식에 욕심을 부리지 않는 것이 자연스럽다면 부에도 욕심을 부리지 않는 것이 자연스럽다. 사람이 음식에 욕심을 부리는 경우는 음식의 분배가 공정하지 않아서 모두에게 충분한 양이 돌아오지 않을 것이라고 걱정할 때이다. 그러나 공정한 분배와 충분한 음식이 보장되면 아무도 음식에 욕심을 내지 않는다. 현재의 사회에서는 분배 상태가 매우 불공정해서 각자에게 충분한 부가 돌아가지 못하고 많은 사람이 궁핍하게 될 것이 확실하기 때문에 사람들이 부에 욕심을 부린다. 현 사회제도는 "꽁무니에 있으면 귀신에게 잡힌다"는 속담이 들어맞는 제도이므로 사람들은 부를 향해 질주하고 다투면서 정의, 자비, 종교, 인정을 짓밟아 버리고 자기의 영혼을 망각하며 죽어서 가져갈 수도 없는 부를 위해 죽을 때까지 싸움을 벌인다. 그러나 부를 공정하게 분배하면 모든 사람이 궁핍에 대한 두려움에서 풀려나므로, 품위 있는 상류사회에서 음식에 대해 탐욕을 내지 않는 것처럼, 부에 대해 욕심을 부리지 않을 것이다.

교양 있고 세련된 사회에서 인간의 조잡한 욕망이 힘이나 법에 의해서가 아니라 상식과 상대방에 대한 배려에 의해 억제된다는 사실을 생각해 보라. 이것이 사회의 일부에서 가능하다면 사회 전체에서도 가능하다. 모든 사람이 무장을 하고 다니며 신체와 재산을 무력으로 방어할 준비태세를 갖추어야 하는 사회도 있다. 그러나 우리가 이런 사회에서 이미 벗어났다면 그 이상으로 진보할 수도 있다.

진보를 촉진하는 원인

궁핍 내지 궁핍에 대한 두려움을 추방하면 인간의 노력에 대한 자극이 없어지며, 모든 사람이 안락하고 만족스러운 사회가 되면 사람들은 게을러져서 더 이상의 진보가 없을 것이라고 보는 견해도 있다. 이는 채찍으로 몰아쳐야만 사람이 일을 하게 된다고 생각하는 과거의 노예소유자의 견해와 같다. 그러나 이것은 사실과 너무나 다르다.

궁핍이 사라진다고 해도 인간의 욕구는 사라지지 않는다. 인간은 만족할 줄 모르는 동물이다. 인간은 우주에 대한 탐색을 겨우 시작한 정도에 불과하다. 인간이 한 걸음 내디딜 때마다 새로운 전망이 열리고 새로운 욕구가 생긴다. 인간은 건설적인 동물이다. 인간은 끊임없이 짓고, 개량하고, 발명하고, 조립하며, 무엇인가를 이룰 때마다 더 큰 것을 성취하려고 한다. 인간은 동물 이상의 존재이다. 인간은 하느님의 형상에 따라 창조하는 능력을 부여받은 존재이다. 엔진의 힘으로 바다를 항해하는 증기선은 정도의 차이는 있지만 해저를 헤엄치는 고래와 같은 종류의 창조물이다. 망원경과 현미경은 인간 스스로 눈의 보조물로서 발명한 것이 아니고 무엇인가? 여인들이 차려입는 아름다운 색상의 부드러운 옷은 자연이 새에게 준 깃털과 같은 성실이 아닌가? 인간은 내부에 창조적인 본능이 있기 때문에 끊임없이 무언가를 하려고 하며, 적어도 그러한 상상이라도 하게 마련이다. 인간이 만족에 빠져 빈둥거린다는 것은 부자연스럽고 비정상적이다.

사람이 싫어하는 것은 노동 그 자체가 아니며 인간에게 저주스러운 것은 노력을 해야 한다는 사실이 아니다. 사람은 생산없는 노동과 결과가 나오지 않는 노력을 혐오할 뿐이다. 매일매일 힘들여 일해도 겨우 연명이나 한다면 이는 정말로 고된 노동이다. 이것은 빠져 죽지 않기 위해 펌프질을 계속하거나 깔려 죽지 않기 위해 쳇바퀴를 계속 돌리는 지옥의 형벌과 같다. 그러나 이러한 무의미한 일에서 해방된다면 인간은 본성적으로 더 열심히, 더 잘 일하게 되며 그럴 때 자신을 위해 또는 타인을 위해 무언가 일다운 일을 하게 된다.

인류의 생활을 개선하는 일, 예를 들면 지식을 확대하고 힘을 증가시키고 문예를 풍부하게 하고 사상을 고양시키는 일은 생계를 위해 하는 일이 아니다. 이런 일은 채찍질이나 동물적 욕구에 의해 강제되는 노예가 할 수 있는 일이 못 된다. 이런 일은 그 자체를 목적으로 삼는 일일 뿐, 더 많이 먹고 마시고 입고 과시하기 위해 하는 일이 아니다. 사회에서 궁핍이 사라지면 이러한 종류의 일이 대폭 증가할 것이다.

정신력의 해방

저자가 제안한 방식대로 지대를 모두 징수하면 대규모 자본이 투입되는 기업에서는 노동조직이 협동조합 방식을 취하게 되지 않을까 추측된다. 부가 더 평등하게 분산되면 같은 사람이 자본가 겸 노동자가 될 것이기 때문이다. 그러나 이런 변화가 생기느냐 생기지 않느냐는 중요한 문제가 아니다. 어쨌든 힘든 단순노동은 사라진다. 임금이 높고 노동의 기회가 많아 각자 자기의 능력을 최대한 발휘할 수 있게 되며 어느 직업에서나 두뇌가 손을 지원하게 된다. 이런 시대가 되면 힘든 노동이라고 해도 지금의 기준으로는 아주 가벼운 노동과 맞먹을 것이다. 현대적 생산은 작업을 세분하는 경향이 있지만 일이 단조롭게 되거나 작업자의 능력이 줄어드는 경우는 없을 것이다. 왜냐하면 근무시간이 단축되거나, 근무에 변화를 주거나, 정신적 작업과 육체적 작업을 번갈아 가면서 하는 등의 방법으로 해결될 것이기 때문이다.

현재와 같은 사회에서 가장 활용되지 않고 있는 능력은 정신력이다. 문명의 발전에 실제로 기여한 정신력은 발휘되지 않은 잠재적 정신력에 비하면 극히 미미하다. 일반 사람들에 비해 사상가, 발견·발명가, 훌륭한 관리자의 수는 매우 적다. 그러나 이러한 능력을 갖고 태어나는 사람은 수없이 많다. 이러한 사람 중 극히 일부만이 능력을 발휘하는 것은 사회환경적 조건 탓이다.

우리의 학식, 지위, 심지어는 성격 중에서도 최상의 요소에는 우리 자신의 자질이나 노력보다는 사회환경적 조건에 의해 형성된 부분이 훨씬 많다. 현명하고 학식 있고 사려 깊고 강한 인품을 가진 사람도 자기가 성장한 내면적 과정을 돌이켜 보면, 이런저런 기회에 우연히 모범적인 인물이 주위에 나타나 주었다든지 고결한 사상과 접하게 되었다든지 좋은 기회가 찾아왔다는 사실을 알 수 있을 것이고 이에 대해 신에게 감사드리지 않을 수 없을 것이다. 인생을 충분히 살아 통찰력을 가진 사람이라면 사형수가 사형대로 끌려가는 것을 본 어느 사람이 한 다음과 같은 말에 공감하게 될 것이다. "하느님의 은총이 없었다면 나도 저 사람과 다름없을 것이다." 사회환경적 조건에 비해 유전에 의해 영향받는 정도는 미미하다. 서구에서는 천 년 동안 문명이 진보했고 중국에는 천 년 동안 문명이 정체되었다고 하자. 그러나 서구인의 아기를 중국에서 기르면 눈과 머리카락 등 신체적인 특징을 제외하고는 중국 아이들과 같은 언어, 같은 사고, 같은 입맛을 갖게 된다. 수백 년 동안 귀족이었던 집안의 아기를 빈민가에서 기르면 귀족의 핏줄을 타고났다고 해서 세련되고 교양 있게 자랄 수 있을까?

궁핍 내지 궁핍에 대한 두려움을 제거하고 모든 계층에게 여가, 안락과 독립, 점잖고 세련된 생활, 정신적·도덕적 발전의 기회를 주면 사막에 물을 대는 것과 같은 효과가 나타날 것이다. 불모의 황무지에 신록이 덮이고, 생명이 없는 몹쓸 땅에 오래지 않아 수목이 그림자를 드리우며 새의 노랫소리가 들릴 것이다. 지금은 감추어진 자질, 있을 것 같지 않은 능력이 나타나서 인간의 생활을 풍요롭고 충만되고 행복하고 고상하게 해 줄 것이다. 세모난 자리에 밀려 들어가는 둥근 사람이나 둥근 자리에 쑤셔 넣어진 세모난 사람, 부자가 되려는 경쟁에 힘을 낭비하는 사람, 공장에서 기계와 다름없이 일하면서 연명하기 위해 일에 묶인 사람, 악하고 무지한 빈민가에서 자라는 어린이 등 어떠한 사람에게도 높은 수준의 힘과 빛나는 재능이 있기 때문이다. 이러한 힘과 재능은 기회만 주어지면 발휘될 수 있다.

모든 사람에게 기회를 주는 사회를 생각해 보고 상상력을 동원하여 이를 그려 보자. 이 그림은 말로 다할 수 없을 정도의 밝은색으로 채색될 것이다. 이 사회에서는 도덕이 향상되고, 지적 활동이 활발해지고, 사회생활이 개선될 것이다. 모든 사회의 주민은 상호 긴밀한 연결 속에서 살게 될 것이다. 그런데 지금의 사회에서는 사회계층의 정상에 위치하는 사람들마저, 자신들은 인식하지 못하더라도, 사회에 존재하는 궁핍과 무지와 타락에 의해 고통을 받고 있다. 저자가 제안하는 개혁이 실현되면 모든 사람이 혜택을 누리며 최대의 토지소유자조차도 혜택을 입는다. 최대의 토지소유자라고 하더라도 자녀에게 현재와 같은 사회에서 큰 재산을 물려주기보다 재산이 없더라도 개혁된 사회에서 살게 해 주는 것이 자녀의 미래를 위해 더 안전하지 않을까? 만일 이런 사회가 존재한다면 이 사람이 자기 재산을 다 주고 이 사회에 들어간다고 해도 오히려 싸게 들어간 것이 아닐까?

제24장

인간 진보의 법칙

인류의 기원이 무엇이건 간에 우리가 알고 있는 한 원시인도 현재와 같은 모습의 인간이다. 현재의 미개인보다 더 수준이 낮은 인류가 있었는지에 대해서는 기록이나 자취가 없어 알 수 없다. 인간과 짐승 사이에 존재하는 큰 간격이 어떻게 생길 수 있었는지도 전혀 알 길이 없다. 그러나 지구 상의 최저 수준의 미개인과 최고 수준의 짐승 사이에는 근본적인 차이가 있다. 이는 단순히 정도의 차이가 아니라 질적인 차이이다. 인간이 가지고 있는 특징, 행동, 감정의 상당 부분은 다른 동물에서도 나타난다. 그러나 아무리 수준이 낮은 인간이라도 반드시 갖추고 있지만 다른 동물에서는 전혀 보이지 않는 한 요소가 있다. 이 요소는 분명하게 인식되기는 하지만 확실하게 정의하기는 어려운 것으로서 인간에게 개량하는 힘을 주는 그 무엇이다.

비버는 댐을 만들고, 새는 둥지를 틀며, 벌은 벌집을 짓지만 동물의 집은 언제나 같은 방법, 같은 모양이다. 그러나 인간의 집은 나뭇잎과 나뭇가지로 지은 집에서부터 현대적 시설을 갖춘 대저택으로까지 변화되어 왔다. 개는 사물의 인과관계를 어느 정도 이해하고 몇 가지 재주도 배울 줄 알지만 이런 재주는 개가 가축이 된 이래 조금도 나아진 것이 없다. 그리고 문명세계에 사는 개라고 해서 이런 능력이 미개한 지역에 사는 개보다 더 나은 것이 없다. 동물 중에는 옷을 입거나 요리를 하거나 도구와 무기를 만들거나 분명한 언어를 사용하는 동물이 없다. 그러나 이러한 행위를 하지 않는 인간은 도대체 존재하지 않는다. 즉 인간에게는 자연이 부여한 능력을 스스로 보충할 수 있는 자질이 있다. 사실 인간의 육체적 능력은 동물에 비해 워낙 뒤떨어지기 때문에 이러한 자질이 없다면 지구 어느 곳에서도 살아 나갈 수 없을 것이다.

인간은 어느 시대 어느 장소에서나 이러한 자질을 갖고 있었다. 그러나 이 자질을 이용하는 정도는 매우 달랐기 때문에 통나무배와 증기선, 조잡한 목각품과 살아 숨 쉬는 듯한 그리스의 대리석 예술, 미개한 지식과 현대 과학과 같은 차이가 나타났다.

사회발전의 조건

이러한 자질의 사용 결과가 달리 나타나는 원인은 선천적 능력의 차이가 아니다. 현재 가장 발전한 민족도 오래지 않은 과거에는 미개민족이었고 같은 인종에 속하는 민족 간에도 자질의 사용 결과에 많은 차이가 있다. 또 이러한 차이의 원인이 전적으로 자연환경에 있다고도 할 수 없다. 학문과 예술의 발상지였던 지역에 현재는 미개민족이 사는 경우가 많다. 이러한 차이는 분명히 사회의 발전과 관계가 있다. 극히 원시적인 단계를 제외한다면 인간은 다른 인간과 같이 살게 됨으로써 개선을 이룩할 수 있었다. 따라서 인간의 힘과 상태가 개선된 결과를 뭉뚱그려 우리는 문명civilization, 직역하면 '모여 삶'이라고 부른다. 인간은 모여 삶으로써 그리고 사회 속에서 협동함으로써 개선된다. 이러한 개선의 법칙은 무엇인가? 각 사회가 도달한 문명의 단계가 서로 다른 이유를 해명할 수 있는 원리는 무엇인가? 각종의 사회체제 중에 어떤 것은 문명의 진보를 촉진하고 어떤 것은 그 진보에 도움이 되지 않는 이유는 무엇인가? 또 같은 제도가 어떤 때에는 진보를 어떤 때에는 퇴보를 촉진하는 현상을 어떻게 설명할 수 있는가?

사회진화론

요즘에는 문명의 진보를 진화론의 시각에서 보는 견해가 지배적이다. 이 견해는 생물의 종의 기원을 설명할 때 적용되는 적자생존 또는 획득형질의 유전과 비슷한 원인이 작용하여 인간의 능력이 증가하고 자질이 개선된다는 것이다. 즉 인간의 성질을 서서히 개조하고 인간의 능력을 개선하는 어떤 힘이 작용한 결과가 문명이며 이러한 개선에 의해 문명은 점차로 더 높은 단계로 나아간다는 것이다.

계속해서 진보하는 문명 속에 사는 사람들은 이 이론이 매우 자연스럽다고 생각하겠지만 정체되거나 화석화된 문명이 세계 도처에 많이 있다는 사실을 알게 되면 이 이론이 사실과 모순된다는 점을 이해하게 된다. 인간의 진보가 진화의 결과라고 한다면 문명이 고도로 진보한 후에 정지해 버리는 현상을 어떻게 설명할 수 있겠는가? 현재의 서구문명이 인도나 중국의 문명보다 앞선 것이 장기적인 교육의 결과라고 설명할 수는 없다. 서구인이 미개인이었을 때 인도인과 중국인은 문명인이었다. 인도와 중국에 거대한 도시, 고도로 조직화된 강력한 정부, 수준 높은 학술과 사상, 세련된 예절, 상당한 정도의 분업, 대규모 교역, 정교한 기술이 있었던 시기에 서구에는 야만족이 오두막이나 가죽천막에서 살고 있었다. 그런데 서구는 미개에서 벗어나 진보했지만 인도와 중국은 정체되고 말았다.

우리가 아는 범위 내에서 정체 내지 화석화의 정도가 가장 심한 문명은 이집트문명이다. 이집트에서는 미술마저도 구식의 비탄력적인 형식으로 변했다. 그러나 과거에는 현재의 서구문명과 같이 발전, 팽창하는 문명으로서 활기가 넘치고 예술과 과학이 찬란했던 적이 있었다. 최근에 발굴

된 유적에 의해 밝혀진 바에 의하면 이집트 특히 초기 이집트의 인물상이나 조각은 딱딱하고 형식적인 것이 아니라 생명과 표현력으로 빛나며 예술은 치열하고 자연스럽고 자유로워서 당시의 활기찬 생활상을 나타내고 있다.

정체된 문명

만일 진보가, 영원하고 불가피한 어떤 고정적인 법칙의 결과라고 한다면 문명의 정체 현상을 어떻게 설명할 수 있는가? 진보가 고도로 이루어지다가 중단된 문명이 있는가 하면 오히려 퇴보한 문명도 있다. 진화론에 배치되는 사실은 몇몇 개에 그치는 것이 아니라 오히려 보편적인 사실로 나타난다. 지금까지 지구 상에 있었던 모든 문명에는 활기찬 성장기 이후에 정체기가 있었고 다음에는 쇠퇴기가 있었다. 성장과 번영을 거친 문명 중에서 현재 남아 있는 문명은 정체된 몇 개의 문명과 서구문명이 있을 뿐이다. 이집트문명은 유사 이래 약 2천 년의 전성기를 누렸지만 지금은 사라지고 없다.

서구문명의 기반이 넓고, 보다 선진적인 것이고, 과거의 어느 문명보다 빨리 그리고 높이 진전되고 있는 것은 사실이다. 그러나 서구문명이 그리스 · 로마 문명이나 고대 아시아 문명보다 이런 점에서 더 낫다고는 할 수 없다. 또 설혹 서구문명이 더 낫다고 하더라도 다른 문명의 몰락을 초래한 원인이 서구문명에는 존재하지 않는다는 증거가 없는 한 이것이 서구문명의 영속성이나 미래의 발전을 증명해 주는 것은 아니다.

문명을 '자연의 선택이라는 원리가 작용하여 인간의 능력을 개선하고 고양한 결과'로 보는 진화론적 견해는 세계사에 나타나는 사실을 도저히 설명해 주지 못한다. 문명이 여러 시대에 여러 장소에서 저마다 다른 속도로 발달했다는 사실은 진화론적 견해와 배치되지 않는다. 그러나 문명이 지속되지 않고 반드시 정체 내지 퇴보하고 말았다는 사실은 진화론적 견해와 완전히 배치된다. 진보가 있으면 인간의 자질이 개선되고 개선된 자질은 다시 진보를 초래한다는 진화론적 견해가 맞다면, 부분적인 예외는 있을 수 있겠지만, 문명의 진보가 계속되고 진보는 또 다른 진보를 낳아 문명이 계속 높은 수준으로 발전되어야 옳지 않을까?

멸망한 제국

그런데 보편적인 법칙은 이와 반대이다. 지구는 죽은 자의 무덤인 동시에 멸망한 제국의 무덤이다. 진화를 통해 사회의 진보가 계속 이어진 것이 아니라, 한때는 현재의 서구문명처럼 활기차고 번성했던 문명도 예외 없이 종말을 고하고 말았다. 모든 문명에서 예술은 쇠퇴하고, 학문 수준은 하락하고, 힘은 고갈되고, 인구는 줄어들었다. 그리하여 한때 거대한 사원과 강력한 도시를 건설하고, 강줄기를 돌리고 산을 뚫으며, 지구를 정원처럼 가꾸고 사소한 부분에까지 각종 기술을 발휘하던 위대한 민족도 지금은 미개인이 되어 선조가 이룩했던 위업을 기억하지도 못하고 과거의 영화로운 유적을 오랜 옛날 어느 천재나 다른 강한 민족의 업적이라고 여기는 지경이 되었다. 그래서 공공건물을 지을 때 큰 주춧돌에 구멍을 내고 그 속에 현대 사회의 특징이 될 만한 물건을 넣고 봉하는 예가 있는데 이는 현대 문명이 파괴되고 잊혀질 때를 대비하기 위한 것이다.

인간의 자질에 변화를 일으켜 진보가 계속된다는 진화론이 옳지 않다는 것은 다음과 같은 사실에서도 알 수 있다. 즉 새로운 문명을 일으키는 민족은 과거에 문명을 일으킨 후에 교육을 통해 이를 전수 받거나 유전적으로 물려받은 민족이 아니라 그보다 저급한 단계에 있던 다른 민족이라는 사실이다. 한 시대에 미개했던 민족이 다음 시대에 최고의 문명을 가진 민족이 되며 그 다음에는 또 다른 미개민족이 나타나 최고의 문명을 이룬다. 문명권 내의 모든 민족이 처음에는 개선을 이루지만 나중에는 몰락한다는 것은 지금까지 변함없는 진실이었다. 그런데 미개민족에게 압도당한 모든 문명은 진실로 그 내부적 타락에 의해 멸망하였다.

개인과 국가

그렇다면 개인에게 생명이 있듯이 국가 내지 종족에게도 전체로서의 생명이 있는가? 또 이러한 사회집단이 개인처럼 일정량의 에너지를 소비하면 소멸한다고 볼 것인가? 이러한 견해는 발전문제에 대한 사상가들의 저술에 흔히 나타난다. 그러나 사회의 구성원은 참신한 활력을 가진 어린이로 태어났다가 어른이 되어 에너지를 소모하면서 늙어 가지만 사회는 그렇지 않다고 본다. 사회 전체의 힘은 개별 구성원의 힘의 합계인 만큼 구성원의 활력이 줄지 않으면 사회의 활력도 줄지 않는다. 그러나 국가의 활력을 개인에 비유하는 견해에도 한 가지 분명한 진리는 있다. 즉 사회의 진보를 중단시키는 장애는 진보 속에서 발생하며 과거 모든 문명이 멸망한 원인도 문명의 성장 그 자체 내에서 생성되었다는 것이다.

문명의 상이성과 그 원인

큰 규모의 사회에서는 계층 내지 집단 간에 문화적 차이 즉 지식, 신념, 관습, 취향, 언어 등의 차이가 있으며 심하게는 같은 나라에 사는 이민족 간에는 문명사회와 미개사회 간의 차이에 해당될 만큼 큰 차이가 나는 수도 있다. 석기시대 이래의 사회발전의 여러 단계가 현재 지구 상에 동시에 존재하고 있으며, 같은 나라 같은 도시 내의 집단 간에조차 이에 준하는 다양성이 존재하기도 한다. 영국이나 독일 같은 나라에서는 인종과 출생지와 성장지가 같은데도 언어, 신념 체계, 관습, 취향이 각기 다른 경우가 있으며 미국 같은 나라에서도 그만큼은 아니더라도 집단 간에 상당한 차이가 나타난다.

그러나 이러한 차이는 선천적인 것이 아니다. 종교나 언어 등은 사람이 태어나기 전부터 정해진 것이 아니다. 집단 간에 생기는 모든 차이는 사람의 어울림에서 비롯된다.

재니서리Janissaries, 14세기 오토만 터키의 특수부대는 기독교 가정에서 징용한 청년으로 구성되었지만 열렬한 회교도였고 터키의 특징을 고스란히 지녔다. 예수회Jesuits와 같은 종파는 다른 종교와 매우 다른 특징을 갖고 있었지만 그런 특징이 유전처럼 후대에 계속 전해지지는 않았다. 학교나 군대와 같이 구성원이 단기간 머물다가 바뀌는 경우에도 집단의 특징이 유지되는데 이것도 정신적인 영향이 사람의 어울림에 의해 이어 나가기 때문이다.

어느 사회에서나 전통, 신념, 관습, 법률, 습관, 제도 등이 생겨 개인에게 영향을 주는데 국가의 성격을 결정하는 중요한 요인도 역시 이런 것이다. 영국인이 프랑스인과 다르고, 독일인이 이탈리아인과 다르고, 미국인이 중국인과 다른 것도 유전적인 요인보다는 이러한 요인에 의해서이다. 한 국가의 특징은 이런 방식에 의해 유지되고 확대되고 변화하는 것이다.

육체적 특징과 정신적 특징

만일 인류가 정신활동 면에서 동물보다 나을 것이 없이 그저 먹고 마시고 잠자고 번식하는 정도에 그친다고 한다면 양육 여하에 따라서는 가축처럼 다양한 신체적인 특징을 가진 여러 인종이 생길 수도 있다. 그러나 이런 인간이란 존재하지 않는다. 인간의 정신력이라는 요소가 마음을 통해 신체에 작용하기 때문이다. 인간은 다른 여러 동물에 비해 지구 상에 오래 존속해 왔으며 기후조건이 상이한 여러 지역에 분리되어 살아 왔다. 동물의 경우에는 상이한 기후조건에 따라 신체적인 특징이 매우 달라졌지만 인간의 경우에는 그러한 차이가 별로 없으며 그저 흰 말과 검은 말 정도의 차이는 있을지언정 개의 종류처럼, 예를 들면 테리어나 스파니엘처럼, 다양하게 분화되지는 않았다. 또 인간의 신체적인 차이는, 자연의 선택과 유전에 의해 이를 설명하는 진화론자에 의하더라도 인간이 동물에 가까운 저급한 단계에 있을 때, 즉 인간에게 정신적인 요소가 적었을 때 생긴 차이일 뿐이다.

인간의 신체적 측면에 대한 이러한 설명이 옳다면 정신적 측면에 있어서는 더욱 옳지 않을까? 인간의 정신이 발달한 것은 신체적 발달이 이루어진 후의 일이기 때문이다.

고도로 발달한 문명사회에 사는 부모에게서 난 아기들을 사람이 살지 않는 지역에 옮겨 놓았다고 해 보자. 이 아기들이 제 앞가림을 할 만한 나이까지 기적적으로 살아남았다고 할 때 이들의 상태는 어떨까? 현재 우리가 알고 있는 어느 미개인보다 더 보잘것없는 상태일 것이다. 이들은 불도, 연장이나 무기도, 언어도 스스로 찾고 만들어야 한다. 이들은 현재의 가장 미개한 종족이 가지고 있는 단순한 지식도 어린이가 걸음마를 배우듯이 스스로 힘들여 찾아야 한다. 이들이 시간의 경과에 따라 이러한 지식을 갖추게 될 것이라는 점에 대해서는 의심의 여지가 없다. 인간의 육체에 걸을 수 있는 능력이 잠재되어 있듯이 인간의 정신에도 그와 같은 능력이 잠재되어 있기 때문이다. 그리고 옮겨진 아기들이 문명사회의 부모에서 태어났건 미개사회의 부모에서 태어났건 이런 환경에서 배우는 내용이나 속도에 차이가 없을 것임은 분명하다. 특출한 개인에게서나 볼 수 있는 고도의 정신적인 능력이 모든 인류에게 부여된다고 하더라도 한 세대가 그 이전의 세대와 완전히 단절된다면 어떻게 될까? 이러한 단절 이후의 인류는, 현재의 미개인의 상태는 오히려 문명이라고 할 만한 형편없는 상태가 될 것이다.

인간 본성의 본질적 유사성

그리고 이와 반대로 미개인의 아기들을 문명인의 아기들과 바꾸어 놓으면(공정한 실험을 위해 각 부모도 모르게 바꾼다고 가정함), 성장하면서 차이가 생길까? 다른 민족이나 계층과 많이 접촉해 본 사람이라면 차이가 생긴다고 보지 않을 것이다. 여기서 얻을 수 있는 위대한 교훈은 '인간의 본성은 전 세계에 걸쳐 동일하다'는 것이다. 이러한 교훈은 도서관의 각종 문헌에서도 확인할 수 있다. 이 문헌에서 여행기는 제외하자. 문명인이 미개인에 대해 쓴 여행기는 미개인이 문명사회를 얼른 구경한 다음 쓰는 여행기처럼 별로 믿을 것이 못 되기 때문이다. 여기에서 대상으로 삼는 문헌은 다른 시대, 다른 민족의 생활과 사상을 대표할 수 있는 것으로서 현대의 우리 언어로 번역된 문헌이다. 이런 문헌을 보면 어느 민족이나 우리의 생활, 우리의 사상과 비슷함을 알게 된다. 이러한 문헌에서 받는 느낌은 인간이 본질적으로 같다는 것이다. 에마누엘 도이취 Emmanuel Oscar Deutsch, 1829-1873, 대영박물관 도서관에서 근무했던 독일인 동양학자도 이렇게 말했다. "역사와 예술의 탐구 끝에 내리는 결론은 이렇다. 인류는 달라지지 않는다."

현대인과 그 조상

유사 이래 인류의 정신적 능력이 개선되었다고 볼 만한 증거는 없다. 현대의 시인, 미술가, 건축가, 철학자, 웅변가, 정치가, 군인 등이 고대의 위인들보다 더 훌륭하다고 할 수 있을까? 고대의 위인들의 이름은 초등학생도 잘 알기 때문에 일일이 이름을 제시할 필요가 없을 것이다. 이와 같이 위대한 정신적 능력을 보여 준 사람들이 현대에 다시 태어난다고 할 때 현대의 위인보다 못한 점이 있을까? 또 고전시대 이후 어느 시대에나, 심지어 암흑시대라고 하는 중세 또는 그 이전의 어느 시대에도, 그 시대의 상황과 지식 정도를 감안할 때, 현대 위인의 정신적 능력에 상당하는 경지에 이른 사람이 반드시 있었다. 또 오늘날의 후진사회에도, 그 상황을 감안하면, 선진사회에서 볼 수 있는 위대한 정신적 능력이 반드시 존재한다. 철도의 발명이 옛날 수레바퀴의 발명보다 더 위대한 발명력의 소산이라고 할 수 있을까? 현대의 서구인은 문명의 발달 면에서 과거에 비해 그리고 현대의 다른 종족에 비해 더 높은 위치에 있다. 그러나 이것은 서구인이 높은 단상에 올라서 있기 때문이지 키가 커서 그런 것은 아니다. 수 세기에 걸쳐 서구인은 키를 키운 것이 아니라 올라설 수 있는 구조물을 축조해 온 것이다.

유전의 영향

그러나 모든 사람이 신체적으로 꼭 같지 않듯이 능력이나 정신 면에서도 서로 차이가 있다는 점을 부인하지 않는다. 지구 상에 존재하였던 수많은 사람 중에서 신체나 정신이 꼭 같은 사람은 없었을 것이다. 인종 간에 신체적인 차이가 있듯이 정신적인 차이가 있다는 점도 부인하지 않는다. 또 신체적 특징이 유전에 의해 전달되듯이 정신적인 특징도 같은 방법으로 그리고 아마도 같은 정도로 전달된다는 것을 부인하지도 않는다. 그러나 정신이나 신체는 공통된 기준 내지 자연적 평균으로 복귀하려는 경향이 있는 것으로 생각한다. 어떤 종족은 아기의 머리 모양을 납작하게 변형시키기도 했고 중국인은 딸의 발을 묶어 전족을 만들기도 했다. 그러나 새로 태어나는 아기는 머리가 납작하게 되지도 않았고 발이 작지도 않았던 것처럼 자연은 정신도 자연적인 모습으로 복귀시키는 경향이 있는 것으로 보인다. 어린이는 아버지의 유리 눈이나 의족을 물려받지 않듯이 아버지의 지식도 물려받지 않는다. 지극히 무식한 부모에게서 태어난 자식도 과학의 기수가 되거나 사상의 선도자가 될 수 있다.

시간과 장소가 다른 여러 사회에 사는 사람들의 차이, 즉 문화의 차이는 개인에게 내재된 차이가 아니라 사회에 내재된 차이이다. 이 차이는 개인이 가진 차이가 아니라 개인이 처한 사회적 환경조건에서 발생되는 차이이다.

사회환경의 중요성

사회의 차이를 다음과 같이 설명할 수 있을 것이다. 크고 작은 여러 사회는 각기 지식, 신념, 관습, 언어, 취향, 제도, 법률 등으로 하나의 그물을 짠다. 개인은 자기가 속한 사회가 짠 그물에 출생에서부터 편입되어 죽을 때까지 머문다. 이 그물은 인간의 정신이 싹트고 발전하는 바탕이 된다. 관습, 종교, 편견, 취향, 언어 등이 이 그물에서 자라고 지속된다. 또 이러한 그물을 통해 기술과 지식이 전수되며, 한 세대의 발견이 다음 세대의 출발점으로 이용될 수 있다. 이 그물은 때에 따라서는 진보에 대한 심각한 장애요인이 되기도 하지만 이 그물이 있기 때문에 진보가 가능해지기도 한다. 이 그물을 통해 오늘날의 초등학생이 우주에 대해 톨레미Claudius Ptolemy, 2세기경 알렉산드리아의 천문학자, 수학자. 천동설을 주장함보다 더 나은 지식을 몇 시간 안에 배울 수 있으며 오늘날의 평범한 과학자가 아리스토텔레스 같은 위인보다 더 앞선 지식을 얻을 수 있다. 이 그물은 종족 전체에 대해 개인에 있어서의 기억력과 같은 역할을 한다. 우리 시대의 기술, 과학, 발명이 굉장한 정도로 이루어지는 것도 이러한 그물을 통해서 가능하다.

한 세대가 이룩한 발전이 이런 그물을 통해 다음 세대의 공동재산으로 이어져서 새로운 발전의 출발점이 됨으로써 인류의 진보가 계속된다.

진보의 동력은 정신력

그렇다면 인간 진보의 법칙은 무엇인가? 인류가 처음에는 비슷한 능력을 가지고 출발했는데 이제는 사회발전에 커다란 차이가 생기게 된 이유를 분명하고 확실하게 설명할 수 있는 법칙은 무엇인가? 이러한 법칙을 발견하는 것은 어려운 일이 아니다. 여기에 대해, 과학적인 정밀성을 갖추지는 않더라도, 한번 설명해 보자.

진보를 자극하는 것은 인간의 본성에 내재하는 의욕이다. 인간의 동물적 본성에서 나오는 욕구를 충족시키려는 의욕, 인간의 지적 본성 또는 타인을 이해하려는 본성에서 나오는 욕구를 충족시키려는 의욕 등이 그것이다. 이는 생존하고, 알고, 행동하려는 의욕으로서 한정된 일생 동안 충분히 만족시킬 수 없는 의욕이다.

정신은 인간을 발전시키는 수단이다. 정신이라는 수단을 통해 발전의 성과가 보존됨으로써 후속하는 발전의 기초가 이루어진다. 따라서 정신력은 진보의 동력이라고 할 수 있으며 인간의 발전은 정신력이 발휘되는 정도에 따라 이루어진다고 하겠다. 이 정신력은 지식의 확대, 방법의 개량, 사회의 개선에 기여한다.

사람의 신체가 할 수 있는 일에 한계가 있듯이 정신이 할 수 있는 일에도 한계가 있다. 진보에 기여할 수 있는 정신력은 다른 비진보적인 목적에 소비되는 부분을 제외한 나머지의 정신력이다. 정신력을 소비하는 비진보적인 목적이란 유지와 갈등의 범주에 속하는 것들이다. 유지라는 범주에는 인간 생존을 유지하는 것 외에 기존의 사회조건과 발전성과를 유지하는 것이 포함된다. 갈등이라는 범주에는 전쟁과 전쟁준비뿐만 아니라 타인을 희생시켜 만족을 얻으려 하고 또 이를 저지하려 하는 데 드는 모든 정신력 소모가 포함된다.

사회를 배에 비유한다면 다음과 같다. 선원의 모든 행위와 노력이 사회라는 배를 앞으로 나아가게 하는 것이 아니다. 배에 들어온 물을 퍼낸다든지, 선원들 간에 싸운다든지, 다른 방향으로 배를 끌어당긴다든지 하는 행위가 있으면 이런 행위는 배의 전진을 더디게 하는 결과를 초래한다.

진보의 요인

사람이 따로따로 떨어져 살면 개인의 모든 힘이 생존 유지에 다 소요된다. 정신력은 사람들이 사회 속에서 서로 어울릴 때에 한하여 자유롭게 되어 고차적인 목적에 사용될 수 있다. 어울림으로 인해, 노동의 분업이 가능해지고 다수인의 협력에 의해 생기는 경제성이 나타난다. 그러므로 어울림association은 진보의 제1의 요인이 된다.

개선은 사람들이 평화롭게 어울릴 때 이루어지며 어울림이 넓고 긴밀

할수록 개선의 가능성이 더 커진다. 그리고 인간에게 평등권을 부여하는 도덕의 법칙이 존중되느냐 아니냐에 따라 정신력이 대립 속에 낭비되느냐 아니냐가 결정되므로 평등 또는 정의는 진보의 제2의 요인이 된다.

이리하여 평등 속의 어울림이 진보의 법칙이라고 할 수 있다.

어울림은 정신력을 자유롭게 하여 개선에 기여할 수 있게 해 주며 평등은 정신력이 쓸데없는 싸움에 소모되는 것을 막아 준다. 여기에서 평등은 도덕적 법칙을 존중하는 것을 말하며 결국 정의, 자유 등과 같은 내용이다.

인간은 본성적으로 사회적인 존재이다. 인간이 다른 사람과 어울려 사는 것은 훈련을 통해 생긴 결과가 아니다. 인간은 무력한 존재로 태어나서 성장하는 데 오랜 시간이 걸리기 때문에 가족관계가 필요하다. 가족관계는 문화 수준이 낮을수록 더 넓고 강하다. 최초의 사회는 가족이고, 가족이 부족으로 확대되고 때로는 국민 전체가 같은 조상의 후손으로 혈연관계를 형성하는 경우도 있다.

인간은 서로 가까이 모임으로써 진보한다. 인간이 상호 협력하면 진보에 사용되는 정신력이 많아지지만 인간이 상호 대립하거나 조건과 힘이 불평등하게 되면 진보는 줄어들고 견제되어 마침내 퇴보에 이르고 만다.

로마 멸망의 원인

로마가 외족의 침입에 의해 멸망하기 훨씬 전 로마의 세력권이 팽창하고 있을 때 이미 로마의 심장부는 죽어 있었다. 대장원 제도가 이탈리아 지역을 망쳐 놓았던 것이다. 로마는 불평등으로 인해 힘이 고갈되었고 활기가 죽어버렸다. 정부는 전제주의 체제로 바뀌었는데 황제가 암살되는 일도 있었지만 전제정부가 건세되시 못했다. 과거의 애국심은 노예근성으로 바뀌고 사회에는 악이 횡행하였다. 문예는 유치해지고 학문은 잊혀져 갔다. 전쟁이 없어도 비옥한 땅이 황폐하게 변했다. 모든 곳에서 불평등으로 인해 정치적 · 정신적 · 도덕적 · 물질적 쇠퇴가 나타났다. 로마는 외부의 야만족에게 정복을 당하여 멸망했다기보다 내부에서 생긴 야만성에 의해 멸망한 것이다. 로마의 쇠퇴는 이탈리아 지역에서 자작농이 노예와 농노로 대치되고 다른 지방도 원로원의 귀족 가문이 국토를 대장원으로 갈라 먹은 결과로 생긴 것이다.

문명의 기초

사람의 어울림이 더 긴밀해지고 사람들이 더 평등해짐으로써 사회의 진보가 이루어진다는 사실은 유럽 문명의 발생과 성장을 보면 잘 알 수 있다. 문명은 협동이다. 문명의 핵심 요소는 화합과 자유이다. 도시의 인구규모나 인구밀도가 커짐에 따라 어울림이 확대되었고 또 상업의 성장과 교역의 다양화로 멀리 떨어진 도시가 긴밀히 연결됨으로써 어울림이 확대되었다. 이에 따라 국제법이나 도시법이 발달하였다. 신체와 재산이 더 잘 보호되고 개인의 자유가 신장되었으며 정부도 점점 민주화되었다. 요약하자면 생명, 자유, 행복추구에 대한 평등한 권리가 더 많이 존중되었다. 서구문명이 과거의 어느 문명보다 더 위대하고 우수한 이유는 바로 이러한 변화에 있다. 또 사람의 어울림의 확대는 정신력에 자유를 주어 무지의 베일을 걷어 올림으로써 더 많은 지식을 얻을 수 있게 해 준다. 이러한 정신적 능력에 의해 인간은 천체의 궤도를 측정하고 물방울 속의 미생물을 관찰할 수 있다. 이러한 능력은 인간에게 자연의 신비로 통하는 문을 열어 주고 잊혀진 과거의 비밀을 캘 수 있게 해 주며 인간의 육체적 힘을 대폭 보완해 주고 수많은 발명을 통해 생산력을 높여 준다.

전쟁과 노예제도

요즈음의 문헌은 숙명론의 영향을 많이 받아, 전쟁과 노예제도가 인간 진보의 한 방법이 된다고 하는 견해가 흔히 나타난다. 그러나 전쟁은 어울림의 적이며, 전쟁이 더 큰 전쟁을 예방하거나 또는 반사회적 장벽을

(이러한 장벽은 그 자체로 하나의 소극적 전쟁이라고 할 수 있음) 무너뜨리는 경우에만 진보에 도움이 될 뿐이다. 노예제도는 인간의 자유화에 결코 도움이 되지 않는다. 원시시대 이래 자유는(이 자유는 평등과 동의어라고 할 수 있음) 진보를 촉진하여 왔지만 노예제도는 어떤 경우에도 개선에 도움이 되지 못했다. 주인 한 명과 노예 한 명만으로 이루어진 사회거나 주인 천 명과 노예 수백만 명으로 이루어진 사회거나 간에 노예제도에는 반드시 인간능력의 낭비가 수반된다. 노예노동은 자유노동보다 생산성이 뒤떨어지며, 주인의 능력도 노예를 관리하고 감시하느라고 낭비되어 진정한 개선과는 다른 방향으로 가고 만다. 노예제도는 인간의 자연적 평등을 부정하는 다른 제도와 마찬가지로 처음부터 끝까지 진보를 방해하고 억제한다. 노예제도가 사회 조직 속에서 중요한 역할을 하면 할수록 개선은 그만큼 더디게 된다. 고전시대에는 노예제도가 보편화되어 있었는데, 당시의 정신력이 세련된 문학과 미술을 탄생시키기는 했지만 현대문명의 특징이라고 할 위대한 발견은 이루지 못한 이유가 여기에 있다. 노예제도를 유지하는 사회의 상류층은 사치스럽고 세련된 생활을 할 수는 있지만 창의적 능력을 갖지는 못한다. 노동자를 무시하고 노동의 결과를 수탈하는 제도는 발명력을 말살하며 발명과 발견이 있더라도 이를 사용하지 못하게 한다.

땅에서 보물을 캐고 공중에서 힘을 뽑는 재능을 일깨우는 마술의 힘은 오직 자유만이 가지고 있다. 인간 진보의 법칙은 도덕적 법칙이 아니고 무엇이겠는가? 정의를 촉진하고 권리의 평등성을 존중하며 개인의 자유는 타인의 동등한 자유에 의해서만 제약되도록 하는 사회제도는 문명을 발진시킨다. 사회제도가 이렇지 못하면 문명의 발전은 중단되고 퇴보한다.

제25장

현대문명의 쇠퇴

앞에서 찾아낸 법칙에서 보듯이 사회진보의 조건은 어울림과 평등이다. 서로마제국이 멸망한 후 암흑 속에서 문명의 빛줄기를 처음 감지했던 시점 이래 사회는 정치적 · 법적 평등이 확대되는 방향으로 발전해 왔다. 예를 들면 노예제도의 철폐, 신분의 폐지, 세습적 특권의 일소, 자의적 정부를 대신하는 의회제도, 종교문제에 있어서 개인의 선택권, 지위의 고하와 힘의 강약을 막론한 신체와 재산의 평등, 거주이전 · 직업선택 · 언론출판의 자유 확대 등이 있다. 현대문명의 역사는 이러한 방향으로 진행된 역사였고 개인적 · 정치적 · 종교적 자유의 투쟁과 승리의 역사였다. 그리고 이러한 경향이 뚜렷이 나타나면 문명이 발전하고 이러한 경향이 압박받아 뒤로 밀리면 문명이 억제되었다는 사실을 보면 진보의 일반법칙을 이해할 수 있다.

부의 평등한 분배가 어느 정도 이루어진 사회에서는 정부가 민주화될수록 사회도 개선된다. 그러나 부의 분배가 매우 불평등한 사회에서는 정부가 민주화될수록 사회는 오히려 악화된다. 부패한 민주정치는 부패한 독재정치보다 그 자체로 더 나쁘지는 않지만 국민성에는 더 나쁜 영향을 미친다. 부랑자, 극빈자 등 노동의 기회가 극히 제한된 계층 또는 구걸하거나 훔치지 않으면 굶어야 하는 계층이 선거권을 갖게 되면 파괴적인 결과가 발생한다. 가난으로 고통받고 타락한 계층의 손에 정치권력을 부여하는 것은 마치 여우를 꼬리에 불을 붙여 옥수수 밭에 풀어 놓는 것과 같으며 삼손의 눈을 뽑은 후 국민생활이라는 기둥에 팔을 비끌어 매는 것과 같다.

공화정을 가장 야만적이고 잔인한 전제정으로 바꾸기 위해 헌법을 고치거나 보통선거제도를 포기할 필요가 없다. 시저Caesar 이래 수 세기 동안 로마 황제들은 원로원의 권위에 따라 통치권을 행사하는 척했지만 실제로 원로원은 황제에게 꼼짝도 못하는 기관이었다.

형식은 실질이 없으면 아무것도 아니다. 국민에 의한 정부는 자유라는 실질이 가장 쉽게 빠져나갈 수 있는 형식이다. 극과 극은 서로 통한다고, 보통선거에 의한 정부와 이론상의 평등은 일정한 조건만 있으면 간단히 전제체제로 변할 수 있다. 이때 전제체제는 국민의 이름으로 그리고 국민의 힘에 의해 진전되며 이러한 힘의 원천이 일단 확보되면 무슨 일이 일어날지 모른다. 특권을 못 누리는 계층은 설득이 통하지 않으며 자신의 이익을 추구함에 있어 국민 전체의 이익을 고려하는 법이 없다. 이렇게 되면 홍수를 막을 방파제도 없고 홍수를 피할 높은 언덕도 없는 상태가 된다.

권력의 승계가 세습이나 추첨에 의해 이루어지는 경우에는(고대 공화국에는 추첨제가 있었음) 현명하고 정의로운 권력자가 더러 등장할 가능성도 있다. 그러나 부패한 민주정에서는 언제나 최악의 인물에게 권력이 돌아간다. 정직성이나 애국심은 압박 받고 비양심이 성공을 거둔다. 최선의 인물은 바닥에 가라앉고 최악의 인물이 정상에 떠오른다. 악한 자가 나가면 더 악한 자가 들어선다. 국민성은 권력을 장악하는 자의 특성을 점차 닮게 마련이어서, 국민의 도덕심이 타락함으로써 자유롭던 민족이 노예 상태로 전락하는 예가 장구한 역사 속에서 수없이 되풀이되었다. 부패한 민주정부는 결국 국민을 부패시키며, 국민이 부패한 나라는 되살아날 길이 없어진다. 생명은 죽고 송장만 남으며 나라는 운명이라는 이름의 삽에 의해 땅에 묻혀 사라지고 만다.

국민에 의한 정부가 최악의 전제정부로 타락하는 것은 부가 불평등하게 분배되는 사회에서 필연적으로 나타나는 결과인데 이는 결코 먼 훗날의 일이 아니다. 이 현상은 이미 시작되었으며 우리의 눈앞에서 빠르게 진행되고 있다. 사람들은 투표권을 분별없이 행사하고 있다. 사람들에게 개혁의 필요성을 이해시키기가 어려워졌으며 개혁을 실천하는 것은 더욱 어렵게 되었다. 정치적인 견해차는 이제 근본 원칙의 차이가 아니게 되었으며 추상적인 사상은 힘을 잃고 말았다. 정당은 과두적 내지 독재적 방식으로 운영되고 있다. 이런 것이 모두 정치적 쇠퇴의 증거이다.

이 시대의 근본 흐름은 우리가 벗어났다고 생각하고 있는 구시대의 상황으로 되돌아가는 것처럼 보인다. 과거 봉건제도가 보편화되어 삼위일체의 삼위 중 두 가지 위가 영주와 봉건지주라고 생각할 정도의 시대도 있었는데 기술자계층과 상인계층의 대두로 인해 봉건제도는 파괴되었다. 그러나 토지가 사유화된 현재의 사회조직 속에서는 공업과 상업이 발달함에 따라 개별 노동자가 또다시 주인을 찾지 않을 수 없게 되었다. 이는 마치 로마제국이 붕괴될 무렵 자유민이 지주에게 예속되었던 것과 같다고 하겠다. 이러한 경향에는 예외가 없는 것으로 보인다. 모든 산업에서 한 사람은 주인이 되고 나머지는 주인을 위해 일하는 경향이 나타나고 있다. 한 사람이 주인이고 나머지는 주인에게 봉사할 때 그 한 사람은 나머지를 통제하게 되며 투표와 같은 경우에조차 이러한 통제가 이루어진다.

철도, 일간신문, 전보 등을 지니고 있는 현대문명이 파괴될 수 있을까라는 의문을 갖는 사람도 많지만 사회의 기초는 우리 눈앞에서 서서히 와해되고 있는 실정이다. 각종 문헌은, 우리가 지금까지 그랬던 것처럼 연재와 미래에도 미개상태에서 자꾸 멀어지는 방향으로 변화한다는 믿음을 불어넣고 있다. 그러나 실제로는 우리가 과거의 미개상태로 되돌아간다는 징후가 여기저기에서 나타나고 있다.

사람들이 공개적으로 지적하기를 꺼리고 있기는 하지만 민주제도에 대한 믿음은 고도의 민주제도를 갖춘 사회에서조차 점차 약해지고 있다. 민주주의는 한때 국가적 행복의 근원이라고 신뢰되기도 했으나 이제는 그렇지 않다. 생각 있는 사람들도 민주주의의 위험을 이해하기 시작한 단계에는 와 있으나 아직 그 위험을 극복할 수 있는 방법까지는 알지 못한다. 일반 국민은 부패의 증가에 익숙해져 있다. 특히 불길한 징조는, 사람들이 청렴한 공직자가 없다고 생각하며 또 청렴한 공직자가 있다면 이는 자기의 기회를 이용할 줄 모르는 바보라고 생각한다는 점이다. 즉 국민 자신이 부패해 가고 있다.

생각 있는 사람이라면 이러한 추세의 결과가 무엇이 될지를 분명히 알 것이다. 부패가 만성화되고, 공공심이 상실되고, 명예와 선행과 애국심의 전통이 약해지고, 법이 무시되고, 개혁이 가망 없게 되면, 고통받는 대중 속에서 화산과 같은 힘이 생겨 어떤 우연한 사건을 계기로 하여 사회를 산산조각 내고 만다. 이런 와중에서 강력하고 분별없는 자가 두각을 나타내면서 맹목적인 대중적 욕구 또는 흉포한 대중적 열정을 대변하게 되며 이미 활력을 상실한 민주주의라는 형식을 세쳐 놓게 된다. 이렇게 되면 칼은 펜보다 강해지고 야만적인 힘과 거친 광기가 교차하면서 문명은 혼수상태에 빠져 쇠퇴하고 만다.

이러한 새로운 미개인은 언제 나타날 것인가? 지금도 대도시의 빈민가에 가 보면 이러한 미개인이 떼를 이루어 살고 있음을 볼 수 있다. 학문은 어떻게 사라질 것인가? 사람들은 글 읽기를 중단하고 책을 불쏘시개나 포장지로 쓰게 될 것이다.

과거에 몰락했던 모든 문명처럼 현대문명도 전성기를 지난 후에 별 혼

적도 없이 사라질 것을 생각하면 기가 막힌다. 종이는 과거의 양피지만큼 오래 견디지 못할 것이고 거대한 빌딩이나 기념물도 견고성에 있어 암석으로 깎아 세운 과거문명의 사원이나 건축물에 비할 수 없을 것이다. 또 현대문명의 증기기관, 인쇄기, 석유, 니트로글리세린, 다이나마이트 등도 마찬가지이다.

그러나 현대문명도 결국 쇠퇴하고 말 것이라고 하는 견해는 지금으로서는 지나친 비관론처럼 보인다. 생각 있는 사람은 앞에서 지적한 몇 가지 추세를 인정하겠지만 이들도 대부분 일반 대중과 마찬가지로 현대문명의 진보에 대한 믿음이 깊고 강해서 조금도 의심하려고 하지 않는다.

그러나 이러한 문제에 대해 신중히 연구하는 사람이라면, 진보에서 퇴보로 서서히 변해 가는 상황에서는 늘 이런 현상이 있다는 사실을 알게 될 것이다. 다른 문제에서도 그렇지만 사회발전에 있어서도 관성의 법칙이 적용되며, 과거에 발전이 계속되어 온 경우에는 쇠퇴가 본격적으로 시작된 경우에도 이를 인식하기가 매우 어렵기 때문이다. 사람들은 지금까지의 사회변화가 진보였으면 앞으로의 사회변화도 진보라고 굳게 믿는 경향이 있다. 각 사회는 신념, 관습, 법률, 제도, 습관 등으로 이루어진 그물을 짜고 그물 속의 개인을 통해 국가적 성격의 차이를 발생시키며, 이러한 그물은 해체되지도 않는다. 말하자면 문명이 쇠퇴할 때의 진행 경로는 과거에 사회가 발전해 온 경로의 반대 방향이 아니라는 것이다.

문명이 진보기를 거친 후에 나타나는 퇴보는 서서히 진행되기 때문에 당시의 사람들은 이에 주목하지 못하며 심지어 대부분의 사람들은 퇴보를 진보라고 착각하는 경우도 많다. 예를 들어 보자. 고전시대의 그리스 미술과 후대의 미술 사이에는 현격한 변화가 있다. 그러나 이러한 변화는 사람들의 취향 변화와 같이 발생했거나 취향 변화에 의해 유발된 것이다. 당시에는 취향의 변화에 민감하게 따랐던 미술가가 훌륭한 미술가로 인정되었다. 문학의 경우도 이와 같았다. 문학이 활기가 없고 미숙하고 딱딱하게 변했는데 이는 허약한 문학을 강하고 아름답다고 오해한 당시의 취향에 순응한 결과였다. 진정 훌륭한 작가는 독자를 잃을 수밖에 없었다. 이런 작가는 거칠고 건조하고 재미없다고 평가되었기 때문이다. 또 연극도 쇠퇴하였다. 훌륭한 연극이 없었기 때문이 아니라 교양 없는 계층이 그 시대의 취향을 지배하여 자신들이 좋아하는 연극이 최선의 연극이라고 생각하였기 때문이다. 종교도 역시 마찬가지였다. 미신적인 사람이 미신을 덧붙이면 이를 개선이라고 생각하였다. 쇠퇴가 더 진행되어 사회가 야만 상태로 회귀했을 때도, 그 자체로는 발전이 아니지만 그 시대의 사정에 맞추기 위한 불가피한 현상이라고 보았다.

현재 서구인의 의견과 취향의 변화에 퇴보의 징조가 있는지에 대해서는 굳이 검토할 필요가 없다. 그러나 서구문명이 중대한 국면에 처했으며 사회적 평등의 방향으로 향하는 새로운 출발이 없으면 19세기를 정점으로 해서 서구문명이 하강할 것이라는 점을 분명히 보여 주는 증거가 많이 있다.

토지가 독점된 사회에서의 물질적 진보는 필연적으로 불평등을 낳고 이러한 경향이 계속 진행되면 문명은 하강의 길로 접어들지 않을 수 없다. 이 길은 들어서기는 쉽고 빠져나오기는 힘든 길이다. 생존투쟁의 강도가 높아지고 부를 위한 경쟁에서 남에게 짓밟히지 않기 위해서 온 신경을 긴장시키지 않을 수 없게 되면 사회를 개선하고 이를 유지할 수 있는 힘은 줄어든다. 바다나 강에서 밀물이 한순간에 썰물로 바뀌지는 않는다. 썰물이 시작되어도 당분간 물은 계속 밀려 들어온다. 태양이 한낮을 지나더라도 기온은 계속 높아지기 때문에 그림자를 통해서만 그 지난 것을 알 수 있다. 그러나 조류가 썰물로 바뀌면 머지 않아 물이 완전히 빠지게 되고, 한낮이 지나면 머지 않아 어둠이 오기 마련이다. 이와 같이, 지금은 지식이 증가하고 발명이 계속되고 새로운 국가가 형성되고 도시가 팽창한다고 하더라도, 인구에 비해 더 많은 감옥과 빈민구제기관과 정신병동을 지을 때 문명의 쇠퇴는 이미 시작된 것이다. 사회는 위에서 아래로 죽어 가는 것이 아니라 아래에서 위로 죽어 간다.

현재 사회에는 막연하지만 전반적인 실망의 분위기가 있으며 노동자 계층의 고통이 증가하고 불안한 심리가 널리 퍼져 있다. 이러한 가운데에서도 구체적인 대책이 나온다면 희망적이라고 할 수 있겠지만 아직 그런 대책은 나오지 않고 있다. 학자들이 열심히 연구하고는 있으나 인과관계를 밝혀 내는 일반적인 능력은 조금도 나아진 것 같지 않다.

앞으로 어떤 변화가 올지는 아무도 모른다. 그러나 생각 있는 사람은 어떤 변화가 반드시 있어야 한다는 점은 분명히 느끼기 시작했다. 문명세계는 대변혁의 벼랑에서 떨고 있다. 여기에서 약진을 하여 지금까지 꿈도 꾸지 못했던 새로운 발전의 길을 열지 않으면 벼랑 아래로 떨어져서 야만의 상태로 되돌아가고 말 것이다.

제26장

자유의 여신이 부른다

지금까지 정치경제학적 고찰을 통해 밝힌 진리는 여러 국가의 흥망과 여러 문명의 성쇠를 통해 명백하게 나타난다. 이 진리는 우리의 마음속에 깊숙이 자리하고 있는 도덕적 인식과도 일치한다.

이 진리는 우리에게 위협이 되는 동시에 희망이 되기도 한다. 불의하고 불평등한 부의 분배에서 생기는 악은 진보에 당연히 부수하는 결과가 아니라 진보를 방해하는 원인이다. 이러한 악은 저절로 치유되지 않는 악이며, 그 원인이 제거되지 않으면 점점 더 악화되어 과거의 모든 문명이 밟아 온 길을 따라 현대문명은 미개상태로 되돌아가고 만다. 이 악은 자연의 법칙에 의해 부여되는 악이 아니라 자연의 법칙을 무시하는 부당한 사회제도에 의해 생기는 악이다. 이 악의 원인을 제거하면 진보에는 커다란 자극이 생긴다.

모든 인간이 자유롭게 사용하도록 자연이 베풀어 준 기회를 개인이 독점할 수 있게 함으로써 우리는 근본적인 정의의 법칙을 무시하였다. 그러나 이러한 불의를 일소하고 모든 사람에게 자연의 기회에 대한 권리를 보장하면, 정의의 법칙이 존중되어 다음과 같은 결과가 생긴다. 부와 권력의 분배에 관한 인위적인 불평등의 큰 원인이 제거된다. 빈곤이 추방된다. 탐욕이라는 무자비한 욕망이 길들여진다. 악과 비참의 근원이 고갈된다. 어둠 속에 지식의 등불이 비친다. 발명과 발견에 새로운 활력과 자극이 생긴다. 정치적인 취약점이 보강되고 힘찬 정치가 나타난다. 전제정치와 무정부주의가 발붙일 수 없게 된다.

저자가 제시한 개혁안은 모든 정치적 · 사회적 · 도덕적 이상과 일치한다. 이 개혁안은 다른 모든 개혁을 용이하게 한다는 점에서 진정한 개혁의 특징을 지니고 있다. 이 개혁안은 미국 독립선언에 나타난 진리를 그 표현과 정신에 충실하게 구현한다. 독립선언의 심장이자 영혼이라고 할 수 있는 '자명한' 진리는 다음과 같다. "모든 인간은 평등하게 태어난다. 인간은 남에게 양보할 수 없는 몇 가지 권리를 창조주로부터 받는다. 이 권리에는 생명, 자유, 행복의 추구가 포함된다."

토지에 대한 평등권이 부정되면 이 권리도 부정된다. 토지는 사람이 생활하는 터전이자 유일한 터전이기 때문이다. 자연의 하사물에 대한 평등한 권리가 부정되면 정치적 권리의 평등을 보장하는 것만으로는 이를 충분히 보상하지 못한다. 토지에 대한 평등권이 부정되는 사회에서의 정치적 자유는, 인구가 증가하고 발명이 연속됨에 따라 굶주림을 겨우 면할 정도의 임금을 받기 위해 일자리를 찾는 경쟁의 자유로 전락하고 만다.

우리는 자유의 여신을 받든다. 그 여신상도 세워 칭송한다. 그러나 우리는 자유의 여신을 충분히 신뢰한 적이 없다. 사회가 커지면 여신의 요구도 커진다. 자유의 여신은 절반에서 만족하지 않는다.

자유! 이는 신비한 힘을 가진 단어이며 공허하게 귀를 어지럽히는 단어가 아니다. 자유는 정의이고 정의는 자연의 법칙이다. 자연의 법칙은 건강과 조화와 힘과 인류애와 협동의 법칙이다. 세습적 특권이 타파되고 보통선거가 실시되면 자유의 여신이 그 소임을 충분히 완수하였다고 생각하거나 자유의 여신은 인간의 일상생활과 그 이상의 관계가 없는 존재라고 생각하는 사람이 있다면 그 진정한 위대함을 모르는 사람이다. 이 사람들에게는 자유를 노래하는 시인이 광기에 어린 사람으로 보이며 자유의 순교자가 바보로 보일 뿐이다. 태양이 생명과 빛의 주인이 되듯이, 태양광선이 구름을 뚫고 만물을 성장시키며 모든 움직임을 도와 차디찬 무생물을 극도로 다양한 생명과 아름다움으로 바꾸듯이, 자유도 인간에게 이러한 영향을 미친다. 사람들이 자유를 위해 노력하고 죽은 것이, 그리고 모든 시대에 사람들이 일어서서 자유의 증인이 되고 자유를 위해 순교한 것이 단지 추상적인 개념을 위해서가 아니었다.

때때로 우리는 자유는 자유이고 미덕, 부, 지식, 발명, 국가의 힘, 국가의 독립은 별개인 것처럼 이야기한다. 그러나 자유는 이 모든 것의 근원이고 어머니이고 필요조건이다. 자유와 미덕은 빛과 색채의 관계와 같다. 자유와 부는 햇빛과 곡식의 관계와 같다. 자유와 지식의 관계는 눈과 눈에 보이는 사물의 관계와 같다. 자유는 발명의 재능이 되고 국가의 힘을 내는 근육이 되고 국가 독립의 정신이 된다. 자유가 신장되면 미덕이 자라고 부가 증가하고 지식이 늘어나고 발명을 통해 인간의 힘이 배가되며, 자유를 누리는 국가는 힘과 정신에서 다른 국가를 능가하게 된다. 반면에 자유가 위축되면 미덕은 사라지고 부는 감소하고 지식은 잊혀지고 발명은 중지되며, 한때 무력이나 기술에서 융성했던 강대국이 미개하지만 자유를 누리는 다른 나라에게 힘없이 벌벌 떤다.

자유라는 태양은 아직도 충분히 빛을 비추지 못했으나 모든 진보는 자유에 의해 나타난 결과이다.

이집트의 채찍 아래 굽실거리며 노예생활을 하던 유태인에게 자유의 여신이 나타나 속박에서 풀어 주었다. 자유의 여신은 이들을 사막에서 단련시켜 정복민족으로 변화시켰다. 모세의 율법에 나타난 자유정신에 의해, 유태 사상가들은 높은 경지에 도달하여 유일신을 보았으며 유태 시인들은 영감을 받아 이 사상을 찬양하는 최상의 운율을 남겼다. 자유의 여신이 페니키아 해안에 나타나자 페니키아인들은 지중해를 지나 각처를 항해할 수 있게 되었다. 자유의 여신이 그리스에 약간의 빛을 비추자 대리석이 이상적인 아름다움의 형체로 변하고 언어는 미묘한 사상의 도구가 되었으며, 막강한 외적은 자유를 누리는 그리스 도시국가의 빈약한 의용군에 의해 파도가 바위에 부서지듯 패배했다. 자유의 여신이 이탈리아 농부의 조그만 땅에 빛을 내리자 로마는 힘이 생겨 세계를 정복할 수 있었다. 자유의 여신의 빛이 게르만 투사의 방패에서 번쩍이자 로마의 황제는 군대를 잃고 눈물을 흘렸다. 자유의 여신은 한동안 빛을 내리지 않았으나 다시 자유도시에 나타나자 과거의 학문이 되살아나고 현대문명이 시작되고 새로운 세계가 열렸다. 즉 자유가 신장되면 예술도 부도 힘도 지식도 문화도 신장되어 왔다.

그런데도 우리가 자유의 여신을 신뢰하지 않을 수 있을까?

과거에도 그랬듯이 현대에도 어떤 힘이 숨어 움직이면서 불평등을 낳고 자유를 파괴한다. 멀리 지평선에는 먹구름이 낮게 깔리기 시작한다. 자유의 여신은 다시 우리를 부른다. 우리는 자유의 여신을 따라야 하며 완전히 신뢰하여야 한다. 자유의 여신은 우리가 완전히 받아들이지 않으면 우리를 떠나 버린다. 사람들이 투표권을 가진다든가 이론상 법 앞에 평등한 것만으로는 충분하지 않다. 사람들이 생활의 기회와 수단을 이용할 수 있어야 하고 자연의 혜택을 동등하게 누릴 수 있어야 한다. 이렇게 하지 않으면 자유의 여신은 빛을 거두어 버린다. 이렇게 하지 않으면 암흑이 찾아오고 진보의 결과로 생긴 힘이 파괴의 힘으로 변질되고 만다. 이것은 보편적인 법칙이고 오랜 세월을 통해 얻은 교훈이다. 정의에 기초를 두지 않는 사회구조는 지속되지 못한다.

현재 우리 사회의 기본 제도는 정의를 부정하고 있다. 모든 사람이 생존하고 생활하는 터전인 토지를 개인이 소유할 수 있도록 함으로써 사람들은 토지소유자에게 얽매이게 되었으며 물질적 진보가 계속됨에 따라 그 정도가더 심해지고 있다. 이러한 제도는 교묘한 연금술과도 같아서 사람들이 알지 못하는 방법으로 모든 문명국가의 대중에게서 힘들여 노동한 결과를 빼앗고 고되고 희망없는 노예생활을 제도화하며 정치적 자유를 박탈하여 전제정치를 형성한다.

이러한 사회제도로 인해 물질적 진보라는 축복은 저주로 화한다. 이러한 사회제도로 인해 시끄럽고 더러운 빈민가에 사람들이 우글거리고, 감옥과 창녀촌이 붐비고, 사람들이 궁핍에 시달리고 탐욕에 지치며, 여인들이 우아함과 아름다움을 상실하고, 어린이들이 인생의 아침의 즐거움과 순수함을 잃게 된다.

이러한 사회제도에 기반을 두는 문명은 오래가지 못한다. 불변하는 우주의 법칙은 이를 금지하고 있다. 이것은 멸망한 제국의 폐허가 증명하고 모든 영혼이 증언하는 진실이다. 자비보다 더 위대하고 자선보다 더 존엄한 정의의 여신은 이 잘못을 시정하라고 명령한다. 우리는 정의를 부정할 수도 없고 정의의 실현을 미룰 수도 없다. 정의의 여신은 저울과 칼을 들고 있다. 우리가 기도를 한다고 해서 정의의 심판을 피할 수 있을까? 굶주린 어린이가 신음하고 있으며 지친 어머니가 울고 있는데 교회를 세운다고 해서 저 불변의 법칙이 내리는 명령을 바꿀 수 있을까?

빈곤에서 생기는 각종 고통과 야만성을 하느님의 불가사의한 섭리로 돌린다거나 또는 두 손을 모으고 하느님 앞에 가서는 대도시의 궁핍과 범죄의 책임을 하느님에게 미룬다면 형식상으로는 기도일지 모르나 실제로는 신성모독이다. 자비심이 있는 사람이라면 이렇게 하기보다 차라리 세속의 지배자가 되려고 할 것이다. 정의로운 사람이라면 개미의 탑과 같은 교회를 발로 차 버릴 것이다. 우리 문명 속에서 곪고 있는 악과 비참에 대한 책임은 하느님이 아니라 우리에게 있다. 창조주는 인간에게 충분하고도 남을 정도의 많은 선물을 주었다. 그러나 돼지가 먹이를 향해 돌진하듯이 우리는 서로 찢고 뜯으면서 이 선물을 진창 속에서 밟고 말았다!

지금 서구문명의 중심에 존재하는 궁핍과 고통은 눈을 감는 자, 신경이 무딘 자가 아니라면 가슴 아파하지 않을 수 없는 정도에 이르렀다. 우리는 창조주를 향해 이를 해결해 내라고 부탁할 것인가? 설혹 창조주가 이러한 기도를 들어주어서, 태양에 더 큰 힘이 생기고 공기에도 새로운 능력이 생기고 땅에도 신선한 활력이 넘쳐서 현재 자라고 있는 곡물이 두 배로 증가하고 씨앗도 현재의 두 배의 결실을 맺는다고 하자. 그렇게 되면 과연 빈곤이 줄고 궁핍이 해결될 수 있을까? 분명히 그렇지 않다! 이로 인해 생기는 이익이 있다면 어디까지나 일시적일 뿐이다. 물질세계에 흘러 들어가는 새로운 힘은 토지를 통해서만 이용될 수 있다. 토지가 사유재산으로 남아 있는 한, 현재 창조주의 하사물을 독점하고 있는 계층이 새로운 하사물마저 독점하게 된다. 따라서 지대는 상승하지만 임금은 겨우 생존 수준에 계속 머물러 있을 것이다.

창조주의 선물을 이렇게 착복하여도 벌을 받지 않을 것인가? 노동이 그 대가를 빼앗기는 한편 탐욕이 부를 말아 먹고, 많은 사람이 궁핍 속에서 사는 반면 소수의 사람은 배가 터지게 먹는 것이 가벼운 일인가? 역사책에는 페이지마다 이러한 잘못은 반드시 벌을 받으며 네메시스Nemesis, 복수의 여신, 인과응보의 여신는 절대로 머뭇거리거나 졸지 않고 불의를 응징한다는 교훈이 있다. 오늘날 주위를 둘러보라. 이러한 상태가 계속 이어질 수 있을까? "나 없는 뒤에야 홍수가 지든 말든" 하고 넘겨 버릴 수 있을까? 그렇지 않다. 국가의 기둥은 흔들리고 사회의 기초는 요동하며 그 밑에 갇힌 힘은 불타고 있다. 사회가 소생하느냐 멸망하느냐의 투쟁은 시작되었거나 머지 않아 시작된다.

명령은 이미 떨어졌다. 증기와 전기가 개발되었고 진보에 의해 새로운 힘이 탄생한 이 시점에 우리 문명은 더 높은 단계로 발전하거나 과거의 여러 국가와 문명처럼 멸망할 기로에 놓여 있다. 민주적 이상과 소수지배 체제는 서로 공존할 수 없다. 한편으로 사람들에게 선거권을 부여하면서 다른 한편으로 사람들을 떠돌이로 밀어낼 수는 없다. 한편으로 초등학교에서 어린이들을 교육하면서 다른 한편으로 어린이들에게서 정직한 삶의 권리를 빼앗아 버릴 수는 없다. 한편으로 인간의 양도할 수 없는 권리를 운위하면서 다른 한편으로 창조주의 하사품에 대한 양도할 수 없는 권리를 부정할 수는 없다.

그러나 아직도 시간은 있다. 지금이라도 우리가 정의의 여신에 복종하고 자유의 여신을 믿고 따른다면, 사회를 위협하고 있는 요인은 자취를 감출 것이고 사회를 억압하고 있는 세력은 발전의 주체로 변할 것이다. 오늘날 힘은 낭비되고 있으며 개척해야 할 지식 분야는 아직도 무한하고 놀라운 발명도 이제 겨우 시작에 불과하다. 빈곤이 타파되고, 탐욕이 고결한 열정으로 변하고, 인간을 반목하게 하는 질투와 두려움 대신 인류애가 평등으로부터 피어나고, 최하층민도 안락과 여가를 누리는 상황이 되어 정신력에 대한 속박이 풀리면, 우리 문명이 얼마나 높이 발전할 것인지 아무도 모른다. 이는 말로는 다할 수 없다. 시인이 노래하고 예언자가 내다보았던 바로 그 황금시대가 온다. 때때로 사람들에게 찬란한 빛으로 나타났던 그 계시와 같은 세상이 온다. 이는 기독교 정신의 극치이며 지상에 실현되는 하느님의 나라로서 벽옥으로 담을 두르고 진주로 문을 만드는 곳이다. 이곳은 평강의 왕Prince of Peace, 이사야 9장 6절에 나오는 표현으로 예수를 의미함이 다스리는 나라이다.

제27장

결론

지금까지 밝힌 진리는 사람들이 쉽사리 수용할 성질이 못 된다. 사람들이 쉽사리 수용할 수 있는 내용이라면 이 진리는 벌써 수용되었을 것이고 또 은폐되지도 않았을 것이다. 그러나 이 진리에도 지지자는 반드시 있다. 어떤 이는 이 진리를 위해 수고하고 어떤 이는 고통받으며 경우에 따라서는 이 진리를 위해 죽는 사람도 생길 것이다. 바로 이러한 것이 진리의 힘이다.

이 진리가 언젠가 실현되는 날이 있을까? 궁극적으로는 그렇다고 본다. 그러나 우리가 생존하는 동안 실현될지, 우리가 죽은 후에라도 사람들이 우리를 기억할 수 있는 시기 안에 실현될지, 아니면 그 이후에나 실현될지 아무도 모른다.

궁핍과 비참, 무지와 야만이 불의한 사회제도에 의해 생긴다는 사실을 알고 힘이 자라는 데까지 이를 시정하기 위해 노력하는 사람은 곧 실망과 쓰라림을 맛보게 된다. 이러한 현상은 과거에도 그랬고 현재에도 그렇다. 이들이 갖게 되는 생각 중에서 가장 나쁜 것은 노력과 희생을 해 보았자 희망도 결과도 없다는 생각이며 이런 생각은 가장 훌륭하고 가장 용기 있는 인물에게도 찾아온다. 사실, 역사상 씨를 뿌린 사람 중에 그 씨가 자라는 것을 본 사람이 많지 않으며 도대체 그 씨가 자라기는 할 것인지를 확실히 안 사람도 많지 않다.

사실을 외면하지 말고 똑바로 보자. 이 세상에서 진리와 정의가 올바로 선 때도 여러 번 있었다. 그러나 그때마다 무너지고 말았으며 이러한 과정에서 유혈사태가 발생한 경우도 적지 않았다. 만일 정의의 여신이 고개만 까딱해도 불의가 도망치고 만다면 압박 받는 사람들의 통곡이 그토록 오래 계속되었을 리가 있겠는가?

그러나 진리를 이해하고 따르는 자 또는 정의를 인식하고 일어서는 자는 성공을 유일한 목적으로 삼지 않는다. 성공은 거짓으로도 이룰 수 있고 불의로도 이룰 수 있다. 진리와 정의는 그 고유한 권리로써 우리에게 성공 이외의 어떤 가치를, 지엽적인 가치가 아니라 본질적인 가치를 베풀어 주지 않는가?

진리와 정의의 존귀함을 느껴 본 사람이라면, 이러한 본질적인 가치는 어느 장소 어느 시기에서나 베풀어진다는 사실을 안다. 그러나 때로는 암운이 드리우는 수가 있다. 인류를 위해 노력하였던 위인의 전기를 읽으면 때때로 서글퍼진다. 소크라테스는 독약으로 사형 당했고 그라쿠스는 몽둥이와 돌에 맞아 죽었으며 예수는 십자가에 못 박혀 죽었다.

지금까지 저자는 자신의 생각에 따라 탐구를 진행해 왔다. 처음 마음속에서 이 일을 시작했을 때 어떤 특정 이론을 지지하거나 특정 결론을 증명할 생각이 없었다. 대도시 속에 비참한 생활을 하는 사람이 많다는 사실을 알았을 때 당혹스럽고 괴로웠으며 그때부터 그 원인이 무엇인지 그리고 그 치유 방안은 무엇인지를 생각하느라고 편안하게 지낼 수 없었다.

그러나 이러한 탐구과정을 통해 저자는 예상하지 못했던 어떤 진리에 도달하였고 죽어 있던 신념이 솟아났다. 인간이 앞날을 기대하는 것은 자연적이고 심층적인 욕구이다. 이러한 욕구는 지적 성장과 더불어 커지며,

우주가 위대하다는 것 그리고 지식의 발전에 의해 전개될 시야는 무한하여 영원한 탐구의 대상이 된다는 것을 잘 아는 사람일수록 더 강하다. 그러나 대다수의 사람들이 본질적인 것에 대한 신념을 상실한 이 시대의 지적 풍토에서, 이러한 욕구는 인간의 이기심에서 나온 공허하고 유치한 희망에 불과하며 근거도 없고 실증적 지식과 모순되는 것으로 비치고 있다.

미래의 삶에 대한 희망을 파괴하는 이러한 사조를 잘 검토해 보면 그 근원이 자연과학의 성과에 있는 것이 아니라 일부 정치학이나 사회과학의 이론에 있음을 알 수 있다. 이러한 이론은 각 방면으로 인간의 사고에 깊숙이 영향을 주고 있다. 그 이론의 내용은, 인구는 생존물자보다 더 빨리 증가되는 경향이 있다는 원리, 악과 비참은 자연법칙의 결과이자 사회발전을 추진하는 수단이라는 원리, 인간의 진보는 인류의 진화에 의해 이루어진다는 원리 등이다. 이러한 원리는 일반적으로 진리라고 인정되어 왔으며 자연과학적 진리에 의해서는 도출되지 않는 나쁜 세계관을 낳고 있다. 이들 원리는 개인을 무의미한 존재로 축소시키며 우주 질서 속의 인간 존재의 존엄성 내지 인간의 도덕성을 부정한다.

자연이 생활물자가 부족하도록 인간을 유도하여 결국 인간을 소모시킨다는 생각은 인간의 불멸성에 대한 믿음과 조화되지 않는다. 많은 사람이 고통받고 타락하는 것이 창조주의 섭리의 결과라고 보는 견해는 창조주의 전능과 자비에 대한 믿음과 조화되지 않는다. 또 인간이 정신적으로 그리고 육체적으로 유전에 의해 서서히 진화된다고 보는 견해는 인간 존재의 목적이 개인의 생활이 아니라 인류라는 종의 생활이라는 결론에 이어진다. 이렇게 해서 생활의 고통과 환난 속에서 강하게 의지하고 깊이 위안을 받을 수 있는 신념이 우리 가운데서 사라졌고 또 지금도 사라지고 있다.

지금까지의 탐구과정에서 우리는 위와 같은 원리를 검토하고 그 오류를 살펴보았다. 인구가 생활물자보다 더 많이 증가하는 경향은 존재하지 않는다는 사실을 알게 되었다. 인간의 힘이 낭비되고 인간이 많은 고통을 겪는 원인은 자연법칙에 있지 않고 인간이 무지하고 이기적이어서 자연 법칙에 순응하지 않는 데 있음을 알게 되었다. 인간의 진보는 인간 본성의 개조를 통해서 이루어지는 것이 아니라는 사실, 오히려 인간의 본성은 일반적으로 불변이라는 사실을 알게 되었다.

이로써 현대 세계에서 미래의 삶에 대한 믿음을 추방하고 있는 악몽은 격파되었다. 그렇다고 해서 모든 어려움이 사라진 것은 아니지만 적어도 매우 확실하고 또 극복할 수 없는 것처럼 보였던 이론적인 어려움은 사라졌다고 하겠다. 이로 인해 희망이 솟구친다.

그러나 이것으로 전부는 아니다.

정치경제학은 음울한 학문이라고 지칭되어 왔으며 현재 가르치고 있는 내용은 인류에게 희망을 주지 않는다. 그러나 이것은 앞에서 본 바와 같이 학자들이 정치경제학의 품위와 자유를 제한하고, 그 진리를 잘못 이해하고, 그 조화를 무시하고, 분명히 밝혀야 할 사실을 얼버무리고, 악에 대해 항의하는 대신 불의를 옹호한 데에서 비롯되었을 뿐이다. 저자가 노력하였듯이 정치경제학에 자유를 주어 그 본래의 자태를 되찾게 해 준다면 정치경제학은 희망으로 빛날 것이다.

왜냐하면 부의 생산과 분배를 지배하는 법칙을 올바르게 이해한다면 현재 사회의 궁핍과 불의가 불가피한 것이 아니라는 사실을 알게 되기 때문이다. 오히려 그 반대로 이 법칙은 빈곤이 존재하지 않는 사회 그리고 인간 본성의 훌륭한 자질과 높은 힘을 완전하게 발달시킬 수 있는 사회가 가능하다는 것을 보여 주기 때문이다.

뿐만 아니라 사회발전이 특수한 섭리나 냉혹한 운명에 의해 지배되는 것이 아니라 불변의 자비로움에 의해 지배된다는 것을 알 때, 인간의 의지력이 발전의 중요한 요소이며 인간은 스스로의 조건을 만들어 낼 수 있다는 사실을 알 때, 경제법칙과 도덕법칙이 본질적으로 하나이며 지성을 통해 각고 끝에 찾아내는 진리가 도덕적 감각에 의해 직관적으로 파악하는 진리와 다르지 않음을 알 때, 사람의 인생 문제에 빛의 홍수가 쏟아진다. 이렇게 되면, 기쁨과 슬픔을 느끼면서, 일하고 애쓰면서, 희망과 두려움을 가지면서, 단순한 감각 이상의 무엇인가를 느끼면서, 여러 가지 다른 교리 속에서도 무언가 공통의 느낌을 형성하면서, 지구 상에 과거에도 살았고 현재에도 사는 우리와 다름없는 수많은 인간이 무의미한 존재로 보이지는 않을 것이다.

모든 분야의 과학이 보여 주는 위대한 사실은 그 법칙의 보편성이다. 천문학자는 사과가 떨어지거나 천체가 움직이거나 동일한 법칙이 적용됨을 알며, 우리가 인식할 수 있는 좁은 범위 내에서나 천문학의 대상이 되는 무한한 우주에 있어서나 역시 동일한 법칙이 적용됨을 안다. 천체망원경의 관측거리 내로 천체 하나가 나타났다가 다시 사라졌다고 하자. 관측거리 내에서의 움직임만으로는 법칙에 맞지 않는다고 할 때 천문학자는 이를 예외적인 현상이라고 생각하고 마는가? 그렇지 않다. 망원경으로 관측한 것은 궤도의 일부라고 보고, 관측한 것 이외의 운동에 대해서도 천체의 운동법칙을 적용한다. 천문학자는 계산을 통해 그 움직임을 추측하며 수 세기 후에 사실로 증명된다.

인간의 사회생활을 지배하는 법칙을 탐구해 보면 큰 사회에서나 작은 사회에서나 같은 법칙이 적용됨을 알게 된다. 처음에는 예외적인 현상으로 보이는 것도 동일한 원리의 표현이라는 사실을 알게 된다. 어느 곳에서든 사회법칙은 도덕법칙에 부합하며, 사회생활에서 정의에는 반드시 보상이 돌아가고 불의에는 반드시 벌이 돌아간다는 사실을 알게 된다.

정치경제학의 법칙도 자연현상과 마찬가지로 정신발전의 법칙과 조화를 이룬다. 발전은 필연적 · 타율적으로 이루어지는 진보가 아니라 인간의 의지력이 일차적인 추진력이 되어 이루어지는 진보이다. 그러나 우리가 아는 바와 같이 정신은 쉽사리 발전하지 않는다. 정신은 육체가 쇠퇴하기 시작해야 깨인다. 육체의 죽음과 더불어 세상을 떠날 무렵이 되어야 정신은 자신 앞에 펼쳐진 광대한 영역을 어렴풋이나마 감지하게 되고, 비로소 자신의 힘을 깨닫고 사용하며 관계를 인식하고 이해의 폭을 넓히기 시작한다. 그러다가 육체의 사망과 더불어 정신도 떠나고 만다. 만일 죽음 이후의 무엇인가가 없다면 이것으로 중단이자 실패인 것처럼 보인다. 아무리 위대한 인물이 나타나서 자기 나름의 빛나는 인생을 살더라도 이 세상에서의 정신과 인격이 더 진전되지 않는다면, 어떤 목적성이 결여된 것으로 보인다. 그렇다면 우주의 질서와는 맞지 않는다.

우리는 정신의 기본법칙에(정치경제학의 법칙도 실은 여기에서 추론된 것임) 의해 수단에는 반드시 어떤 목적이 있음을 안다. 인간이 더 높은 수준으로 고양되지 않는다면 인간이 왜 존재하는지 이해할 수 없게 된다. 존재 이유를 찾고자 하는 형이상학적 욕구는 아주 강하기 때문에, 이 세상에서의 삶이 전부라고 생각하는 사람도 개인의 존재 이유는 인류라는 종種의 완성에 있다고 생각한다. 그러나 앞에서 간략하게 언급하였듯이 인류라는 종은 본질적으로 그 본성에 있어 개선이 이루어지는 종이 아니다. 인간의 진보는 인간 본성의 개선을 의미하지 않는다. 문명으로 향하는 발전은 인간 개체의 변화가 아니라 사회의 변화이다. 따라서 사회발전의 결과는 영구적으로 고정되지 않으며 시간의 흐름에 따라 사라진다. 아니 항상 사라지고 있다고 해야 더 정확할 것이다.

그리면 인생, 필연적으로 죽음에 의해 한성되기 마련인 인생의 의미는 무엇인가? 인생은 다른 생으로 나아가기 위한 통로요 관문이라고 해야만 이해가 된다고 생각한다. 지금까지의 논의를 통해서 희미하게나마 어떤 궁극적 관계에 대한 감을 잡게 되었다. 그러나 이것은 상징이나 비유로 표현할 수밖에 없다.

오늘날 세계를 돌아보라.

우리 문명사회에서도 옛 비유가 의미를 가지며 옛 신화가 맞아떨어진다. 의무의 길은 죽음의 골짜기로 향하고 기독교도와 성실한 신자도 허영의 시장Vanity Fair으로 걸어가며 위대한 정신의 갑옷이 쨍그렁 소리를 낸다.번연의 『천로역정』에 나오는 비유로서, 올바른 삶의 어려움을 나타냄 빛의 왕자Ormuzd는 어둠의 신Ahriman과 싸운다.조로아스터교의 신화에 나오는 비유 들으려고 하는 사람의 귀에는 전쟁의 나팔소리가 울린다.

이 나팔소리는 울리고 또 울려서 드디어 듣는 사람의 가슴이 끓어오른다. 지금 세계에는 강한 정신과 고결한 노력이 필요하다. 미녀는 아직도 감옥에 갇혀 있고, 인생에서 피어나는 진선미를 철의 수레바퀴가 깔아 뭉게고 있다.

빛의 왕자의 편에서 투쟁하는 사람은 지금은 서로를 잘 모를지라도 언젠가 어디선가 힘을 합할 날이 반드시 올 것이다.

부록

헨리 조지 약력

이 글은 아래 책에서 요약한 것임.
Louis F. Post, *The Prophet of San Francisco*, Chicago, 1904.

헨리 조지는 1839년 9월 2일 미국 필라델피아에서 출생하였다. 초등학교를 마치고 중학교에 진학한 후 5개월 만에 학교를 그만두었다. 2년 동안 사환으로 일했고 열여섯 살 때에는 외항선에 평선원으로 취직하여 멀리 호주까지 항해하기도 하였다. 그 후 필라델피아에 돌아와서 인쇄술을 익히다가 다시 선원이 되었다.

항해 끝에 캘리포니아 주에 도착하여 샌프란시스코에서 살다가 브리티쉬 컬럼비아British Columbia, 캐나다 서남부 지역의 주로 가서 1858년 프레이저 강Frazer River에서 일어난 금 열풍에 합세하였다. 금 캐기에 실패하고 샌프란시스코에 돌아가서 얼마 후 결혼을 했으며 자녀는 모두 여기에서 태어났다.

이후 몇 해 동안 찢어지게 가난한 생활을 하였는데 조지가 게으르거나 절약심이 없어 그렇게 된 것은 아니었다. 그는 부지런한 사람이었으며, 담배 피우는 것이 악이 아니라면 아무런 악에도 물들지 않았다. 그러나 집필생활을 시작하면서부터 생활이 조금씩 나아졌다. 조지는 집필생활에 대한 준비가 잘되어 있었다. 필라델피아 중학교를 중퇴한 후부터 계속해서 많은 독서를 했었으며 혼자 힘으로 면밀한 연구와 각고의 노력을 통해 여러 심각한 문제점에 관해 분명하고 힘차고 감동적인 글을 쓰는 훈련을 했었다.

조지는 1860년대 후반에 뉴욕에 갔다가 사회문제가 굉장히 심각한 것을 보고 크게 각성하게 되었다. 그는 애국적인 상상을 통해, 미국 진보의 중심이라고 할 수 있는 뉴욕에는 진보에 따른 혜택이 가장 뚜렷하게 나타날 것으로 생각했었다. 뉴욕의 내면을 잘 아는 사람이라면 이때 조지가 느낀 실망이 어느 정도인지를 이해할 수 있을 것이다. 조지가 본 물질적 번영은 기대를 훨씬 초과하였다. 뉴욕의 부는 대단했고 안락함은 사치스러울 정도였다. 그러나 부는 제대로 분배되지 않았으며 안락함은 확산되지 않았다. 한편에서는 거짓말 같은 부자가 있었으나 다른 편에서는 빈곤이 너무나 심해서 그 희생자는 빈곤에서 벗어날 희망도 엄두도 내지 못할 정도였다. 또 두 계층 모두 빈곤에 대해 끔찍스러운 공포심을 갖고 있었는데 이러한 공포심은 빈곤 그 자체보다 더 악성이라고 할 정도였다.

샌프란시스코 타임즈의 인쇄부서에서 일하던 중 노아 브룩스Noah Brooks 주간에게 문장력을 인정받아 신문 기사를 쓰게 되었다. 얼마 후에는 사설도 쓰게 되었으며 6개월 후에는 브룩스를 이어 주간이 된 사람의 밑에서 편집책임자로 승진하였다. 또 잡지에도 글을 썼는데 1868년 『오버랜드 먼슬리』*Overland Monthly*에 실은 기사에, 후일 명성을 얻게 된 토지 문제에 관한 견해가 처음 등장하였다.

1871년 말에 윌리엄 힌턴William M. Hinton의 도움을 받아 샌프란시스코에서 「이브닝 포스트」Evening Post를 발행하게 되었다. 이는 로키산맥 서부의 유일한 유가지로서 한 부에 1센트였다. 신문은 대성공을 거두었으나 자본이 달려서 규모를 확장할 수 없었다. 이때 어떤 부유한 상원의원이 자금을 대겠다고 제의해 왔다. 신문사는 4년간 성공적으로 운영되었는데 샌프란시스코에 일시적인 자금난이 발생했을 때 그 상원의원은 돌연 자금을 갚든지 신문사를 자기에게 넘기든지 하라고 요구했다. 이것은 사업상의 요구가 아니었다. 다른 사람은 자금난으로 고생했지만 이 상원의원은 그렇지 않았다. 상원의원은 조지에게 태평양지역 철도회사 연합체에 대한 입장을 바꾸어 그 독점을 지지하는 조건하에 편집을 계속 맡도록 제의해 왔다. 조지는 이 제의를 거절했다.

그후 주지사 어윈Irwin이 조지를 내무부 공무원으로 임명했다. 조지는 이로 인해 비교적 여유를 갖게 되었고 1877년 8월부터 1879년 3월까지 『진보와 빈곤』을 열심히 집필했다. 이 원고는 몇 군데의 출판사에서 거절당했기 때문에 조지가 대부분을 스스로 조판하면서 자비로 출판하였다. 그 후 미국의 한 출판사와 영국의 한 출판사가 출판하였다. 처음에는 판매가 저조했으나 곧 실적이 올라 4년 내에 두 나라에서 수십만 부가 팔렸으며 대부분의 문명국어로 번역이 되었다.

『아일랜드의 토지문제』*The Irish Land Question*, 지금은 『토지문제』(*Land Question*)라고 부름가 곧이어 출판되었고 이어서 『사회문제』*Social Problems*도 출판되었다. 이 책들은 「일러스트레이티드 뉴스페이퍼」Illustrated Newspaper에 연재했던 논설을 모은 것이다. 그 후 『보호무역과 자유무역』*Protection or Free Trade*이 출판되었는데 이 책은 초고가 거의 완성되었을 무렵 원고를 분실하여 출판이 지연되기도 했다. 몇 년 후 『노동자의 상태』*The Condition of Labor*가 출판되었는데 이 책은 교황 레오 13세가 발표한 회칙 「노동자의 상태」에 대한 공개서한의 형식을 취했다. 그 후에 『갈피를 잃은 철학자』*A Perplexed Philosopher*가 나왔는데 이 책은 허버트 스펜서Herbert Spencer의 철학 중 토지문제에 관련된 부분을 비판하는 내용이다. 끝으로 『정치경제학』*The Science of Political Economy*이 그의 사후에 아들에 의해 출판되었다.

1881년 조지는 샌프란시스코에서 뉴욕으로 이사했다. 그 후 영국, 스코틀랜드, 아일랜드, 호주 등지를 여행하면서 연설하여 많은 청중의 호응을 얻었다.

1886년에는 노동단체의 후보로서 뉴욕 시장에 출마하였다. 조지의 입후보는 유권자 34,000명의 서명을 받아 이루어졌는데 여기에 놀란 민주당은 당내의 두 파벌이 단합하여 애브럼 휴위트Abram S. Hewitt를 후보로 지명했다. 선거 결과 휴위트가 90,552표를 얻어 당선하고, 후에 미국 대통령이 된 루즈벨트Theodore Roosevelt가 60,435표를, 조지가 그보다 많은 68,110표를 얻었다. 조지 측에서는 선거부정 때문에 낙선한 것이라고 믿었는데 여기에는 상당한 근거가 있었다.

1897년 대뉴욕Greater New York이 창설되자 다시 노동단체의 후보가 되어 태머니 홀Tammany Hall과 경쟁하였다.(태머니 홀은 당시 강력하고 부패했던 정치집단을 의미한다. - 번역자) 그런데 계속적인 집필, 여행, 강연으로 조지의 몸은 아주 쇠약해져 있었다. 선거운동을 하면 치명적인 결과가 생길 가능성이 많다고 의사가 경고했지만 조지는 계속 투쟁했다. 그 이유는 노동자들이 그의 운동을 적극 밀었기 때문이기도 하고 또 자신이 당선되면 뉴욕의 불명예를 벗겨 줄 수 있으며 항상 그의 마음속에 최고의 가치로 자리잡고 있던 제도를 실현시킬 수 있다고 믿었기 때문이기도 하다.

그러나 피로가 지나쳤다. 선거 4일 전인 1897년 10월 29일, 이른 아침에 최후가 왔다. 그는 전날 저녁에도 몇 군데 회합에서 연설을 하였다. 한 회합에서 사회자는 조지를 '노동자의 위대한 친구'라고 소개하였다. 조지는 대중 선동가가 아니었다. 부유층의 편도 빈민층의 편도 아니었다. 조지는 허약한 몸으로 연단에 나왔으나 그의 목소리는 점차로 힘을 더하면서 실내에 울려 퍼졌다. "저는 노동자의 특별한 친구라고 자처한 적이 없습니다. 노동자에게 특권을 달라는 요구는 하지 맙시다. 노동자는 특권이 필요없습니다. 또 저는 노동자 계층을 위해 특별한 권리나 이익을 옹호하거나 요구한 일이 없습니다. 모든 사람의 평등한 권리를 대변할 뿐입니다."

지공주의地公主義

헨리 조지 사상의 현대적 해석

목차

헨리 조지가 『진보와 빈곤』을 출판한 지 133년이 지났지만 그 속에 담긴 진리는 여전히 유효하다. 다만 불변의 진리도 시대 상황이 달라지면 새로운 의미를 가질 수 있고 독자에 따라 새로운 해석을 통해 전달하는 게 더 설득력을 가질 수도 있다. 그런 의미에서 이 글은 지공주의, 즉 헨리 조지의 토지사상을 오늘날 우리의 시각에서 해석하고 해설한다. 글 내용을 요약하면 다음과 같다.

- 개인에게 최대한의 자유를 보장하고 정부 간섭을 최소화해야 한다고 보는 가장 우파적인 분배관을 취하더라도 지공주의가 필연적으로 도출된다.
- 지공주의의 구체적인 내용을 담은 토지원리 중 토지소유로 인한 특

별이익을 환수한다는 조건을 충족시키기 위한 이상적인 수단은 지대세이다. 그러나 토지 사유가 정착된 현실에서는 지대이자차액세, 일명 '국토보유세'를 도입하는 것이 좋다.

- 토지원리는 토지만이 아니라 자연 전반 및 공권력에 확대 적용해야 할 원리다. 또 지대를 재원으로 하면 재분배 없는 사회보장도 설계할 수 있다.
- 지공주의는 자본주의보다 더 시장친화적이고, 좌파의 가치를 우파의 방법으로 달성하는 좌도우기의 사상이며, 자본주의와 사회주의를 지양하는 제3의 이데올로기이다.
- 지공주의에 대한 대표적인 비판에 대해 해명한다.

1. 평등한 자유

사람은 소득, 권력, 명예, 성적, 안전과 같은 가치를 더 많이 획득하려고 하지만 그 분배결과는 균등하지 않다. 분배 격차 중에는 공정한 격차가 있고 그렇지 않은 격차도 있을 것인데, 그렇다면 공정한 격차란 어떤 것일까?

분배에 영향을 주는 개인적 원인 중에는 본인의 선택에 의해 결정되는 원인도 있고 그와는 무관하게 외부로부터 주어지는 원인도 있다. 또 원인을 노력, 능력, 운의 세 가지로 나눌 수도 있다. 두 사람이 같은 정도의 노력을 한다고 해도 결과는 능력에 따라 차이가 나고 운에 의해서도 차이가 난다는 것이다.

여기서 능력이란 인간에게 체화된 실력을 말하고 운이란 인생에 작용하는 우연한 요소를 의미한다. 그런데 능력은 노력을 통해 형성되기도 하지만 노력과 무관하게 운에 의해, 예를 들면 천부적 소질이나 생장환경에 의해 영향을 받기도 한다. 그러므로 노력은 선택의 영역에, 운은 여건의 영역에 속하고, 능력은 선택과 여건의 두 영역에 걸쳐 존재한다.

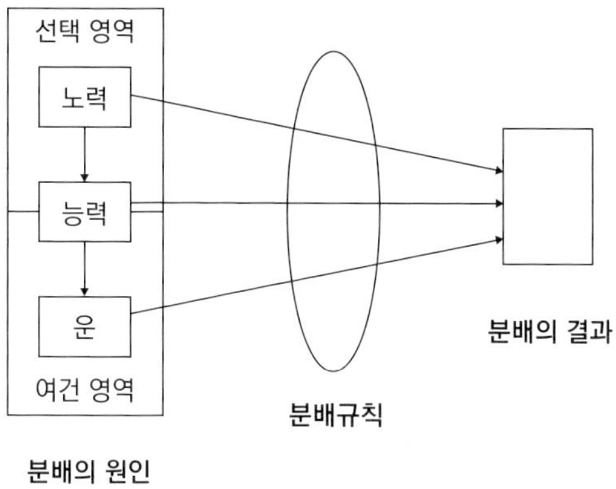

〈그림 1〉 분배의 원인과 결과 그리고 분배규칙

분배의 개인적 원인과 결과의 관계에 영향을 미치는 사회제도를 분배규칙이라고 하자. 마치 빛이 프리즘을 통과하면서 굴절하듯이 노력, 능력, 운이 분배규칙에 따라 다른 결과를 낳게 된다. 이러한 관계를 〈그림 1〉과 같이 나타낼 수 있다.

분배규칙은 여건 영역에 속하는 원인에 의한 결과의 격차를 어느 정도 인정할 것인가를 기준으로 세 유형으로 나눌 수 있다. 순전히 선택에 의해 발생하는 격차만을 인정하는 분배규칙이 있는가 하면, 노력과 능력은 물론 운에 의한 격차까지 모두 인정하는 분배규칙도 있다. 양자의 중간에 노력 이외에 능력의 차이에 의해 발생하는 격차까지 인정하는 분배규칙이 있다. 정리하면 〈표 1〉과 같다.

이 표에서 선택형-능력형-여건형의 스펙트럼은 분배에 대한 정부 개입의 정도와 일치하며 오른쪽으로 갈수록 정부 개입이 줄어든다. 이렇게 볼 때 여건형 분배규칙은 경제적으로는 신자유주의neo-liberalism, 철학적으로는 최대자유주의libertarianism로 불리는 입장에서 선호하는 분배규칙이다. 이런 사상을 대표하는 경제학자로 프리드먼Milton Friedman을 꼽는

〈표 1〉 분배규칙의 유형

격차의 원인		분배 격차의 인정 여부		
		선택형	능력형	여건형
선택의 영역	노력	인정	인정	인정
	능력	인정	인정	인정
여건의 영역	능력	–	인정	인정
	운	–	–	인정

데 이견이 없을 것인데, 그는 자신의 철학을 이렇게 표현하였다.Friedman, 1962: 195

> 자유주의 철학의 핵심은 개인의 존엄성에 대한 믿음이며, 자신과 동등한 행위를 하려는 다른 사람의 자유를 방해하지 않는 조건만 충족되면 각자 원하는 바에 따라 능력과 기회를 최대한 발휘할 수 있는 자유에 대한 믿음이다. … 모든 사람은 평등한 자유를 갖는다는 뜻이다.

이처럼 프리드먼의 기본 철학은 '개인 자유의 확대'와 '평등한 자유'로 요약할 수 있다. 평등한 자유란 아래 인용문에 나타나 있듯이 기회균등과 같은 뜻이다.Friedman, 1980: 132

> 평등은 기회의 평등이며 이는 각자 목적을 추구하는 능력의 활용을 가로막아서는 안 된다는 뜻이다. 기회의 평등은 인격의 평등과 마찬가지로 자유와 충돌되지 않는다. 오히려 자유의 본질적 요소이다.

즉 프리드먼은 '최대의 자유를 평등하게 보장'하는 사회제도를 이상으로 생각한다. 이 점은 모든 최대자유주의자에 공통적이며, 우리나라 경제학자의 상당수도 프리드먼의 이상을 공유하는 것으로 보인다.

위에서 든 세 요인 즉 노력, 능력, 운 외에 특권 또는 차별도 분배 결과에 큰 영향을 준다. 동일한 능력을 가진 두 사람이 같은 노력을 하고 동일한 운이 작용하더라도 누군가가 더 많이 차지할 수 있도록 하는 사회제도가 있으면 분배 결과는 당연히 달라진다. 노예제도, 신분제도 등이 그러한 예이고 공식제도는 아니더라도 사실상 특권이나 차별로 작용하는 경우, 예를 들면 학벌도 있다. 그러나 오늘날 이러한 특권과 차별을 정당하다고 인정하는 사람은 없으므로 논의에서 제외하기로 한다.

2. 지공주의

프리드먼처럼 평등한 자유를 전제한다면, 타인을 불리하게 하지 않는 방법으로 취득한 것은 취득자가 소유할 수 있다. 그렇다면 생산물은 생산자가 소유할 수 있고 또 소유해야 한다. 생산물을 생산자의 의사와 무관하게 다른 사람이 소유한다면 생산자는 노예와 다름없으므로 생산자와 소유자의 자유가 평등하지 않게 된다. 또한 생산자가 자발적으로 서로의 생산물을 교환할 경우에도 각자 교환물을 소유할 수 있다. 타인을 불리하지 않게 하는 가운데 취득한 것이기 때문이다. 그렇다면 정당한 소유의 근거는 생산과 자발적 교환이다. 다만, 위에서 보았듯이 생산자가 생산 결과 중 어디까지를 소유할 수 있는지에 대해서 입장이 다를 뿐이다. 그런데 생산과 교환이라는 소유의 근거로는 토지 소유를 인정할 수 없다. 토지는 사람이 생산한 것이 아니기 때문이다. 그러므로 토지 등 자연물에 대해서는 생산물과는 다른 특별한 고려가 필요하다.

평등한 자유에 따르면 토지와 같이 천부된 자연에 대한 기회는 균등해야 한다. 예를 들어 누군가 토지를 사용하려면 타인에게도 동등한 사용 기회가 보장되어 있어야 한다는 것이다. 타인에게 보장하지 않는 기회를 자신만

이 누린다면 타인보다 더 큰 자유를 갖는 것이고 따라서 평등한 자유에 어긋난다. 그러면 평등한 자유에 어긋나지 않으려면 어떻게 해야 할 것인가?

토지를 모든 국민이 공동으로 사용하고 그 결과를 공유하는 것도 한 방법이 된다. 그러나 토지는 그 특성상 단독사용이 더 적절한 경우도 많다. 예컨대 주택 등 사적인 생활공간을 여러 가족이 공동으로 사용하기는 어렵고 농지도 공동으로 사용하기보다 단독으로 사용할 경우에 훨씬 생산성이 높아진다. 이런 이유로 인해 사회가 토지의 단독사용을 인정하기로 합의할 수 있다. 이처럼 특정인에게 우선권을 부여하면서 동시에 평등한 자유를 침해하지 않으려면 특수한 조건이 필요하게 된다.

특수 조건이란 다음 세 가지이다. 첫째로, 모든 국민이 토지를 취득할 수 있는 균등한 기회를 가져야 한다는 것이다. 그런데 취득기회가 균등하기만 하면 충분한가? 토지를 취득하고 싶은 사람이 여러 명일 때 취득기회를 균등하게 만드는 한 방법으로 추첨을 들 수 있을 것이다. 공평한 추첨을 통해 갑이 좋은 땅을 차지하고 을과 병은 그보다 못한 땅을 취득했다고 하자. 이럴 때 갑, 을, 병이 동일한 능력으로 동일한 노력을 하고 운이 동일하게 작용하더라도 갑의 기대 이익은 다른 두 사람보다 크다. 나아가 토지소유가 장기화되고 심지어 상속까지 허용한다고 하면 갑과 다른 두 사람의 당대는 물론 그 후손에 이르기까지 매우 불평등한 삶이 계속될 것으로 전망된다. 취득이 추첨에 의해 이루어졌다고 하더라도 이걸 기회균등이라고 볼 수는 없다. 더구나 추첨 당시에 태어나지 않은 후손은 아예 추첨에 참여도 못했기 때문에 이들에게 기회균등이라는 말은 전혀 어울리지 않는다.

토지 취득으로 얻는 권리처럼 자신의 노력과 무관하게 타인보다 유리해질 수 있는 권리는 '특권'이다. 특권의 취득기회가 균등하다고 하더라도 특권으로 인한 유·불리를 상쇄할 수 있는 무엇이 추가되어야 한다. 즉 토지 취득을 허용하기 위해서는 취득기회의 균등이라는 조건 이외에 특권이익을 환수하여 모든 사람을 위해 공평하게 사용한다는 조건을 추가해야 한다. 토지의 경우 이런 특권이익의 크기는 지대와 같다.

셋째로, 토지의 단독사용권은 생산자의 권리에 의해 당연히 발생하는 것이 아니라 필요한 경우에 사회적 합의에 의해 인정하는 것이므로 토지 취득자의 권리는 그 취지의 범위 내에서만 인정된다. 즉 토지 취득자는 단독사용권을 인정하는 사회적 취지에 적합하게 토지를 사용해야 한다는 것이다.

평등한 자유에 부합하는 토지원리를 정리하면 다음과 같다.

토지원리

① (평등한 토지권) 모든 국민은 토지에 대해서 평등한 권리를 가진다.

② (합의에 의한 우선권 인정) 필요하면 사회적 합의에 의해 특정인에게 우선권을 인정할 수 있다.

③ (우선권 인정의 조건) 사회가 특정인에게 우선권을 인정하려면 다음 조건을 충족시켜야 한다.

㉮ (취득기회 균등) 모든 사람에게 우선권 취득기회를 균등하게 보장한다.

㉯ (특별이익 환수) 우선권에서 발생하는 특별이익을 환수하여 공평하게 사용한다.

㉰ (사회적 제약) 우선권 행사는 우선권을 인정하는 취지에 부합해야 한다.

위의 토지원리를 내용으로 하는 사상을 필자는 지공주의地公主義라고 부른다. 토지원리 가운데 오늘날 가장 심하게 무시되고 있는 것은 ③의 ㉯, 즉 특별이익 환수 조건이다. 이 조건을 지키지 않으면 토지에서 막대한 불로소득이 발생하며 그로 인해 투기, 빈부격차, 경제효율 훼손 등 심각한 사회적 병폐가 생긴다. 이는 1960년대부터 반세기 가까이 우리 눈앞에서 실증된 바 있다. 그런 점에서 아래에서는 특별이익 환수 조건에 초점을 맞추기로 한다.

〈표 2〉 토지소유제도의 유형

소유권의 권능	사유제	가치공유제	공공임대제	공유제
사용권	사	사	사	공
처분권	사	사	공	공
(토지가치)수익권	사	공	공	공

3. 지대세

토지소유제도를 소유권 권능의 귀속처에 따라 〈표 2〉와 같이 나눌 수 있다.

이 표에서 소유권의 권능 중 수익권은 (민법의 일반적인 정의와는 달리) 토지가치, 즉 지대 및 지가의 수익권을 의미한다. 토지소유제도 중에서 토지가치를 토지소유자에게 귀속시키는 토지사유제는 토지원리 ③의 ㉯, 즉 특별이익 환수 조건에 당연히 위배된다. 반면 토지공유제는 개인에게 토지 우선권을 배분하지 않으므로 토지원리 ③과는 무관하다. 따라서 ③의 ㉯를 충족시키는 제도는 토지가치공유제와 토지공공임대제이다.

또 둘 중에서도, 토지사유제를 실시하고 있는 우리 실정에서는 토지가치공유제가 더 현실적이다. 다른 토지소유제도보다 현행 제도와 가까워서 적용이 쉽기 때문이다. 그러나 이미 토지가 국공유화되어 있는 북한과 같은 사회라면 현 제도와 가까운 토지공공임대제를 도입하는 것이 더 쉬울 것이다.

토지사유제가 형성되기 전의 사회에서는 토지원리 ③의 ㉯를 "지대를 환수하여 국민이 공유한다"라고 표현해도 된다. 지가를 지불하지 않고 취득한 토지의 경우 "우선권에서 발생하는 특별이익"은 지대와 같기 때문이다. 여기서 지대는 토지의 잠재적인 임대가치다. 이 원리에 따라, 지대를 과표로 하여 100%의 세율을 적용하는 토지보유세를 필자는 '지대세'

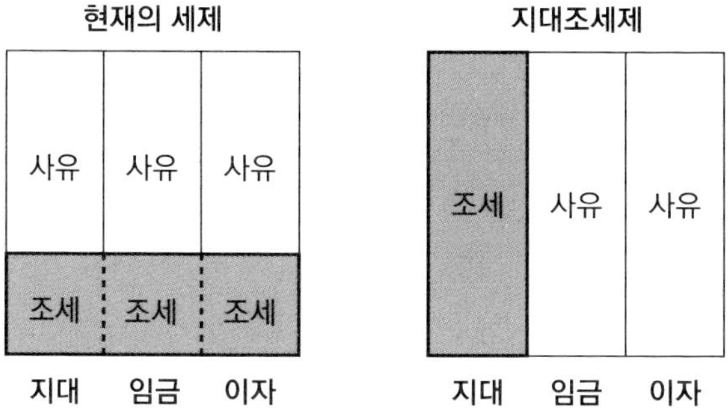

〈그림 2〉 세제의 비교

라고 부른다. 또 지대세를 최우선적인 조세로 삼는 세제를 필자는 '지대조세제'라고 부른다.[1]

현재의 세제와 지대조세제를 비교하면 〈그림 2〉와 같다.

이 그림은 지대만으로 세수가 충분할 경우를 나타내며, 세수가 불충분하다면 임금과 이자에도 추가로 과세하게 된다. 추가세액은 물론 지금보다는 매우 적은 금액이 된다.[2]

토지소유제도가 형성되기 전의 원초적인 상태에서는 지대세를 바로 도입하는 것이 좋지만, 현재처럼 토지사유제가 확립되어 버린 상태에서는 완전한 지대세로 바로 가기는 어렵다. 지대를 모두 환수하면 토지 매매가격이 0이 되어 사회에 큰 충격을 줄 수 있기 때문이다. 그렇다면 지대세는 상당한 시간에 걸쳐 점진적으로 도입할 수밖에 없다. 지대세율을 낮은 수준에서 시작하여 서서히 인상하면서, 경제에 부담을 주는 다른 세금을 지대세로 서서히 대체해 나가는 것이다.

---

1 지공주의의 원조라고 할 수 있는 헨리 조지Henry George는 이 제도를 'land value taxation'이라 불렀고 우리나라에서는 '토지가치세제'라고 번역하기도 한다.

2 헨리 조지가 활약했던 19세기 후반 미국에서는 지대 총액이 모든 정부 재정을 충당하고 남는다고 보았기 때문에 지대세를 토지단일세single tax라고 부르기도 했다.

4. 지대이자차액세 또는 국토보유세

지대세를 서서히 도입한다고 해도 결국은 지가가 0이 되는데, 토지사유제하에서 부득이 토지를 매입하였던 실수요자 입장에서 보면 억울하다고 생각할 수 있다. 이런 사정을 감안하여 현 토지소유자를 보호하는 범위 내에서 토지 불로소득을 환수하기로 한다면 '국토보유세'가 좋은 대안이 된다.

토지원리 ③의 ㈏는 그 누구도 단순히 토지를 소유한다는 이유만으로 불로소득을 얻어서는 안 된다는 취지를 가지고 있다. 토지사유제 사회에서도 토지 매매시장이 완벽하다면 이 취지를 살릴 수 있다. 토지의 매매가격, 즉 지가는 모든 미래의 지대를 자본화한 금액이므로, 지가가 완벽하다면 지가를 지불하고 토지를 취득한 토지소유자는 특별한 이익을 얻을 수 없다는 것이다.

그러나 현실의 토지 매매시장은 극히 불완전한 시장이다. 사회변동이 인간의 미래 예측 능력을 초과하는 경우에는 지가가 미래의 지대를 제대로 반영하지 못하고 그로 인해 토지 불로소득이 발생한다. 변화가 거의 없이 안정되어 있는 사회에서는 미래 예측이 그다지 어렵지 않기 때문에 토지 불로소득은 국지적 또는 일시적으로 발생할 뿐이다. 그러나 오늘날처럼 사회변화가 급격한 경우에는 토지 불로소득이 광역적으로 그리고 만성적으로 발생한다.

이러한 현실 토지 매매시장의 흠결을 보완하여, 완전한 시장에서 나타날 상태, 즉 토지 불로소득이 존재하지 않는 상태를 만들어 줄 필요가 있다. 토지 불로소득은 '토지를 단순히 보유, 매매함으로써 얻는 특별한 이익'으로서 그 크기는 토지소유자의 수입에서 비용을 뺀 금액과 같다. 예를 들어 자금을 빌려서 토지를 매입한 후 그 토지를 임대하고 있다가 일정 기간 후 매각하고 빌린 돈을 갚는 경우를 생각해 보자. 그러면 토지소유자는 토지를 소유하고 있는 동안 임대료 수입을 얻고 토지를 매각할 때 매각지가 수입을 얻는다. 한편 토지소유자는 토지소유 기간 동안 이자를 불나가 토지를 매각한 후 차입금을 상환하므로 이자와 매입지가가 비용이 된다.

이런 사실을 식으로 정리하면 아래와 같다. 토지 임대료 수입은 '지대'라는 용어로 바꾸어 표시하기로 한다.

토지 불로소득 = 토지소유자의 수입 - 토지소유자의 비용
= (지대 + 매각지가) - (매입지가 + 매입지가에 대한 이자)
= (지대 - 매입지가에 대한 이자) + (매각지가 - 매입지가)
= 지대이자차액 + 매매차액

위의 예에서는 돈을 빌려서 토지를 매입한 후 임대한다고 가정했지만, 토지를 자기 돈으로 매입하고 소유자 자신이 사용하더라도 결과는 같다. 자기 돈으로 매입하더라도 그 돈을 다른 용도로 사용할 경우에 얻을 수 있는 금액, 즉 이자만큼은 기회비용으로서 역시 비용이 된다. 또 토지를 자신이 사용하더라도 지대만큼의 이익이 생기는데, 이런 이익은 귀속지대로서 역시 수입이 된다.

위 식을 통해, 토지를 보유하는 동안에는 지대-이자 차액이, 토지를 매각할 때는 매매차액이 토지 불로소득으로 발생함을 알 수 있다(토지소유자가 부담하는 조세 등 토지 소유에 부수되는 다른 비용은 없다고 가정한다). 따라서 토지 불로소득을 완전히 환수하려면 토지를 보유하는 동안 지대-이자 차액을 징수하고 토지를 매각할 때 매매차액을 징수하면 된다. 그런데 지대-이자 차액을 징수하면 지가는 매입지가 수준에서 유지되어 매매차액이 거의 0이 되므로 지대-이자 차액만 징수해도 토지 불로소득 전체를 환수할 수 있다.[3]

3 지대-이자 차액을 징수할 때 지가가 일정하게 유지되는 이유에 대한 설명은 지면 관계상 생략한다. 졸저를 참조해 주기 바란다 (김윤상, 2009: 226-227).

지대-이자 차액을 징수하는 토지보유세를 '지대이자차액세'라고 불러도 되지만, 필자는 좀더 친근한 인상을 주기 위해 '국토보유세'라고 부르기로 한다. 국토보유세는 토지 취득자 입장에서 보면, 매입지가에 상응하는 금액을 보증금으로 예탁하고 토지를 취득한 후 보증금 이자를 공제한 임대료를 납부하다가 매각 시에 보증금을 찾아가는 것과 같다.

국토보유세는 지대에서 이자를 공제하고 나머지만 징수하기 때문에 지대세보다 금액이 당연히 적지만 공제하는 이자는 거의 일정하므로 지대가 상승한다면 징수액이 늘어난다. 전체 지대 중 징수액의 비율, 즉 지대환수율에 대해 모의실험한 결과는 이렇다. 이자율 연 5%인 사회에서 지대환수율이 75% 정도 되는 데 걸리는 시간은, 지대상승률이 연 3%이면 50년, 5%이면 30년, 7%이면 20년이다.김윤상, 2009: 330

국토보유세는 지가를 매입지가 수준에서 일정하게 유지시키기 때문에 단기간에 도입해도 사회에 충격을 주지 않는다. 지대세를 서서히 도입할 경우에는 과도기에 양도소득세, 개발부담금 등의 부작용이 있는 방법을 쓸 수밖에 없지만, 국토보유세는 그럴 필요가 없이 도입 즉시 토지 불로소득을 완전히 환수하게 된다. 이런 이유에서 필자는 지공주의를 현실에 연착륙시킬 수 있는 수단으로 국토보유세를 선호한다.

5. 지공주의의 확대 적용

지공주의의 토지원리는 자연 전반에 적용하는 자연원리로 폭을 넓히고 지대조세제는 자연조세제로 확대할 수 있다. 여기에서 자연은 다음과 같은 세 가지 종류로 나누어 볼 수 있다. 첫째로 넓은 의미의 토지가 있다. 여기에는 좁은 의미의 토지 이외에 토지처럼 위치와 존재량이 고정되어 있는 자연이 포함된다. 고정되어 있는 자연에 대한 사용 수요가 늘어나면 혼잡이 발생하고 그에 따라 지대가 발생한다. 오늘날 혼잡이 발생하는 새로운 예로는 전파대역, 위성궤도 등을 들 수 있다. 전파대역은 라디오, 텔

레비전, 이동통신 등의 전파를 실어 나르는 통로이기 때문에 오늘날 수요가 급속히 늘어나고 있어 주목된다. 이런 종류의 자연을 특정인이 단독으로 사용하면 타인을 배제하는 결과가 생긴다는 점에서 토지와 공통된다. 따라서 환수의 대상은 배제의 대가인 지대가 된다.

둘째로 토지 이외의 천연자원이 있다. 예를 들면 광물, 석유, 천연 동식물, 오존층 등이다. 이 종류의 공통성은 특정인의 사용이 타인을 배제한다는 점 이외에 사용에 의해 존재량이 줄어들기 때문에 후손도 배제한다는 점이다. 따라서 환수액은 지대 이외에 고갈 피해액 내지 자원대체 비용이 된다. 오존층의 파괴는 다음에서 언급하는 오염 대상의 하나이기도 하지만 고갈될 뿐 회복이 되지 않는다는 점에서 천연자원에 포함시켰다.

셋째로 오염 대상으로서의 환경이 있다. 예를 들면 공기, 물 등이다. 이 종류의 공통성은 특정인의 사용이 타인을 배제한다는 점 이외에 사용에 의해 오염되기 때문에 후손을 배제한다는 점이다. 따라서 환수의 대상은 지대 이외에 오염 피해액 내지 환경회복 비용이 된다.

요약하면 〈표 3〉과 같다.

또한 토지원리는 자연 이외에 개인의 노력에 의해서가 아니라 사회가 공동으로 창출한 공동의 자원에까지 확대 적용할 수 있다. 그 좋은 예로서 정부권력이 있다. 정부는 국민 전체의 이익을 위해 존재하고 정부의 권력은 국민이 각자의 자유를 유보하는 데 동의함으로써 정당화된다. 따라서 정부와 정부권력은 국민 공동의 자원이며 모든 국민은 정부 및 정부권력에 대해 평등한 권리를 가진다. 그런데 정부가 권력을 배경으로 특정 주체에게 어떤 우선권을 부여한다면 — 예를 들면 특허권 내지 독점권의 부여, 타 업체에 대한 진입장벽 설정, 특정 기업에 특혜 제공 등 — 이는 천부된 토지에 대한 단독사용을 인정하는 것과 같다. 그러므로 토지에 대한 단독사용을 인정할 경우와 동일한 조건이 이런 경우에도 적용되어야 한다. 즉 첫째로 모든 국민은 우선권을 취득할 균등한 기회를 가져야 하

〈표 3〉 토지, 천연자원, 환경의 비교

대상	사용 결과	형평 비교 대상	환수액의 내용
토지	배제	타인	지대
천연자원	배제+고갈	타인+후손	지대+고갈 피해액/자원대체비용
환경	배제+오염	타인+후손	지대+오염 피해액/환경회복비용

고 둘째로 우선권으로 인해 특별한 이익이 발생한다면 — 이런 이익을 경제학에서 '렌트'rent라고 한다 — 이를 환수해야 하며 셋째로 우선권자는 우선권을 인정하는 사회적 취지의 범위 내에서 권리를 행사하여야 한다는 조건이 그것이다.

6. 재분배 없는 사회보장도 가능하다

사회보장에 대해서는 소극론과 적극론이 팽팽하게 대립되고 있는데 소극론의 주된 근거는 사회보장을 위해서는 재분배가 불가피하여 개인의 자유를 침해하고 시장경제를 왜곡한다는 것이다. 그러나 지공주의를 채택하면 재분배 없는 사회보장이 가능하다.

토지는 국민 공동자산이다. 모든 국민은 토지에 대해 평등한 권리를 가지므로 지대에 대한 권리도 동등하다. 지대 또는 지대이자차액을 환수하여 조성하는 재원을 '지대기금'으로 부른다면 지대기금에 대한 개인별 지분의 크기도 당연히 동일하다. 그렇다면 인간에게 생래적으로 균등한 소득이 보장되어 있고 모든 국민은 자신의 소득으로 자신의 인생을 보장할 수 있다는 뜻이 된다. 즉 재분배 없는 사회보장이 가능하다는 것이다.

지대기금으로 사회보장을 하는 방법에는 여러 가지가 있을 것이다. 가장 단순하게는 모든 국민에게 동일한 금액을 나누어 주는 방법이 있다. 일부에서는 이런 배분금을 국민배당금citizens dividend이라고 부르기도 한다. 실제로 알래스카에서는 석유채굴세severance tax 수입을 주민에게 현금으로 나누어 주는 사례가 있다. 또 재원이 지대에 국한된 것은 아니지만, 모든 국민에게 일정한 최저소득을 동일하게 나누어 주자는 기본소득제 basic income가 유럽을 중심으로 제안되고 있기도 하다. 아무런 조건도 제약도 없이 모든 국민에게 일정액을 지급하는 이 방법은 소득 · 재산 조사 means-test가 필요 없다는 장점이 있다.

그러나 사회보장의 관점에서는 금액의 충분성 여부가 문제 된다. 지대기금에 대한 개인 지분이 인간다운 생활에 필요한 기초생활비에 미치지 않을 수 있다는 것이다. 더구나 지대기금의 일부를 사회보장 이외의 정부 비용으로도 사용한다면 부족액이 커질 수 있다. 그렇다면 특정 조건을 충족하는 소수에게만 실제 급여가 이루어지는 보험 방식을 설계해 볼 필요가 있다.

모든 사람에게 인간다운 최저생활을 보장하기 위한 보험을 '생존권보험'이라고 부르기로 한다. 생존권보험은 모든 국민이 수태 시점에 자동 가입하는 것으로 한다. 보험의 3대 요소인 보험료, 보험사고, 보험금은 다음과 같다. 첫째로, 보험료는 모든 국민이 자신의 지대 지분으로 지불한다. 실제로는 능률을 위해 지대기금을 관리하는 기구가 대납하게 될 것이다. 수태 전의 모든 잠재적인 인간은 불우한 인생에 처할 확률이 동일하기 때문에 보험료는 사람마다 다르지 않다. 보험료는 기초생활비, 소득분포, 지대기금의 크기, 지대기금 중 사회보장에 할애하는 비율 등에 따라 다르므로 사회적 합의를 통해 정한다. 둘째로, 보험사고는 소득이 인간다운 생활에 필요한 기초생활비에 미달하는 상태를 말한다. 기초생활비는 개인의 처지에 따라 다르게 정할 수 있다. 셋째로, 보험금은 기초생활비와 소득 간의 차액이 된다.

기초생활비 이상의 소득을 얻는 자에게 근로 유인을 부여하는 것이 필요하다면 근로장려금EITC, earned income tax credit에 준하는 금액을 지급하는 방안을 병행하는 것이 좋겠다. 보험 급여에 관한 세부적인 업무는 민간 회사에 맡겨도 된다. 여러 보험회사가 경쟁한다면 그만큼 국민의 선택 폭이 넓어진다. 자녀를 위해 최초로 가입할 경우에는 보험회사를 부모가 선택하겠지만, 자녀가 일정 연령 이상이 되면 본인의 판단에 따라 보험회사를 바꿀 수 있도록 한다.

생존권보험은 현재의 사회보장 중 국민기초생활보장, 국민연금과 기초노령연금 등 사회연금, 실업급여를 바로 대체할 수 있으며 설계하기에 따라서는 건강보험, 장기요양보험, 의료부조 등 의료 관련 사회보장, 산재보험 등도 대체할 수 있다. 나아가, 교육과 주거와 기본적인 문화생활의 보장을 위해서도 지대기금을 활용할 수 있다.

일반 보험과 달리 생존권보험의 보험사고에는 특수한 면이 있다. 보험사고 발생 여부를 판단하는 기간에 따라 판단의 결과가 달라질 수 있는 것이다. 예를 들어 스키장 시설을 임차하여 성공적으로 운영하는 업주가 있다고 할 때 1년간의 총소득을 보면 보험사고가 발생하지 않지만 여름철만 보면 보험사고가 발생한 것으로 오인할 수 있다. 또 인생에는 기복이 있기 마련이어서, 일생 동안 엄청난 소득이 있는 사람도 그중 몇 년간은 심각한 위기에 처하는 수가 있다. 일생을 단위로 하면 보험사고가 존재하지 않는데도 불구하고 단위 기간을 짧게 잡으면 반대의 결과가 나올 수 있는 것이다. 따라서 기초생활비 지급 여부는 1개월 내지 1년 정도의 단기로 판단하되, 시간 단위를 길게 잡아 그 기간의 총소득이 일정 수준 이상이면 보험사고가 발생하지 않은 것으로 보아 과거에 지급한 보험금을 환수하는 것이 옳다. 기초생활비 이상의 소득자에게 근로 유인을 부여하기 위해 근로장려금을 지급한다면 이 금액에 대해서도 상환 의무를 부과한다. 다만 상환 의무는 양도와 상속의 대상이 되지 않는 것으로 한다.

모든 보험금 수령자에게 상환 의무를 부과할 경우에 의무 이행을 원활하게 하기 위해 상환금 예치제도를 두어도 좋을 것이다. 현재 소득이 높은 사람이 앞으로 보험금을 수령할 경우에 지게 될 상환 의무에 대비하기 위해 미리 적립해 두는 제도를 말한다. 일생 동안 보험사고 없이 사는 사람도 많을 것이기 때문에, 이런 제도에 참여하도록 하기 위해서는 적절한 유인이 필요하다. 예를 들면 노령에 이르면 후한 이자를 쳐서 적립금을 되돌려 주는 것이다. 이렇게 한다면 상환금을 예치하는 사람은 노후 생활에 대비하여 좋은 조건의 연금에 가입한 것과 같은 결과가 된다.

7. 지공주의는 제3의 길

지공주의는 자본주의보다 더 시장친화적이다. 그 이유를 몇 가지 들어보면 다음과 같다. 지공주의는 생산물과 자연물을 구분함으로써 노력과 기여의 대가를 사유하도록 하는 진정한 사유재산제의 취지에 부합한다. 현실 토지시장의 제약 때문에 불가피하게 발생하는 토지 불로소득을 제거함으로써 완전경쟁시장에서 나타날 토지배분 상태를 이룩한다. 지대세 또는 국토보유세의 세수가 늘어남에 따라 초과부담을 야기하는 다른 조세를 감면함으로써 조세가 시장의 효율성에 미치는 해악을 줄일 수 있다. 토지 불로소득을 환수하지 않으면 토지투기를 막기 위해 전매금지, 거래허가제, 소유상한제 등 시장 기능을 제약하는 조치를 취하게 된다.

실제로 시장주의의 거장들은 지공주의의 시장친화성을 뒷받침하는 언급을 하였다. 프리드먼은 지대세와 같이 지대를 과표로 하고 세율이 균일한 토지보유세를 "가장 덜 나쁜 세금"the least bad tax이라고 평가하였다.Fricdman, 1978 하이에크는 도시계획과 같이 토지소유자의 노력과 무관한 원인에 의해 증감한 토지 가치는 환수 또는 보상해야 하며, 지대조세제는 이 문제에 대한 논리적인 해결책이 된다고 하였다.Hayek, 1960: 352-353 하이에크는 토지 가치를 원인별로 구분 평가하기 어렵다는 실무적인 이유로 현실 적용에 회의적이었으나, 이것이 정당하지 않다는 점은 아래(8. 지공주의에 대한 비판 검토)에서 언급한다.

뿐만 아니라 지공주의는 좌파가 추구하는 가치, 즉 평등한 사회, 충분한

〈표 4〉 세 체제의 비교

체제	토지	자본
자본주의	사유	사유
사회주의	공유	공유
지공주의	공유	사유

사회보장 등을 우파적인 방법으로 구현할 수 있다. 토지 불로소득은 빈부격차를 야기하는 최대의 원인인데 이를 제거함으로써 부당한 빈부격차를 예방한다. 또 바로 위에서 보았듯이 지대기금을 조성하면 재분배 없이 그리고 시장친화적인 방식으로 좌파가 지향하는 사회보장을 설계할 수 있다. 이런 의미에서 지공주의를 '좌도우기론'左道右器論이라고 할 수 있다.

나아가서, 지공주의는 자본주의와 사회주의를 지양하는 제3의 이데올로기라고 할 수 있다. 자본주의는 토지와 자본의 사유를 원칙으로 하고 사회주의는 양자의 공유를 원칙으로 하지만 이는 모두 인간의 상식에 어긋난다. 자본주의가 토지의 사유를 인정하는 것은 그것이 옳기 때문이 아니라 어쩔 수 없이 현실을 긍정한 것이다. 사회주의는 자본을 사회화하는데 이것은 인간의 이기적인 본성을 외면하는 지나친 이상주의이다. 자본의 사유화를 막는다면 극히 일부의 이타적인 사람을 제외한 대부분의 인간은 자본을 생산하려고 하지 않을 것이기 때문이다.

한편, 지공주의는 자본의 사유와 토지의 공유를 바탕으로 한다. 즉 노력에 의해 생산한 것에 대해서는 생산자의 사유를 인정하여 효율성을 달성하고 사람의 노력과 무관하게 천부된 토지는 사유의 대상에서 제외함으로써 형평성을 달성하자는 것이다. 세 체제를 비교하면 아래 표와 같다.

8. 지공주의에 대한 비판 검토

지공주의는 우리에게 익숙한 모습의 자본주의도 사회주의도 아니기 때문에 의문과 비판이 제기되어 왔다. 대표적인 것을 예시하면 다음과 같으며 이에 대해서는 졸저김윤상, 2009: 391 이하에서 해명해 두고 있다.

제도 자체에 대한 의문
- 사유재산제와 시장경제에 위배되지 않나?
- 지가가 변하지 않으면 토지 배분은 어떻게 하나?
- 누가 토지를 소유하고 개발하려 하겠는가?
- 왜 토지에서 생기는 불로소득만 문제 삼나?
- 토지투기도 기여하는 점이 있지 않나?
- 지대세가 전가되지 않나?

제도 도입 및 실무에 대한 의문
- 헌법에 위배되지 않나?
- 기존 토지소유자에게 지가를 보상해야 하지 않나?
- 제도 전환의 어려움이 크지 않을까?
- 지대 평가가 어렵지 않나?
- 지대총액은 얼마나 되나?
- 현실에서나 학계에서 어느 정도 수용되고 있나?

여기에서는 여러 비판 중 오설리번Arthur O'Sullivan의 『도시경제학』*Urban Economics*에 소개된 세 가지 비판만을 검토해 본다.

첫째로, 지대를 모두 환수하면 토지 순수익이 0이 되고 따라서 토지의 매매가격, 즉 지가도 0이 된다. 이는 사유지를 국가가 몰수하는 것과 같으므로 불공평하다. 둘째로, 토지의 순수익이 0이 되면 토지소유자는 소유를 포기할 것이고 토지이용은 정부가 결정하게 되어 비효율이 초래된다. 셋째로, 지대를 평가하기 어렵다. 특히 대부분의 토지는 건물 등 인공 시설과 결합해 있으므로 그 가치를 분리해서 평가하기 어렵다. 우리나라에도 지공주의를 비판하는 연구가 나와 있는데 역시 이와 비슷한 내용이다. 곽태원, 2005; 김정호, 2006

첫 번째 비판인 불공평성 문제를 보자. 지대를 환수하면 지가가 0이 된다는 점은 이론상 틀림없다. 그러나 토지소유자가 손해를 보는 정책이라고 해서 반대하는 것이 옳을까? 대부분의 정책은 국민 간에 상반된 이해관계를 야기하기 마련이다. 예를 들면 한미 자유무역협정FTA을 체결하면 반도체, 자동차 등의 수출은 늘어날 수 있지만 농업처럼 국제경쟁력이 약한 부문은 타격을 입게 된다. 따라서 정책의 좋고 나쁨에 대해서는 전체적인 국익을 기준으로 판단해야 한다. '손해 보는 사람이 생기는 정책 변화는 불공평하다'고 한다면 불공평성 시비를 벗어날 수 있는 정책이란 거의 없게 된다.

또 지대조세제를 단숨에 도입하면 지가가 갑자기 폭락한다. 오늘날의 사회에서 지가가 일거에 0이 된다면 사회 혼란을 야기할 수 있기 때문에 지대조세제의 도입은 점진적으로 할 수밖에 없다. 즉 지대세의 세율을 낮은 수준에서 시작해서 20년 또는 그 이상의 긴 기간에 걸쳐 서서히 올려갈 수밖에 없다. 지대조세제가 바람직한 제도라면 이러한 점진적인 도입마저 불공평하다고 비난할 수 있을까? 더구나 지대세 수입이 늘어나면 정부는 다른 세금을 감면하게 되는데, 그렇다면 불공평성 문제는 더욱 줄어든다.

만일 '아무리 서서히 이행하더라도 결국 지가가 0이 될 것 아닌가? 따라서 적절한 보상이 필요하다'고 국민이 합의한다면, 토지소유자에게 매입지가와 그 이자를 보상하는 방법을 쓰면 된다. 보상을 한다고 해도 정부가 별도의 보상 재원을 마련해야 하는 것은 아니다. 단지 지대세 대신 국토보유세를 도입하면 된다.

두 번째 비판 즉 지대를 환수하면 "토지소유자는 소유를 포기할 것이므로 토지이용은 정부가 결정하게 되어 비효율이 초래된다"는 비판을 보자. 우선, 토지 소유를 포기한다는 생각부터 이상하다. 지대조세제에서는 지가가 0이 된다. 즉 토지를 매입하는 데 비용이 들지 않는다. 그렇다면 토지 실수요자는 토지이용에 대한 보장을 더 확실하게 하기 위해서 당연히 토지를 소유하려고 할 것이다. 이런 단순한 사실에 대해서도 오해를 하게 되는 것은 우리가 토지를 재테크의 대상으로 간주하는 잘못된 풍토에 길들어 있기 때문이다.

또 이 비판은, 지대 소득이 있어야만 토지를 이용할 인센티브가 생긴다는 숨은 가정을 가지고 있다. 이해하기 어려운 가정이다. 경제학 교과서를 보면, 기업은 지대를 포함한 생산요소 가격을 비용으로 지불하도록 되어 있다. 즉 기업에 대해 지대는 소득이 아니라 비용일 뿐이다. 정상적인 시장에서 토지를 이용하는 사람은 지대 소득이 아니라 사업 소득을 얻는 데 목적이 있다.

또 관련된 것으로, 지가가 0이 되면 토지시장이 기능을 상실하게 된다는 비판도 있지만, 역시 근거가 없다. 토지 매매가격인 지가가 0이 되지만 토지의 이용가격인 지대는 변함이 없다. '시장에서 토지는 지대를 매개로 하여 배분된다'는 것은 경제학의 기본 원리에 속한다. 지대조세제를 실시해도 지대는 그대로 살아 있고 토지의 특성을 반영하여 등락하므로 토지시장의 기능에 문제가 없다. 국토보유세에 대해서도 이와 비슷하게 '지가가 일정하게 유지되므로 토지이용을 정부가 결정한다'는 비판이 생길 수 있겠지만, 지가는 일정하지만 지대는 자연스럽게 변한다는 점을 생각하면 이 역시 근거가 없음이 쉽게 드러난다.

세 번째 비판은 토지와 건물 등 인공 시설을 분리해서 평가하기 어렵다는 것인데, 아마도 토지 평가 실무에 대한 오해에서 비롯된 것 같다. 어느 필지에 대한 지대세의 과표는 그 필지에 인공적인 개량물이 없다고 할 때의 빈 땅, 즉 나대지의 가치다. 개량물이 있건 없건 토지를 나대지로 보고 평가하면 된다. 또 실제로 상당수 국가에서 토지와 건물의 분리 평가는 현실 제도로 정착되어 잘 운영되고 있다.

물론, 지대를 정확하게 평가하는 일이 쉽다는 말은 아니다. 모든 세금에서 과세표준을 평가하는 문제는 쉽지 않으며 다 같이 풀어야 할 숙제다. 예를 들어 소득세를 부과하려면 소득을 평가해야 하는데, 눈에 보이지도 않고 프라이버시 문제 때문에 공개적으로 타인과 비교를 할 수도 없는 소득을 정확하게 평가하는 것은 매우 어렵다. 그런데도 소득세는 보편적인 세금으로 자리를 잡고 있다. 이에 비하면 눈에 보일 뿐 아니라 평가 결과를 공개하여 비교하도록 해도 아무 지장이 없다는 점에서 토지에 대한 평가는 오히려 쉽다. 평가의 문제에 대해 염려하는 것은 좋지만 이를 근거로 지공주의를 반대하거나 비판하는 것은 옳지 않다.

| 중요 참고문헌 |

곽태원(2005), 『토지는 공유되어야 하는가?』, 한국경제연구원.

김윤상(2009), 『지공주의: 새로운 토지 패러다임』, 경북대학교출판부.

김정호(2006), 『땅은 사유재산이다』, 나남출판.

남기업(2007), 『지공주의: 새로운 대안경제체제』, 한국학술정보.

이정전(2006), 『토지경제학』, 전정판, 박영사.

전강수(2005), 「부동산 양극화의 실태와 해소 방안」, 역사비평, 71(2005 여름): 171~201.

Friedman, Milton(1962), *Capitalism and Freedom*. Chicago: University of Chicago.

Friedman, Milton(1978), "An Interview with Milton Friedman", *Human Events*, 38(46), 1978 November 18. Quoted in Charles Hooper, "Henry George", *The Fortune Encyclopedia of Economics*, New York: Warner Books, 1993.

Friedman, Milton and Rose Friedman(1980), *Free to Choose: A Personal Statement*. New York: Harcourt Brace Javanovich.

George, Henry(1879), Progress and Poverty. 김윤상 역(1997), 『진보와 빈곤』, 비봉출판사.

Hayek, Friedrich, A.(1960), *The Constitution of Liberty*, London: Routledge & Kegan Paul, 1960.

O'Sullivan, Arthur(2000), *Urban Economics*, 4th ed. Boston: Irwin/McGraw-Hill.

첫 번역 서문

이즈음 우리 사회에서는 기존의 체제, 특히 해방 이후 40여 년간의 체제가 과연 기필코 수호할 만한 가치가 있는 체제인가라는 의문이 심각하게 제기되고 있어 일종의 위기감마저 느껴지기도 한다.

기존의 체제에 대한 의문은 그 발생 원인에 의해 대체로 세 가지로 나누어 볼 수 있다. 하나는 역사적 청산이 필요한 시기에 제대로 청산하지 못했기 때문에 생긴 의문이다. 둘째로는 민주주의를 표방하면서도 독재를 해왔기 때문에 생긴 의문이다. 셋째로는 경제적 분배의 불공정에 의해 생긴 의문이다.

이러한 의문은 좌우익 간의 투쟁에서 살아남아야 한다는 생존지향적 사회 상황과, 오랫동안 찌든 가난에서 빨리 벗어나겠다는 성장지향적 사회 상황 속에서 비중 있게 부각되지 못했다. 뿐만 아니라 기득권을 가진 계층의 현상 유지 욕구와 현실적인 힘에 의해 의문을 제기하는 일 자체가 금기시되어 왔다. 그러나 이제는 우리 사회가 급한 불은 끈 셈이고 불을 끄는 동안 문제가 더욱 커졌으며 국민의 의식도 상당한 정도로 성숙한 결과 이러한 의문이 본격적으로 제기되고 있다.

이러한 세 가지 의문 중에서 불공정한 분배의 문제는 특별한 전문지식이나 소명의식을 가진 엘리트만이 관심을 갖는 문제가 아니라 시정의 일반 사람들도 누구나 느끼고 있는 보편화된 문제이다. 더구나 토지가격이 상승하여 가진 자의 불로소득이 엄청나게 증가하고 서민층의 '내 집 마련'이라는 소박한 꿈마저 산산조각 나는 지경에 이르자 이에 대한 국민의 불만이 고조되어 아마도 현재 사회 갈등의 가장 심각한 원인이 되고 있는 것으로 보인다.

이러한 시기에 역자는 헨리 조지Henry George, 1839-1897의 사상이 시공을 초월하여 설득력을 가진다는 사실을 다시금 느끼게 된다. 헨리 조지는 19세기 후반에 사회를 풍미하던 통설, 즉 인구의 증가가 빈곤의 원인이라는 견해를 반박하고, 사회가 고도로 진보하는 가운데 극심한 가난이 존재하는 원인은 토지의 사유에 있다고 갈파하였다. 그리고 이를 해소하기 위한 대책으로서 지대의 100%를 조세로 징수하자는 제안을 하였다. 이러한 조세는 일반적으로는 토지가치세land value tax 또는 토지단일세single tax라고 부르는데 역자는 '지대세'라고 부르기도 한다.

헨리 조지의 사상은 이후 많은 이상주의자에게 공감을 불러일으켰고 각국의 토지제도에 상당한 영향을 주었다. 역자도 토지문제에 오랫동안 관심을 가지면서 여러 학설을 검토하였지만 헨리 조지의 제안이 토지에 관한 정의성과 효율성을 동시에 달성할 수 있는 최선의 방법이라는 확신을 가지게 되었다. 또 자유시장을 통해 개인의 경제적 노력과 기여에 정당한 대가가 돌아가도록 하는 제도를 자본주의라고 한다면 지대세 제도는 진정한 자본주의를 실현하기 위한 필수조건이라는 생각도 하게 되었다.

지대세 제도를 실시하면 우리 사회체제에 대한 의문이 상당히 해소될 수 있을 것으로 생각한다. 위에서 지적한 세 가지 의문에서 각각 비판의 표적이 되는 세 계층은 사실상 거의 동일한 계층, 즉 우리 사회의 기득권층 내지 범여권인 동시에 대토지소유자 계층이라고 할 수 있는데 지대세 제도를 통해 이 계층이 부당하게 누리고 있는 경제적 특권 및 이에 근거한 정치적 · 사회적 특권이 대폭 축소될 것이기 때문이다.

또 지대세 제도를 실시하면 간혹 거론되고 있는 사회주의적 색채의 개혁 논리도 호소력을 잃을 것으로 생각한다. 사회주의적 방식의 비효율성이 확인된 현대에 이러한 개혁 논리가 우리 사회에서 다소나마 호소력을 갖는 이유는 빈익빈 부익부 현상을 매일매일 생활경험에서 생생하게 느낀다는 점과 현재의 기득권층의 세력이 워낙 강하여 보통의 방법으로는 양보를 받아내기 어렵다는 점 때문인 듯하다. 그러나 지대세 제도를 실시하면 토지에 기인한 불로소득이 소멸하고 기득권층의 경제적 우월성도 많이 약해질 것이므로 사회주의적 개혁 논리가 공감을 얻기 어려울 것이다.

이런 생각에서 헨리 조지의 사상을 좀 더 많은 사람들에게 소개할 필요성을 느껴 이 책을 번역하였다. 이 번역의 대본은 미국의 헨리 조지가 1879년에 발표한 『진보와 빈곤』*Progress and Poverty*을 영국의 매드슨A.W. Madsen이 축약한 책이다. 축약본의 양은 원저의 반 정도이며, 원저의 문장을 살리면서 필수적이 아닌 부분 또는 현재의 감각에 맞지 않는 표현 등을 생략 내지 일부 가필한 것이다. 축약본은 영국 헨리 조지 재단Henry George Foundation of Great Britain의 공인을 받았으며 1953년 런던의 Hogarth Press에서 처음 발행되어 1961년과 1966년에 재인쇄된 책이다.

이 번역에서는 헨리 조지 사상의 전파를 목적으로 하는 미국의 로버트 샬켄백 재단Robert Schalkenback Foundation에서 위 영국 재단의 허가를 얻어 1970년에 발행한 미국판 축약본을 사용하였다. 이 미국판은 1975년, 1980년, 1985년에 재인쇄된 바 있다. 그리고 동 재단에서 1981년 발행한 원저도 참고하였다.(그후 1998년에 새로운 판형으로 축약본이 재인쇄되었고, 2006년에는 현대영어로 바꾼 축약본이 나오기도 했다.)

역자로서는 최선을 다했지만 재주가 부족하여 잘못 번역되었거나 표현이 미숙한 부분이 적지 않으리라고 생각한다. 관심 있는 독자의 많은 지적이 있기를 기대한다.

이 책을 번역하도록 허락해 준 미국의 로버트 샬켄백 재단에 감사드리며 번역 작업에 관심을 갖고 도와주신 여러분, 특히 한국 헨리 조지 협회 회장이신 고왕인 박사님께 깊은 감사를 드린다.

1989년 9월

역자

역자 김윤상

서울대학교 법대와 환경대학원, 미국 펜실베이니아대학교(도시계획학 박사)를 졸업하였다. 공군 중위로 전역한 1976년부터 39년간 경북대학교 행정학부 교수로 재직하였고, 2017년 현재는 경북대학교 명예교수 겸 석좌교수로 연구를 계속하고 있다.
토지정책, 사회정의 전공자로서 토지사유제, 서울중심주의, 학벌주의 등 특권적인 사회제도와 관행을 비판해 왔다. 최근에는 좌파의 이상을 우파의 방법으로 달성한다는 좌도우기(左道右器)론을 기반으로 모두를 포용할 수 있는 이상사회를 설계하고 있다.
주요 저서로는 『지공주의: 새로운 토지패러다임』, 『특권 없는 세상: 헨리 조지 사상의 새로운 해석』, 『이상사회를 찾아서: 左道右器의 길』 등이 있고, 주요 역서로는 헨리 조지의 『진보와 빈곤』, 『노동 빈곤과 토지 정의』 등이 있다.

간추린 진보와 빈곤

초판 1쇄 2012년 8월 29일 • **초판 6쇄** 2025년 2월 27일
지은이 헨리 조지 • **옮긴이** 김윤상 • **펴낸이** 허영우 • **펴낸 곳** 경북대학교출판부
출판등록 1973년 10월 10일 ㉲97호 • **주소** 대구광역시 북구 대학로 80
전화 053-950-3830 • **팩스** 053-953-4692 • **이메일** press@knu.ac.kr
홈페이지 http://knupress.com
ISBN 978-89-7180-354-7 93320

정가는 뒤표지에 있습니다.
파본은 바꾸어 드립니다.